ESTUDO APROFUNDADO DA
DOUTRINA ESPÍRITA

ESTUDO APROFUNDADO DA
DOUTRINA ESPÍRITA

Livro IV
Espiritismo, o Consolador Prometido por Jesus

organizadora
Marta Antunes de Oliveira de Moura

Copyright © 2013 *by*
FEDERAÇÃO ESPÍRITA BRASILEIRA – FEB

1ª edição – 10ª impressão – 1 mil exemplares – 6/2024

ISBN 978-85-7328-773-8

Todos os direitos reservados. Nenhuma parte desta publicação pode ser reproduzida, armazenada ou transmitida, total ou parcialmente, por quaisquer métodos ou processos, sem autorização do detentor do *copyright*.

FEDERAÇÃO ESPÍRITA BRASILEIRA – FEB
SGAN 603 – Conjunto F – Avenida L2 Norte
70830-106 – Brasília (DF) – Brasil
www.febeditora.com.br
editorial@febnet.org.br
+55 61 2101 6161

Todo o papel empregado nesta obra possui certificação FSC® sob responsabilidade do fabricante obtido através de fontes responsáveis.
* marca registrada de Forest Stewardship Council

Pedidos de livros à FEB
Comercial
Tel.: (61) 2101 6161 – comercial@febnet.org.br

Adquirindo esta obra, você está colaborando com as ações de assistência e promoção social da FEB e com o Movimento Espírita na divulgação do Evangelho de Jesus à luz do Espiritismo.

Dados Internacionais de Catalogação na Publicação (CIP)
(Federação Espírita Brasileira – Biblioteca de Obras Raras)

M929e   Moura, Marta Antunes de Oliveira de (Org.), 1946–

         Estudo aprofundado da doutrina espírita: espiritismo, o consolador prometido por Jesus. / Marta Antunes de Oliveira de Moura (organizadora). – 1. ed. – 10. imp. – Brasília: FEB, 2024.

         V. 4; 320 p.; 25 cm.

         Inclui referências

         ISBN 978-85-7328-773-8

         1. Espiritismo. 2. Estudo e ensino. 3. Educação. I. Federação Espírita Brasileira. II. Título.

                           CDD 133.9
                           CDU 133.7
                           CDE 60.04.00

SUMÁRIO

Apresentação 7
Esclarecimentos 9
Módulo I – Esperanças e consolações 15
    Roteiro 1 – O cristo consolador 15
    Roteiro 2 – A providência divina 25
    Roteiro 3 – Assistência espiritual 37
    Roteiro 4 – A felicidade atual e futura 49
Módulo II – A morte e seus mistérios 63
    Roteiro 1 – O temor da morte 63
    Roteiro 2 – Mortes prematuras 75
    Roteiro 3 – A continuidade da vida 87
    Roteiro 4 – O espírito imortal 99
Módulo III – Os vícios e as virtudes 113
    Roteiro 1 – O bem e o mal 113
    Roteiro 2 – Os vícios e as paixões 123
    Roteiro 3 – Sofrimentos humanos: origem e causas 137
    Roteiro 4 – Necessidade de transformação moral 147
    Roteiro 5 – O poder transformador da prece 157
    Roteiro 6 – Virtudes: conceito e classificação 167
    Roteiro 7 – Conquista e desenvolvimento de virtudes 181
    Roteiro 8 – As virtudes segundo o espiritismo 193

Módulo IV – A humanidade regenerada 207
    Roteiro 1 – A lei divina e a lei humana 207
    Roteiro 2 – Amor a Deus e ao próximo 219
    Roteiro 3 – Fora da caridade não há salvação 231
    Roteiro 4 – A família: célula fundamental da organização social 241
    Roteiro 5 – A transição evolutiva da Humanidade 251
    Roteiro 6 – Amor e evolução 263
    Roteiro 7 – O homem de bem 271
    Roteiro 8 – Os bons espíritas 279
    Roteiro 9 – A humanidade regenerada 291
    Roteiro 10 – Os obreiros do Senhor 301

APRESENTAÇÃO

Disponibilizamos aos confrades do Movimento Espírita o quarto livro do Curso Estudo Aprofundado da Doutrina Espírita, denominado: *Espiritismo, o Consolador Prometido por Jesus*.

Os três livros anteriores apresentam conteúdos que permitem ao estudioso uma visão sistêmica e espírita relacionada:

» à formação religiosa da humanidade (Livro IV - Cristianismo e Espiritismo), destacando-se a excelência dos ensinos cristãos, consubstanciados no Evangelho de Jesus;

» aos principais Ensinos e Parábolas de Jesus (Livros IV e III), cujas interpretações utilizam a chave oferecida pela Doutrina Espírita, assim sintetizada nestas palavras de Emmanuel: "Jesus, a porta; Kardec, a chave";*

Os temas inseridos neste novo livro fazem relação com os estudos anteriores (Livros I, II e III) e com o próximo, que completa a série: *Filosofia e Ciência Espíritas*. Contudo, o objetivo principal deste Livro, em particular, e do Estudo Aprofundado da Doutrina Espírita, em geral é:

"O excelso Benfeitor, acima de tudo, espera de nossa vida o coração, o caráter, a conduta, a atitude, o exemplo e o serviço pessoal incessante, únicos recursos com que poderemos garantir eficiência de nossa cooperação, em companhia dele, na edificação do reino de Deus".**

Brasília-DF, 08 de junho de 2010.

---

* XAVIER, Francisco Cândido. *Opinião espírita*. Pelos Espíritos Emmanuel e André Luiz. 4. ed. Uberaba: CEC, 1973. Cap. 2 (O mestre e o apóstolo — mensagem de Emmanuel), p. 25.
** Id. *Ave, Cristo!* Pelo Espírito Emmanuel. 22. ed. Rio de Janeiro: FEB, 2005. Introdução, p. 9.

ESCLARECIMENTOS

Organização e Objetivos do Curso

O Estudo Aprofundado da Doutrina Espírita (EADE) é um curso que tem como proposta enfatizar o tríplice aspecto da Doutrina Espírita, estudado de forma geral nos cursos de formação básica, usuais na Casa Espírita.

O estudo teórico da Doutrina Espírita desenvolvido no EADE está fundamentado nas obras da Codificação e nas complementares a estas, cujas ideias guardam fidelidade com as diretrizes morais e doutrinárias definidas, respectivamente, por Jesus e por Allan Kardec.

Os conteúdos do EADE priorizam o conhecimento espírita e destacam a relevância da formação moral do ser humano. Contudo, sempre que necessário, tais orientações são comparadas a conhecimentos universais, filosóficos, científicos e tecnológicos, presentes na cultura e na civilização da humanidade, com o intuito de demonstrar a relevância e a atualidade da Doutrina Espírita.

Os objetivos do Curso podem ser resumidos em dois, assim especificados:

» Propiciar o conhecimento aprofundado da Doutrina Espírita no seu tríplice aspecto: religioso, filosófico e científico;

» Favorecer o desenvolvimento da consciência espírita, necessário ao aprimoramento moral do ser humano.

O Estudo Aprofundado da Doutrina Espírita tem como público-alvo todos os espíritas que gostem de estudar, que desejam prosseguir nos seus estudos doutrinários básicos, realizando aprofundamentos de temas que conduzam à reflexão, moral e intelectual.

Neste sentido, o Curso é constituido por uma série de cinco tipos de conteúdos, assim especificados:

» Livro IV: Cristianismo e Espiritismo
» Livro IV: Ensinos e Parábolas de Jesus -Parte 1
» Livro IV: Ensinos e Parábolas de Jesus -Parte 2
» Livro IV: Espiritismo, o Consolador prometido por Jesus
» Livro V: Filosofia e Ciência Espíritas

FUNDAMENTOS ESPÍRITAS DO CURSO

» A moral que os Espíritos ensinam é a do Cristo, pela razão de que não há outra melhor. [...] O que o ensino dos Espíritos acrescenta à moral do Cristo é o conhecimento dos princípios que regem as relações entre os mortos e os vivos, princípios que completam as noções vagas que se tinham da alma, do seu passado e do seu futuro [...]. Allan Kardec: *A gênese*. Cap. I, item 56.

» [...] O Espiritismo é forte porque assenta sobre as próprias bases da religião: Deus, a alma, as penas e as recompensas futuras; [...]. Allan Kardec: *O livro dos espíritos*. Conclusão, item 5.

» [...] O mais belo lado do Espiritismo é o lado moral. É por suas consequências morais que triunfará, pois aí está a sua força, pois aí é invulnerável [...]. Allan Kardec: *Revista Espírita*, 1861, novembro, p. 359.

» [...] Mais uma vez, [o Espiritismo] é uma filosofia que repousa sobre as bases fundamentais de toda religião e sobre a moral do Cristo [...]. Allan Kardec: *Revista Espírita*, 1862, maio, p.121.

» [...] Não, o Espiritismo não traz moral diferente da de Jesus. [...] Os Espíritos vêm não só confirmá-la, mas também mostrar-nos a sua utilidade prática. Tornam inteligíveis e patentes verdades que haviam sido ensinadas sob forma alegórica. E, juntamente com a moral, trazem-nos a definição dos mais abstratos problemas da psicologia [...]. Allan Kardec: *O livro dos espíritos*. Conclusão, item 8.

Podemos tomar o Espiritismo, simbolizado desse modo, como um triângulo de forças espirituais: a Ciência e a Filosofia vinculam à Terra essa figura simbólica, porém, a Religião é o ângulo divino que a liga ao céu. No seu aspecto científico e filosófico, a doutrina será sempre um campo de nobres investigações humanas, como outros movimentos coletivos, de natureza intelectual, que visam o aperfeiçoamento da humanidade. No aspecto religioso, todavia, repousa a sua grandeza divina, por constituir a restauração do Evangelho de Jesus Cristo, estabelecendo a renovação definitiva do homem, para a grandeza do seu imenso futuro espiritual. Emmanuel: *O consolador*. Definição, p. 19-20.

> A ciência espírita compreende duas partes: experimental uma, relativa às manifestações em geral; filosófica, outra, relativa às manifestações inteligentes Allan Kardec: *O livro dos espíritos*. Introdução, item 17.

> Falsíssima ideia formaria do Espiritismo quem julgasse que a sua força lhe vem da prática das manifestações materiais [...]. Sua força está na sua filosofia, no apelo que dirige à razão, ao bom senso. [...] Fala uma linguagem clara, sem ambiguidades. Nada há nele de místico, nada de alegorias suscetíveis de falsas interpretações. Quer ser por todos compreendido, porque chegados são os tempos de fazer-se que os homens conheçam a verdade [...]. Não reclama crença cega; quer que o homem saiba por que crê. Apoiando-se na razão, será sempre mais forte do que os que se apóiam no nada. Allan Kardec: *O livro dos espíritos*. Conclusão, item 6.

> O Espiritismo é, ao mesmo tempo, uma ciência de observação e uma doutrina filosófica. Como ciência prática, ele consiste nas relações que se estabelecem entre nós e os Espíritos; como filosofia, compreende todas as consequências morais que dimanam dessas mesmas relações. Allan Kardec: *O que é o espiritismo*. Preâmbulo.

> O Espiritismo não traz moral diferente da de Jesus [...]. Os Espíritos vêm não só confirmá-la, mas também mostrar-nos a sua utilidade prática. Tornam inteligíveis e patentes verdades que haviam sido ensinadas sob a forma alegórica. E, juntamente com a moral, trazem-nos a definição dos mais abstratos problemas da psicologia [...]. Allan Kardec: *O livro dos espíritos*. Conclusão, item 8.

O Espiritismo se apresenta sob três aspectos diferentes: o das manifestações, dos princípios e da filosofia que delas decorrem e a aplicação desses princípios. Allan Kardec: *O livro dos espíritos*. Conclusão, item 7.

Sugestão de Funcionamento do Curso

a) Requisitos de admissão: os participantes inscritos devem ter concluído cursos básicos e regulares da Doutrina Espírita, como o Estudo Sistematizado da Doutrina Espírita, ou ter conhecimento das obras codificadas por Allan Kardec.

b) Duração das reuniões de estudo: sugere-se o desenvolvimento de uma reunião semanal, de 1 h 30 min a 2 h.

c) Atividade extraclasse: é de fundamental importância que os participantes façam leitura prévia dos temas que serão estudados em cada reunião e, também, realizem pesquisas bibliográficas a fim de que o estudo, as análises, as correlações e reflexões, desenvolvidas no Curso, propiciem melhor entendimento dos conteúdos.

EADE LIVRO IV | MÓDULO I

ESPERANÇAS E CONSOLAÇÕES

EADE – LIVRO IV – MÓDULO I

ESPERANÇAS E CONSOLAÇÕES

Roteiro 1

O CRISTO CONSOLADOR

Objetivos

» Explicar o significado da expressão espírita: O Cristo Consolador.
» Esclarecer por que o Espiritismo é o consolador prometido por Jesus.

Ideias principais

» O Cristo Consolador é feliz expressão utilizada por Allan Kardec para indicar que todas [...] *as misérias, decepções, dores físicas, perda de seres amados, encontram consolação na fé no futuro, na confiança na justiça de Deus, que o Cristo veio ensinar aos homens* [...]. Allan Kardec: *O evangelho segundo o espiritismo*, cap. VI, item 2.

» A expressão tem como referência estes ensinamentos de Jesus: *Vinde a mim todos os que estais cansados sob o peso do vosso fardo e vos darei descanso. Tomai sobre vós o meu jugo e aprendei de mim, porque sou manso e humilde de coração, e encontrareis descanso para vossas almas, pois o meu jugo é suave e meu fardo é leve.* (Mateus, 11:28-30. Bíblia de Jerusalém).

» O Espiritismo é entendido como sendo o consolador prometido por Jesus porque [...] *chama os homens à observância da lei; ensina todas as coisas fazendo compreender o que o Cristo só disse por parábolas.* [...] *O Espiritismo vem abrir os olhos e os ouvidos, porque fala sem figuras e sem alegorias; levanta o véu intencionalmente lançado sobre certos mistérios. Vem, finalmente, trazer a suprema consolação aos deserdados da Terra e a todos os que sofrem, atribuindo causa justa e fim útil a todas as dores.* Allan Kardec: *O evangelho segundo o espiritismo*, cap. VI, item 4.

Subsídios

A ideia de Deus, presente na humanidade desde os tempos remotos, é identificada nas práticas de adoração do politeísmo e do monoteísmo nascente. No politeísmo, os rituais de adoração eram caracterizados por práticas devocionais, algumas simples, como a oferenda de alimentos, frutos da terra e flores, às divindades; outras, de feição bárbara e desumana tinham como princípio o sacrifício de animais e ou de pessoas.

Com o monoteísmo, ocorreu paulatino abandono dos rituais primitivos, indicando que alguma transformação ocorreu no íntimo do ser humano, a princípio de forma tímida, pois o ser ainda sentia necessidade de adorar a Deus de forma figurada — representada nas diferentes manifestações da idolatria — antes que pudesse alcançar a compreensão de adorar a Deus, em Espírito e Verdade, como ensina o Espiritismo.

As práticas devocionais de adoração, primitivas e idólatras, apresentavam uma característica comum: o temor a Deus. Nasceu, daí, a necessidade da construção de nichos de adoração, coletivos e particulares, associados ou não à prática de sacrifícios, como tentativas de "agradar" ou "acalmar" a divindade.

Com o advento do Cristianismo, porém, Jesus revela Deus, o Criador supremo, como Pai, amoroso e misericordioso, que não exige dos crentes manifestações externas de devoção. Essa ideia, diametralmente oposta ao "deus dos exércitos", que determina a morte, o sofrimento e a destruição dos próprios filhos, provocou muitos conflitos e entrechoques de opiniões entre os judeus e, mesmo entre os primeiros cristãos.

Neste sentido, esclarece Emmanuel[1]

[...] O Cristianismo, inaugurando um novo ciclo de progresso espiritual, renovou as concepções de Deus no seio das ideias religiosas;

todavia, após a sua propagação, várias foram as interpretações escriturísticas, dando azo a que as facções sectaristas tentassem, isoladamente, ser as suas únicas representantes; a Igreja Católica e as numerosas seitas protestantes, nascidas do ambiente por ela formado, têm levado longe a luta religiosa, esquecidas de que a Providência divina é Amor. Estabeleceram com a sua acanhada hermenêutica os dogmas de fé, nutrindo-se das fortunas iníquas a que se referem os Evangelhos, prejudicando os necessitados e os infelizes.

Sob o império da lei de progresso, porém, o homem é impulsionado a ascender planos mais elevados, a rever as suas concepções religiosas, a entender o significado de sua existência e qual é a sua destinação espiritual. Com o advento do Cristo Consolador, a humanidade caminha em outra direção, buscando Deus dentro de si, para mais tarde, com o Espiritismo, transformar-se em colaborador de Deus. Neste sentido, vemos que

> [...] O Cristo foi o iniciador da moral mais pura, da mais sublime: a moral evangélico-cristã, que há de renovar o mundo, aproximar os homens e torná-los irmãos; que há de fazer brotar de todos os corações humanos a caridade e o amor ao próximo e estabelecer entre os homens uma solidariedade comum; de uma moral, enfim, que há de transformar a Terra, tornando-a morada de Espíritos superiores aos que hoje a habitam. [...].[2]

1. O Cristo Consolador

Importa considerar que

> [...] Jesus não foi um filósofo nem poderá ser classificado entre os valores propriamente humanos, tendo-se em conta os valores divinos de sua hierarquia espiritual, na direção das coletividades terrícolas. Enviado de Deus, ele foi a representação do Pai junto do rebanho de filhos transviados do seu amor e da sua sabedoria, cuja tutela lhe foi confiada nas ordenações sagradas da vida no Infinito. Diretor angélico do orbe, seu coração não desdenhou a permanência direta entre os tutelados míseros e ignorantes, dando ensejo às palavras do apóstolo, acima referidas.[3]

Tais ideias são condizentes com outras existentes em *O livro dos espíritos*, questão 625, em que os Orientadores da Codificação Espírita informam ser Jesus o tipo mais perfeito que Deus tem oferecido ao homem, para lhe servir de guia e modelo. Sendo assim, ainda que não tenhamos noção exata da dimensão espiritual de Jesus, da sua missão e do que ele representa para a humanidade terrestre, é necessário, como medida de prudência e de fé, seguir as orientações e esclarecimentos prestados pelo próprio Jesus e pelos benfeitores espirituais a respeito do Mestre, ao longo dos séculos.

> Jesus não veio destruir a lei, isto é, a lei de Deus; veio cumpri-la, ou seja, desenvolvê-la, dar-lhe o verdadeiro sentido e adaptá-la ao grau de adiantamento dos homens. É por isso que se encontra, nessa lei, o princípio dos deveres para com Deus e para com o próximo, que constitui a base da sua doutrina. [...] Combatendo constantemente o abuso das práticas exteriores e as falsas interpretações, não podia fazê-las passar por uma reforma mais radical do que as reduzindo a esta única prescrição: "Amar a Deus acima de todas as coisas e ao próximo como a si mesmo", e acrescentando: aí estão toda a lei e os profetas. Por estas palavras: "O céu e a Terra não passarão sem que tudo esteja cumprido até o último iota", Jesus quis dizer que era necessário que a lei de Deus fosse cumprida, isto é, praticada na Terra inteira, em toda a sua pureza, com todos os seus desdobramentos e consequências. [...].[4]

No capítulo sexto de *O evangelho segundo o espiritismo*, intitulado *O Cristo Consolador*, Allan Kardec discorre sobre a importância de aceitarmos o jugo do Cristo, e, a necessidade de envidarmos todos os esforços para entender e praticar a sua mensagem imortal. Esclarece também que este entendimento pode ser realizado por meio dos ensinos espíritas, uma vez que o Espiritismo é o consolador prometido, pois Jesus "[...] é a alavanca de que Deus se utiliza para fazer que a humanidade avance."[2]

Em outro momento, afirma o Codificador:[2]

> São chegados os tempos em que as ideias morais hão de desenvolver-se, para que se realizem os progressos que estão nos desígnios de Deus. Têm elas de seguir a mesma rota que percorreram as ideias de liberdade, suas precursoras. Porém, não se deve acreditar que esse desenvolvimento se faça sem lutas. Não, aquelas ideias precisam, para atingirem a maturidade, de abalos e discussões, a fim de que atraiam a atenção das massas. Uma vez isso conseguido, a beleza e a santidade da moral tocarão os espíritos, e eles se dedicarão a uma

ciência que lhes dá a chave da vida futura e lhes abre as portas da felicidade eterna. [...].

2. O jugo do Cristo

Em geral, a mensagem cristã é aceita e admirada no mundo inteiro. Raros são os povos, sobretudo os do Ocidente, que não reconhecem o elevado teor moral do Evangelho. Entretanto, este fato está longe de os fazer submissos ao jugo do Cristo e de colocar em prática os seus ensinamentos. Aliás, é preciso entender o verdadeiro sentido da expressão "jugo do Cristo". Significa o auxílio concedido pelo Senhor para nos conduzir ao caminho da verdadeira liberdade e felicidade. Não se refere a uma imposição ou subjugação, como erroneamente foi interpretada no passado, diametralmente oposta ao sentido destes ensinos de Jesus: *Vinde a mim todos os que estais cansados sob o peso do vosso fardo e vos darei descanso. Tomai sobre vós o meu jugo e aprendei de mim, porque sou manso e humilde de coração, e encontrareis descanso para vossas almas, pois o meu jugo é suave e meu fardo é leve.* (Mateus, 11:28-30. *Bíblia de Jerusalém*).

Desta forma,

Todos os sofrimentos: misérias, decepções, dores físicas, perda de seres amados, encontram sua consolação na fé no futuro, na confiança na justiça de Deus, que o Cristo veio ensinar aos homens. Sobre aquele, ao contrário, que nada espera após esta vida, ou que simplesmente duvida, as aflições caem com todo o seu peso e nenhuma esperança vem amenizar o seu amargor. Foi isso que levou Jesus a dizer: "Vinde a mim todos vós que estais fatigados, que eu vos aliviarei". Entretanto, Jesus estabelece uma condição para a sua assistência e a felicidade que promete aos aflitos. Essa condição está na lei por Ele ensinada. Seu jugo é a observância dessa lei; mas esse jugo é leve e a lei é suave, pois que apenas impõe, como dever, o amor e a caridade.[5]

Vemos, então, que é sempre de âmbito individual a decisão de transformar-se para melhor. Cada pessoa, com os recursos de que dispõe, onde e como viva, tem condições de renovar-se espiritualmente, libertando-se do círculo vicioso de erro e acerto, determinado pela lei de causa e efeito. É preciso trabalhar a vontade e empenhar-se no próprio esforço evolutivo.

O crente escuta o apelo do Mestre, anotando abençoadas consolações. [...] Todos ouvem as palavras do Cristo, as quais insistem para que a mente inquieta e o coração atormentado lhe procurem o regaço refrigerante... Contudo, se é fácil ouvir e repetir o "vinde a mim" do Senhor, quão difícil é "ir para Ele"! Aqui, as palavras do Mestre se derramam por vitalizante bálsamo, entretanto, os laços da conveniência imediatista são demasiado fortes; além, assinala-se o convite divino, entre promessas de renovação para a jornada redentora, todavia, o cárcere do desânimo isola o espírito, através de grades resistentes; acolá, o chamamento do Alto ameniza as penas da alma desiludida, mas é quase impraticável a libertação dos impedimentos constituídos por pessoas e coisas, situações e interesses individuais, aparentemente inadiáveis. Jesus, o nosso Salvador, estende-nos os braços amoráveis e compassivos. Com ele, a vida enriquecer-se-á de valores imperecíveis e à sombra dos seus ensinamentos celestes seguiremos, pelo trabalho santificante, na direção da Pátria universal...[6]

Não há dúvidas de que o processo de melhoria espiritual é árduo, especialmente quando se aplica a Espíritos seriamente comprometidos com a Lei de Deus. Os recursos divinos, contudo, são inesgotáveis e, com eles, podemos imprimir nova direção à existência. As provações, neste aspecto, se revelam como oportunidade de aprendizado que, se bem aproveitadas, impulsionam o progresso individual e coletivo.

Por outro lado, é sempre bom ter em mente que o crescimento espiritual não acontece apenas pelas trilhas da dor, mas, também, pelo exercício do amor, como ensina o apóstolo Pedro, em sua primeira epístola: *Acima de tudo, cultivai, com todo ardor, o amor mútuo, porque o amor cobre uma multidão de pecados.* (I Pedro, 4:8. *Bíblia de Jerusalém*).

Nunca é demais, pois, nos manter atentos a estas orientações:

Através de numerosas reencarnações, temos sido cristãos sem Cristo. [...] Agora que a Doutrina Espírita no-lo revela por mentor claro e direto da alma, ensinando-nos a responsabilidade de viver, é imperioso saibamos dignificá-lo na própria consciência, acima de quaisquer demonstrações exteriores, procurando refleti-lo em nós mesmos. Entretanto, para que isso aconteça, é preciso, antes de tudo, matricular o raciocínio na escola da caridade, que será sempre a mestra sublime do coração.[7]

3. O consolador prometido por Jesus

Antes da crucificação, no momento da última ceia de Jesus com os apóstolos e discípulos, ele promete enviar outro consolador, denominando-o de Espírito de Verdade.

Este consolador só viria no futuro, quando a humanidade estivesse mais esclarecida. As seguintes palavras de Jesus expressam a sua promessa: *Se me amais observareis os meus mandamentos, e rogarei ao Pai e ele vos dará outro Paráclito [Espírito de verdade, Espírito Santo], para que convosco permaneça para sempre, o Espírito de Verdade, que o mundo não pode acolher, porque não o vê nem o conhece. Vós o conheceis, porque permanece convosco. Não vos deixarei órfãos. Eu virei a vós.* (João, 14:15-18. *Bíblia de Jerusalém*).

Por sua vez, acrescenta Kardec:[8]

O Espiritismo vem no tempo previsto cumprir a promessa do Cristo: preside ao seu advento o Espírito de Verdade. Ele chama os homens à observância da lei: ensina todas as coisas fazendo compreender o que o Cristo só disse por parábolas. Disse o Cristo: "Ouçam os que têm ouvidos para ouvir". O Espiritismo vem abrir os olhos e os ouvidos, porque fala sem figuras e sem alegorias; levanta o véu intencionalmente lançado sobre certos mistérios. Vem, finalmente, trazer a suprema consolação aos deserdados da Terra e a todos os que sofrem, atribuindo causa justa e fim útil a todas as dores.

Em outras palavras, não basta relembrar os ensinamentos proferidos por Jesus, mas, entendê-los plenamente, sem as limitações da linguagem literal ou simbólica, comum dos textos evangélicos. O primeiro consolador é, obviamente, o próprio Evangelho. O outro, o consolador prometido, é o Espiritismo, assim entendido porque revive as lições evangélicas, na forma como Cristo ensinou, livres de dogmas e normas teológicas, e, também, por esclarecê-las, em Espírito e verdade.

Percebe-se, então, que

[...] o papel de Jesus não foi o de um simples legislador moralista, sem outra autoridade que a sua palavra. Ele veio dar cumprimento às profecias que haviam anunciado o seu advento. Sua autoridade decorria da natureza excepcional do seu Espírito e da sua missão divina. Veio ensinar aos homens que a verdadeira vida não é a que transcorre na Terra e sim no reino dos Céus; veio ensinar-lhes o caminho que conduz a esse reino, os meios de eles se reconciliarem com Deus e de pressentirem esses meios na marcha das coisas por vir, para a realização dos destinos humanos. Entretanto, não disse tudo, limitando-se, a respeito de muitos pontos, a lançar o gérmen de verdades que, segundo Ele próprio declarou, ainda não podiam ser compreendidas. Falou de tudo, mas em termos mais ou menos explícitos. Para apanhar o sentido oculto de certas palavras suas, era necessário que novas ideias e novos conhecimentos lhe trouxessem a chave e essas ideias não podiam surgir antes que o espírito humano houvesse alcançado um certo grau de maturidade.[9]

Contudo, para compreendermos integralmente a mensagem de Jesus, devemos aprender a decodificá-la. Precisamos de uma chave. Esta chave é a Doutrina Espírita: "Jesus, o Mestre. Kardec, o Professor. [...] Jesus, a porta. Kardec, a chave",[10] como afirma Emmanuel.

Assim, conclui Allan Kardec: "[...] o Espiritismo realiza o que Jesus disse do Consolador prometido: conhecimento das coisas, fazendo que o homem saiba de onde vem, para onde vai e por que está na Terra; um chamamento aos verdadeiros princípios da lei de Deus e consolação pela fé e pela esperança."[11,6]

Referências

1. XAVIER, Francisco Cândido. *Emmanuel*. Pelo Espírito Emmanuel. 27. ed. Rio de Janeiro: FEB, 2008. Cap. XXVI, p. 182.
2. KARDEC, Allan. *O evangelho segundo o espiritismo*. Tradução de Evandro Noleto Bezerra. 2. ed. Rio de Janeiro: FEB, 2008. Cap.I, item 9, p. 63.
3. XAVIER, Francisco Cândido. *O consolador*. Pelo Espírito Emmanuel. 28. ed. Rio de Janeiro: FEB, 2008. Questão 283, p. 229-230.
4. KARDEC, Allan. *O evangelho segundo o espiritismo*. Op. Cit. Cap. I, item 3, p. 57-58.
5. _____. Cap. VI, item 2, p. 149-150.
6. XAVIER, Francisco Cândido. *Fonte viva*. Pelo Espírito Emmanuel 34. ed. Rio de Janeiro: FEB, 2006. Cap. 5, p. 25-26.
7. _____. *Livro da esperança*. Pelo Espírito Emmanuel. 9. ed. Uberaba: CEC, 1987. Cap. 14, p. 58-59.
8. KARDEC, Allan. *O evangelho segundo o espiritismo*. Op. Cit. Cap VI, item 4, p. 151.
9. _____. Cap. I, item 4, p. 58.
10. XAVIER, Francisco Cândido. *Opinião espírita*. Pelos Espíritos Emmanuel e André Luiz. 5. ed. Uberaba: CEC, 1982. Cap. 2, item 4, p. 23-25.
11. KARDEC, Allan. *O evangelho segundo o espiritismo*. Op. Cit. Cap VI, item 4, p.151-152.

Orientações ao monitor

O monitor poderá iniciar a aula propondo um trabalho em duplas (técnica do cochicho). Em seguida, pedir aos participantes que façam uma análise interpretativa do significado da expressão "Cristo Consolador", orientando-se pelo texto inserido em anexo (Ante o Cristo Consolador).

Realizar, então, comentários sobre o assunto, manifestados em plenária, ouvindo as explicações complementares do monitor.

Prosseguindo, dividir a turma em dois grupos com a finalidade de ler e destacar as ideias principais do item três do Roteiro (O Consolador prometido por Jesus). Após esta fase da atividade, um relator de cada grupo apresenta para os demais colegas uma síntese do estudo realizado.

O monitor faz o fechamento da reunião, reafirmando em breves palavras: a) o que significa a expressão Cristo Consolador; b) o que é o jugo do Cristo; c) e o significado de o consolador prometido por Jesus.

Anexo

Ante o Cristo Consolador*

Emmanuel

Nas consolações e tarefas do Espiritismo, é necessário que o coração vibre acordado em sintonia com o cérebro para que não venhamos a perder valiosas oportunidades no tempo.

Provarás a sobrevivência da alma, além da morte, através de testemunhos insofismáveis da experimentação; entretanto, que valor apresentará semelhante esforço, se não auxiliais o aperfeiçoamento moral do Espírito em peregrinação na carne?

---

* XAVIER, Francisco Cândido. *Escrínio de luz*. Pelo Espírito Emmanuel. Matão [SP]: O Clarim, 1973. Item: Ante o Cristo Consolador, p. 3-4.

Movimentarás equações filosóficas, anunciando à mente do povo os princípios da reencarnação; contudo, que adiantarão teus assertos, se não ofereces ao próximo os recursos indispensáveis à sublimação da vida interior?

Aproveitarás a mediunidade, distribuindo ideias novas e novas convicções, entre os homens sedentos de esperança, por intermédio da argumentação irretorquível; no entanto, de que te servirá o interesse fortuito, nas revelações graciosas, se não despertas a noção de responsabilidade naqueles que te observam e ouvem?...

Realizarás as melhores demonstrações científicas, positivando a vida consciente em outros mundos e em outras esferas de ação; todavia, de que valerá semelhante empreendimento se te não dispões a ajudar o pedaço de chão em que nasceste contribuindo de algum modo, na construção da Terra melhor?

É por isso que, quase sempre, Espiritismo sem Cristianismo é simples empresa intelectual, destinada a desaparecer no sorvedouro de caprichos da inteligência.

Não se entrelaçariam dois mundos diferentes para o simples trabalho da pesquisa ociosa ou do êxtase inoperante.

Não se abririam as portas do Grande Além para que o homem se infantilizasse na irresponsabilidade ou na inconsequência.

Cristo é o ponto de equilíbrio em nosso reencontro.

Espíritos desencarnados e encarnados, todos nos achamos em degraus diferentes da escada evolutiva.

Sem Jesus, estaríamos confinados à sombra de nós mesmos, e, sem a disciplina do Seu Evangelho de Luz e Amor, com todas as pompas de nossa fenomenologia convincente e brilhante não passaríamos de consciências extraviadas e irrequietas a caminho do caos.

EADE – LIVRO IV – MÓDULO I

ESPERANÇAS E CONSOLAÇÕES

Roteiro 2

A PROVIDÊNCIA DIVINA

Objetivos

» Explicar como se manifesta a ação providencial de Deus.
» Identificar os benefícios advindos da providência divina.

Ideias principais

» Tendo como base o princípio de que a providência é a "solicitude de Deus para com as suas criaturas", a ação providencial se manifesta porque [...] *Deus está em toda parte, tudo vê, a tudo preside, mesmo às coisas mais insignificantes* [...]. Allan Kardec: *A gênese*, cap. 2, item 20.

» O Espiritismo explica que [...] *quer o pensamento de Deus atue diretamente, quer por intermédio de um fluido, representemo-lo, para facilitar a nossa compreensão, sob a forma concreta de um fluido inteligente preenchendo o universo infinito, e penetrando todas as partes da Criação: a natureza inteira mergulhada no fluido divino. Ora, em virtude do princípio de que as partes de um todo são da mesma natureza e têm as mesmas propriedades que ele, cada átomo desse fluido, se assim nos podemos exprimir, possuindo o pensamento, isto é, os atributos essenciais da Divindade e estando o mesmo fluido em toda parte, tudo está submetido à sua ação inteligente, à sua previdência, à sua solicitude. Não haverá nenhum ser, por mais ínfimo que o suponhamos, que de algum modo não esteja saturado dele.* Allan Kardec: *A gênese*, cap. 2, item 24.

Subsídios

Com o advento do Consolador prometido por Jesus, a compreensão a respeito da divindade ganha uma nova dimensão, visto que o Espiritismo vem nos revelar que a ação divina se manifesta por meio da aplicação de leis naturais e imutáveis, criadas por Deus. A ação do Criador na criação é o que chamamos de providência divina, conforme nos esclarece Kardec, em *A gênese*: "A providência é a solicitude de Deus para com as suas criaturas. Ele está em toda parte, tudo vê, a tudo preside, mesmo às coisas mais mínimas. É nisto que consiste a ação providencial [...]."[1]

Perante o simbolismo e poesia de Léon Dennis, a Providência divina: [...] "é o Espírito superior, é o anjo velando sobre o infortúnio, é o consolador invisível, cujas inspirações reaquecem o coração gelado pelo desespero, cujos fluidos vivificantes sustentam o viajor prostrado pela fadiga; é o farol aceso no meio da noite, para a salvação dos que erram sobre o mar tempestuoso da vida [...]."[2]

A respeito, assevera Emmanuel:[3]

São tão grandes as expressões da Misericórdia divina que nos cercam o espírito, em qualquer plano da vida, que basta um olhar à natureza física ou invisível, para sentirmos, em torno de nós, uma aluvião de graças. O favor divino, porém, como o homem pretende receber no seu antropomorfismo, não se observa no caminho da vida, pois Deus não pode assemelhar-se a um monarca humano, cheio de preferências pessoais ou subornado por motivos de ordem inferior. A alma, aqui ou alhures, receberá sempre de acordo com o trabalho da edificação de si mesma. É o próprio espírito que inventa o seu inferno ou cria as belezas do seu céu. E tal seja o seu procedimento, acelerando o processo de evolução pelo esforço próprio, poderá Deus dispensar na Lei, em seu favor, pois a Lei é uma só e Deus o seu Juiz supremo e eterno.

1. A ação da Providência divina

Para entender os mecanismos de ação da providência divina, é preciso ter alguma compreensão das leis que regem os fluidos, os tipos e frequências das vibrações energéticas, pois são estes elementos materiais que servem de veículo à manifestação da vontade do Criador e de todos os Espíritos, ainda que em escala bem reduzida. Assim, Kardec faz a seguinte reflexão:[1]

"Como pode Deus, tão grande, tão poderoso, tão superior a tudo, intrometer-se em pormenores sem importância, preocupar-se com os menores atos da nossa vida e com os mais ínfimos pensamentos de cada indivíduo?" Tal a interrogação que o incrédulo dirige a si mesmo, concluindo por dizer que, admitida a existência de Deus, só se pode aceitar, quanto à sua ação, que ela se exerça sobre as leis gerais do universo; que o universo funcione de toda a eternidade, em virtude dessas leis, às quais toda criatura se acha submetida na esfera de suas atividades, sem que seja preciso a intervenção incessante da Providência.

Ainda que os fluidos e energias sirvam de manifestação da ação providencial, não são dotados de inteligência, por mais poderosos que sejam, mesmo em se tratando dos fluidos etéreos ou de vibrações sutilíssimas. Para melhor entender o assunto, o Codificador recorda como se expressam a propriedades do perispírito, já conhecidas pelos espíritas:

As propriedades do fluido perispirítico dão-nos disso uma ideia. Ele não é inteligente de si mesmo porque é matéria, mas serve de veículo ao pensamento, às sensações e percepções do Espírito. O fluido perispiritual não é o pensamento do Espírito, mas o agente e o intermediário desse pensamento. Sendo ele quem o transmite, fica, de certo modo, impregnado do pensamento transmitido [...].[4]

Neste sentido, o fluido que serve de veículo à ação mental simula algum efeito inteligente (apenas simula!), uma vez que está impregnado de elementos inteligentes oriundos da mente emissora.

Seja ou não assim no que respeita ao pensamento de Deus, isto é, quer o pensamento de Deus atue diretamente, quer por intermédio de um fluido, representemo-lo, para facilitar a compreensão, sob a forma concreta de um fluido inteligente preechendo o universo infinito e penetrando todas as partes da Criação: *a natureza inteira mergulhada no fluido divino*. Ora, em virtude do princípio de que as partes de um todo são da mesma natureza e têm as mesmas propriedades que ele, cada átomo desse fluido, se assim nos podemos exprimir, possuindo o pensamento, isto é, os atributos essenciais da Divindade e estando o mesmo fluido em toda parte, tudo está submetido à sua ação inteligente, à sua previdência, à sua solicitude. Não haverá nenhum ser, por mais ínfimo que o suponhamos, que de algum modo não esteja saturado dele. Achamo-nos assim, constantemente, em presença da Divindade; não lhe podemos subtrair ao olhar nenhuma de nossas ações; o nosso pensamento está em contato incessante com o seu pensamento, havendo, pois, razão para dizer-se que Deus vê os mais profundos refolhos do nosso coração. Estamos nele, como ele está em nós, segundo a palavra do Cristo. [...].[5]

Fica, pois, evidente a forma como age a Providência divina, utiliza os elementos materiais (fluídicos e energéticos), existentes na natureza para se manifestar.

Para estender a sua solicitude a todas as criaturas, Deus não precisa lançar o olhar do Alto da imensidade. Para que as nossas preces sejam ouvidas, não precisam transpor o espaço, nem ser ditas com voz retumbante, porque, estando Deus continuamente ao nosso lado, os nossos pensamentos repercutem nele. Os nossos pensamentos são como os sons de um sino, que fazem vibrar todas as moléculas do ar ambiente.[6]

Essas explicações são tanto mais esclarecedoras quanto maior for o nosso entendimento a respeito de Deus. Se o entendimento que temos de Deus ainda é o de natureza antropomórfica, dificilmente iremos compreender como acontece a Providência divina. É preciso, por outro lado, agir com humildade e, também coragem para rever a concepção que, usualmente, temos de Deus, escapando das armadilhas das opiniões pessoais, dos dogmas fornecidos pelas religiões ou conclusões filosóficas apressadas, as quais se restringem, em geral, a meros palpites, destituídos de cunho filosófico ou embasamento religioso mais aprofundado.

No estado de inferioridade em que ainda se encontram, só com muita dificuldade podem os homens compreender que Deus seja infinito, visto que, sendo eles mesmos limitados e circunscritos, imaginam também que Deus seja circunscrito e limitado, figurando-o à imagem e semelhança deles. [...] Para a maioria, Ele é um soberano poderoso, sentado num trono inacessível e perdido na imensidade dos céus. Como suas faculdades e percepções são limitadas, não compreendem que Deus possa ou se digne de intervir diretamente nas pequeninas coisas.[7]

Há, contudo, um fato concreto que não podemos ignorar: a Providência divina existe e somos dela beneficiários, cotidianamente, no plano físico e no espiritual. Eis o que Emmanuel tem a dizer:[8]

Seja onde for, recorda que Deus está sempre em nós e agindo por nós. Para assegurar-nos, quanto a isso, bastar-nos-á a prática da oração, mesmo ligeira ou inarticulada, que desenvolverá em nós outros a convicção da presença divina, em todas as faixas da existência. Certamente, a prece não se fará seguida de demonstrações espetaculares, nem de transformações externas imprevistas. Pensa, todavia, no amparo de Deus e, em todos os episódios da estrada, senti-lo-ás contigo no silêncio do coração. Nos obstáculos de ordem material, esse apoio não te chegará na obtenção do dinheiro fácil que te solva os compromissos, mas na força para trabalhar a fim de que os recursos necessários te venham às mãos; nas horas de dúvida, não te virá em fórmulas verbais diretas que te anulem o livre arbítrio e sim na inspiração exata que te ajude a tomar as decisões indispensáveis à paz da própria consciência; nos momentos de inquietação, não surgirá em acontecimentos especiais que te afastem dos testemunhos de fé, mas percebê-los-ás contigo em forma de segurança e bom ânimo, na travessia da aflição; nos dias em que o mal te pareça derrotar a golpes de incompreensão ou de injúria, não se te expressará configurado em favores de exceção que te retirem dos ombros a carga das provas redentoras e sim na energia bendita da fé viva que te restaure a esperança, revestindo-te de coragem, a fim de que não esmoreças na rude jornada, em direção à vida nova. Seja qual for a dificuldade em que te vejas ou a provação que experimentes, recorda que Deus está contigo e nada te faltará, nos domínios do socorro e da bênção, para que atravesses todos os túneis de tribulação e de sombra, ao encontro da paz e a caminho da luz.

2. As bênçãos da Providência divina

O indivíduo materialista ou pouco espiritualizado ignora a ação providencial de Deus em sua vida; que só é percebida à medida em que ele aprende a se libertar das influências da vida material e desenvolve aprendizado espiritual. No começo desse aprendizado, visualiza apenas os benefícios mais patentes: as boas condições do corpo físico, da inteligência, da vida em família, de acesso ao conhecimento, de sobrevivência material por meio de profissão digna, entre outros.

Mais tarde, tendo adquirido outros conhecimentos, que o eleva em termos espirituais, consegue identificar inúmeros outros benefícios que lhe abençoam a existência. Nessa fase da evolução, o Espírito realmente se renova: empenha-se no combate aos vícios e imperfeições que ainda possui, e se esforça no propósito de desenvolver virtudes.

Vemos, então, que a existência da Providência divina, e o seu consequente aproveitamento, acompanha o amadurecimento espiritual do ser humano:

Dá-se com os homens, em geral, o que se dá em particular com os indivíduos. As gerações têm sua infância, sua juventude e sua maturidade. Cada coisa deve vir a seu tempo; a semente lançada à terra, fora da estação, não germina."[9]

Esse é o principal motivo porque "[...] em sua previdente sabedoria, a Providência não revela as verdades senão gradualmente, sempre as desvenda à medida que a humanidade está amadurecida para recebê-las. [...]"[9]

Os ensinamentos de Jesus que seguem fornecem maiores esclarecimentos a respeito da Providência divina.

Não ajunteis para vós tesouros na terra, onde a traça e o caruncho os corroem, e onde os ladrões arrombam e roubam, mas ajuntai para vós tesouros no céu, onde nem a traça, nem o caruncho corroem e onde os ladrões não arrombam nem roubam; pois onde está teu tesouro aí estará também teu coração.

A lâmpada do corpo é o olho. Portanto, se teu olho estiver são, todo teu corpo ficará iluminado; mas se teu olho estiver doente todo teu corpo ficará escuro. Pois se a luz que há em ti são trevas, quão grandes serão as trevas!

Ninguém pode servir a dois senhores. Com efeito, ou odiará um e amará o outro, ou se apegará ao primeiro e desprezará o segundo. Não podeis servir a Deus e ao Dinheiro.

Por isso vos digo: não vos preocupeis com a vossa vida quanto ao que haveis de comer, nem com o vosso corpo quanto ao que haveis de vestir. Não é a vida mais do que o alimento e o corpo mais do que a roupa? Olhai as aves do céu: não semeiam, nem colhem, nem ajuntam em celeiros. E, no entanto, vosso Pai celeste as alimenta. Ora, não valeis vós mais do que elas? Quem dentre vós, com as suas preocupações, pode acrescentar um só côvado à duração da sua vida? E com a roupa, por que andais preocupados? Observai os lírios do campo, como crescem, e não trabalham e nem fiam. E, no entanto, eu vos asseguro que nem Salomão, em toda a sua glória, se vestiu como um deles. Ora, se Deus veste assim a erva do campo, que existe hoje e amanhã será lançada ao forno, não fará ele muito mais por vós, homens fracos na fé? Por isso, não andeis preocupados, dizendo: Que iremos comer? Ou, que iremos beber? Ou, que iremos vestir? De fato, são os gentios que estão à procura de tudo isso: vosso Pai celeste sabe que tendes necessidade de todas essas coisas. Buscai, em primeiro lugar, o reino de Deus e sua justiça, e todas essas coisas vos serão acrescentadas. Não vos preocupeis, portanto, com o dia de amanhã, pois o dia de amanhã se preocupará consigo mesmo. A cada dia basta o seu mal. (Mateus, 6:19-34. Bíblia de Jerusalém).

A Providência divina nos concede bens favoráveis ao nosso progresso intelectual e moral. Alguns destes bens são transitórios, úteis à vida no plano físico, durante a reencarnação. Outros são eternos, imprescindíveis à felicidade do Espírito, independentemente do plano de existência onde ele se encontre. A sabedoria está em sabermos utilizar os primeiros, sem nos escravizarmos a eles, mas priorizar a aquisição dos segundos.

Infelizmente, são características da imperfeição espiritual apreciarmos a aquisição de bens materiais, sempre de caráter transitórios, e as sensações que eles nos proporcionam, mesmo estando cientes que o acúmulo de bens materiais jamais poderá ser considerado processo de felicidade. Ao contrário, pode estimular o egoísmo e o orgulho, retardando o progresso individual.

Sendo assim, é importante destacarmos os principais ensinamentos presentes no texto evangélico, anteriormente citado (*Mateus*, 6:19-34. *Bíblia de Jerusalém*):

» Aprender a acumular bens ou tesouros imperecíveis, imortais, não sujeitos à destruição por efeito dos elementos da natureza ("traça e ferrugem") ou que possam ser retirados ("roubados"). Esses tesouros são as virtudes e as conquistas intelectuais edificantes.

» É preciso estar atentos à aquisição de valores imperecíveis ao Espírito, aprendendo a distinguir o supérfluo do necessário, o bom do ruim, o superior do inferior, educando a conduta, pois, onde está o "nosso tesouro aí estará o nosso coração". O ser humano feliz conhece com clareza o significado dos verbos "ter" e "ser".

» Os olhos percebem o mundo, as pessoas e as coisas, mas só teremos luz espiritual se transformarmos os olhos em "candeias", isto é, olhos que enxergam a vida verdadeira e os valores eternos que promovem a melhoria do Espírito. Combatendo as imperfeições ou "trevas" que existem em nosso íntimo, veremos o mundo e as pessoas sob nova ótica.

» O homem espiritualizado conhece o valor relativo dos bens materiais e o peso que eles representam. Esforça-se, então, para dominar e não ser dominado pelas paixões inferiores. Conduz seu destino, discernindo o certo do errado e fazendo escolhas mais acertadas.

» O ser espiritualizado, ou que já possui alguma evolução espiritual, esforça-se para levar uma vida mais simples, conduzindo-se com prudência ao longo do processo ascensional, evitando excessos de qualquer natureza: no vestir, no alimentar, na acumulação de bens, no desfrutamento de prazeres etc. Trabalha para ter o necessário à existência, não entorpecendo os sentidos com os excessos que a vida material oferece. Por este motivo, não se preocupa em demasia com o que beber, comer e vestir, sabendo que "a vida é mais do que o alimento" e o "corpo mais do que a vestimenta", sobretudo porque, "se Deus veste a erva do campo com admirável beleza, que existe hoje e amanhã será lançada ao fogo, que não tecem nem fiam", o que o Pai Celestial não fará em benefício dos seres inteligentes da sua Criação?

» A inquietação sobre os dias futuros revela falta de fé na bondade e misericórdia divinas. Ser prudente é uma coisa. Ser inquieto ou estressado é outra, bem diferente. O homem angustiado está sempre aflito (e sempre doente: doente do espírito). O homem materialista é, notadamente, infeliz, pois desconhece o valor da fé, o poder da prece, não percebe o amparo que os benfeitores espirituais lhe endereçam. O Pai celestial sabe do que precisamos, efetivamente. E nos concederá as suas bênçãos, pois a felicidade faz parte da nossa destinação espiritual.

» A condição única para alcançarmos a felicidade verdadeira é, primeiramente, "buscarmos o reino de Deus e a sua justiça, e tudo o mais nos será concedido em acréscimo". Enquanto não estivermos conscientes desta verdade, entraremos e sairemos das reencarnações em processo de sofrimento, sob o peso de expiações que parecem não ter fim. Enquanto não buscarmos o reino dos Céus e sua justiça (pela reparação dos erros cometidos), estaremos presos aos processos expiatórios determinados pela lei de causa e efeito. Esta é a realidade.

» Praticando o bem, desenvolvendo virtudes e combatendo as imperfeições estaremos, por certo, edificando o reino de Deus em nós mesmos. Cada dia, na reencarnação, é único. Saibamos aproveitá-lo! Cada dia reflete uma oportunidade de crescimento espiritual, cujo aproveitamento depende da nossa vontade e do nosso esforço em superar os obstáculos do caminho. Cada dia é uma lição, que deve ser lida no livro da vida, analisada e assimilada para ser bem aproveitada como aprendizado. Assim, não devemos "nos inquietar com o dia de amanhã", pois o dia de hoje é o que merece destaque e atenção, por ser o momento de vivenciar a lição que nos é reservada. O amanhã pertence a Deus e às consequências dos nossos atos. "Basta a cada dia o seu mal"!

Referências

1. KARDEC, Allan. *A gênese*. Tradução de Evandro Noleto Bezerra. 1. ed. Rio de Janeiro: FEB, 2009. Cap. II, item 20, p. 78.

2. DENIS, Léon. *Depois da morte*. 1. ed. especial. Rio de Janeiro: FEB, 2008. Parte quarta. Cap. XL, p. 328.

3. XAVIER, Francisco Cândido. *O consolador*. Pelo Espírito Emmanuel. 28. ed. Rio de Janeiro: FEB, 2008. Questão 227, p. 185-186.

4. KARDEC, Allan. *A gênese*. Op. Cit. Cap. II, item 23, p.79-80.

5. _____. Item 24, p. 80-81.

6. _____. p. 81.

7. _____. Item 21, p. 79.

8. XAVIER, Francisco Cândido. *Rumo certo*. Pelo Espírito Emmanuel. 11. ed.Rio de Janeiro: FEB, 2008. Cap. 5, p. 27-28.

9. KARDEC, Allan. *O evangelho segundo o espiritismo*. Tradução de Evandro Noleto Bezerra. 1. ed. Rio de Janeiro: FEB, 2008. Cap. XXIV, item 4, p. 429.

Orientações ao monitor

O monitor inicia a reunião com breve exposição do assunto a ser estudado, fornecendo uma visão panorâmica do conteúdo.

Em seguida, pede aos participantes que se organizem em três grupos, cabendo a cada um a tarefa de fazer leitura, seguida de troca de ideia, do texto em seguida especificado, que faz parte do Roteiro de Estudo.

Grupo 1: Ação da Providência divina. Grupo 2: As bênçãos da Providência divina. Grupo 3: Proteção de Deus.

O monitor realiza um amplo debate em torno das ideias desenvolvidas no Roteiro de Estudo, após ouvir o resumo apresentado pelo relator de cada grupo, e utiliza as ideias do texto inserido em anexo (Proteção de Deus) para encerrar o estudo.

Anexo

Proteção de Deus *

Emmanuel

Clamamos pela proteção de Deus, mas, não raro, admitimos que semelhante cobertura unicamente aparece nos dias de caminho claro e céu azul.

O amparo divino, porém, nos envolve e rodeia, em todos os climas da existência.

Urge reconhecê-los nos lances mais adversos.

Às vezes, o auxílio do Todo-Misericordioso tão somente se exprime através das doenças de longo curso ou das dificuldades materiais de extensa duração, preservando-nos contra quedas espirituais em viciação ou loucura.

---

* XAVIER, Francisco Cândido. *Rumo certo*. Pelo Espírito Emmanuel. 11. ed. Rio de Janeiro: FEB, 2008. Cap. 60, p. 221-223.

Noutros ângulos da experiência, manifesta-se pela cassação de certas oportunidades de serviço ou pela supressão de regalias determinadas que estejam funcionando para nós à feição de corredores para a morte prematura.

Proteção de Deus, por isso mesmo, é também o sonho que não se realiza, a esperança adiada, o ideal insatisfeito, a prova repentina ou o transe aflitivo que nos colhe de assalto.

Encontra-se no amor de nossos companheiros, na assistência de benfeitores abnegados, na dedicação dos amigos ou no carinho dos familiares, mas igualmente na crítica dos adversários, no tempo de solidão, na separação dos entes queridos ou nos dias cinzentos de angústia em que nuvens de lágrimas se nos represam nos olhos.

Isso ocorre porque a vida é aprimoramento incessante, até o dia da perfeição, e todos nós, com frequência, necessitamos do martelo do sofrimento e do esmeril do obstáculo para que se nos despoje o espírito dos envoltórios inferiores.

Pensa nisso e toda vez que te sacrifiques ou lutes, de consciência tranquila, ou toda vez que te aflijas e chores, sem a sombra da culpa, regozija-te e espera o melhor, porque a dor, tanto quanto a alegria, são recursos da proteção de Deus, impulsionando-te o coração para a luz das bênçãos eternas.

EADE - LIVRO IV - MÓDULO I

ESPERANÇAS E CONSOLAÇÕES

Roteiro 3

ASSISTÊNCIA ESPIRITUAL

Objetivos

» Citar e analisar o principal fundamento da assistência espiritual conduzida pelos Espíritos benfeitores.

» Esclarecer como ocorre o atendimento espiritual na Casa Espírita.

Ideias principais

» A assistência espiritual desenvolvida pelos Espíritos benfeitores tem como fundamento a seguinte passagem do Evangelho: *Pedi e vos será dado; buscai e achareis; batei e vos será aberto; pois todo o que pede recebe; o que busca acha e ao que bate se lhe abrirá. Quem dentre vós dará uma pedra a seu filho, se este lhe pedir pão? Ou lhe dará uma cobra, se este lhe pedir peixe? Ora, se vós que sois maus sabeis dar boas dádivas aos vossos filhos, quanto mais vosso Pai que está nos céus dará coisas boas aos que lhe pedem! (Mateus, 7:7-11. Bíblia de Jerusalém).*

» Ação protetora dos Espíritos benfeitores ocorre sempre com o intuito de ajudar o seu tutelado a encontrar o caminho do bem, sem jamais tolher o seu livre arbítrio, pois o [...] *Espírito precisa de experiência para adiantar-se, experiência que, na maioria das vezes, deve ser adquirida à sua custa. É necessário que exercite suas forças, pois, do contrário, seria como uma criança a quem não permitem que ande sozinha*. Allan Kardec: *O livro dos espíritos*, questão 501.

» A Casa Espírita deve apresentar condições favoráveis de esclarecimento doutrinário, de apoio moral e de conforto espiritual aos que lhes batem às portas, orientando-os fraternalmente como superar as próprias dificuldades, à luz das orientações do Evangelho e do Espiritismo.

Subsídios

A assistência espiritual, entendida como o conjunto de atividades organizadas de modo a proporcionar o reequilíbrio espiritual à coletividade que busca a Casa Espírita, pode ser classificada em dois tipos: a que é intermediada por benfeitores desencarnados, voluntariamente ou em atendimento a um pedido, e a realizada por pessoas encarnadas, vinculadas ou não a uma instituição benemérita. Ainda que a metodologia e as características de assistência apresentem diferenças na execução das ações, o objetivo deve se fundamentar sempre em um único propósito: auxiliar o próximo.

Os binômios auxílio-prestado e benefício-recebido são bem aproveitados quando o benfeitor respeita as características individuais do assistido, não lhe impõe condições para o recebimento do benefício, respeitando-lhe as manifestações do livre-arbítrio. Por outro lado, é fundamental que o assistido desenvolva o próprio esforço na superação dos desafios existenciais.

1. Os fundamentos da assistência espiritual

A assistência espiritual, segundo a orientação espírita, tem como fundamento principal estes ensinamentos de Jesus: *Pedi e vos será dado; buscai e achareis; batei e vos será aberto; pois todo o que pede recebe; o que busca acha e ao que bate se lhe abrirá. Quem dentre vós dará uma pedra a seu filho, se este lhe pedir pão? Ou lhe dará uma cobra, se este lhe pedir peixe? Ora, se vós que sois maus sabeis dar boas dádivas aos vossos filhos, quanto mais o vosso Pai que está nos céus dará coisas boas aos que lhe perdem! (Mateus, 11:28-30. Bíblia de Jerusalém).*

Ao analisar essa passagem evangélica, Kardec apresenta a seguinte argumentação: "Do ponto de vista terreno a máxima *Buscai e achareis* é semelhante a esta outra. *Ajuda-te, que o céu te ajudará.* É o princípio da lei do trabalho e, por conseguinte, da *lei do progresso*, pois o progresso é filho do trabalho, visto que o trabalho põe em ação as forças da inteligência."[1]

Enfatiza também que:

> Se Deus houvesse dispensado o homem do trabalho do corpo, seus membros se teriam atrofiado; se o tivesse dispensado do trabalho da inteligência, seu espírito teria permanecido na infância, no estado de instinto animal. É por isso que Ele fez do trabalho uma necessidade e lhe disse: *Busca e acharás; trabalha e produzirás*. Dessa maneira serás filho das tuas obras, terás o mérito delas e serás recompensado de acordo com o que hajas feito.[2]

Compreende-se, então, por que o necessitado deve cooperar, fazer a parte que lhe cabe sempre que solicita auxílio a alguém. Jamais deve entregar-se ao jogo das circunstâncias, revoltar-se ou sucumbir-se às provações, condições que lhe agravam o sofrimento. É preciso não confundir submissão às provas da vida com resignação. A primeira produz alienação, quando não conduz ao desespero. A segunda é sempre ativa por se encontrar alicerçada na fé.

Há inúmeros fatores envolvidos no processo de assistência espiritual, os quais podem ser assim considerados, sem nenhuma pretensão de ter esgotado o assunto:

» A assistência espiritual deve favorecer o crescimento individual

» Os Espíritos benfeitores esclarecidos jamais estimulam a inércia, a preguiça ou a indolência em seus tutelados. [...] "Não, os Espíritos não vêm dispensar o homem da lei do trabalho, mas mostrar-lhe a meta que lhe cumpre atingir e o caminho que a ela conduz, dizendo-lhe: anda e chegarás. Encontrarás pedras sob os teus passos; olha e tira-as tu mesmo. Nós te daremos a força necessária, se a quiseres empregar."[3]

» A assistência espiritual envolve compromisso moral

Do ponto de vista moral, essas palavras de Jesus ["Buscai e achareis". "Batei à porta e ela vos será aberta"] significam: pedi a luz que deve iluminar o vosso o caminho e ela vos será dada; pedi forças para resistirdes ao mal e a tereis; pedi a assistência dos Espíritos bons e eles virão acompanhar-vos e vos servirão de guia, tal como o anjo de Tobias; pedi bons conselhos e eles jamais vos serão recusados; batei à nossa porta: ela se abrirá para vós; mas, pedi sinceramente, com fé, fervor e confiança; apresentai-vos com humildade e não com arrogância, sem o que sereis abandonados às vossas próprias forças e caireis, como justo castigo do vosso orgulho.[4]

» O auxílio espiritual não comporta ostentação de qualquer natureza

Jesus pronuncia, a respeito, um alerta que deve ser objeto de reflexão:

Guardai-vos de praticar a vossa justiça diante dos homens para serdes vistos por eles. Do contrário, não recebereis recompensa junto ao vosso Pai que está nos céus. Por isso, quando deres esmola, não te ponhas a trombetear em público, como fazem os hipócritas nas sinagogas e nas ruas, com o propósito de ser glorificados pelos homens. Em verdade vos digo: já receberam sua recompensa. Tu, porém, quando deres esmola, não saiba tua mão esquerda o que faz tua direita, para que tua esmola fique em segredo; e o teu Pai, que vê, te recompensará. (Mateus, 6:1-4. Bíblia de Jerusalém).

Em complementação, analisa Kardec:

Há grande mérito em fazer o bem sem ostentação; ocultar a mão que dá é ainda mais meritório; constitui sinal incontestável de grande superioridade moral, porque, para encarar as coisas de mais alto do que o faz o vulgo, é preciso fazer abstração da vida presente e se identificar com a vida futura; numa palavra, é necessário colocar-se acima da humanidade, para renunciar à satisfação que resulta do testemunho dos homens e esperar a aprovação de Deus. Aquele que prefere o sufrágio dos homens ao sufrágio divino, prova que tem mais fé nos homens do que em Deus e que dá mais valor à vida presente do que à vida futura, ou mesmo que não crê na vida futura. Se diz o contrário, age como se não acreditasse no que diz.[5]

» O legítimo amparo espiritual não aguarda retribuição

[...] Quantos há que só dão na expectativa de que o que recebe irá bradar por toda a parte o benefício recebido! que, publicamente, dariam grandes somas e que, às ocultas, não dariam uma única moeda! Foi por isso que Jesus declarou: "Os que fazem o bem com ostentação já receberam a sua recompensa".[6]

» A assistência espiritual não impõe condições de auxílio

Qual será, então, a recompensa daquele que faz pesar os seus benefícios sobre aquele que os recebe, que lhe impõe, de certo modo, testemunhos de reconhecimento, que lhe faz sentir a sua posição, exaltando o preço dos sacrifícios a que se impõe para beneficiá-lo? [...] O bem que praticou não resulta em nenhum proveito para ele, pois que o deplora, e todo benefício deplorado é moeda falsa e sem valor.[7]

» O amparo espiritual não deve ser divulgado

A beneficência praticada sem ostentação tem duplo mérito. Além de ser caridade material, é caridade moral, visto que resguarda a suscetibilidade do beneficiado, faz-lhe aceitar o benefício sem que seu amor-próprio se ressinta e salvaguardando-lhe a dignidade de homem, porque aceitar um serviço é coisa bem diversa de receber uma esmola. Ora, converter o serviço em esmola, pela maneira de prestá-lo, é humilhar o que o recebe, e há sempre orgulho e maldade em humilhar os outros. A verdadeira caridade, ao contrário, é delicada e engenhosa em dissimular o benefício, em evitar até as simples aparências capazes de melindrar, já que todo atrito moral aumenta o sofrimento que se origina da necessidade. Ela sabe encontrar palavras brandas e afáveis que colocam o beneficiado à vontade em presença do benfeitor, ao passo que a caridade orgulhosa o esmaga. A verdadeira generosidade torna-se sublime quando o benfeitor, invertendo os papéis, acha meios de figurar como beneficiado diante daquele a quem presta serviço. Eis o que significam estas palavras: "Não saiba a mão esquerda o que dá a direita".[8]

2. Os benfeitores espirituais

São Espíritos devotados ao bem que demonstram sincera alegria em auxiliar o próximo. Fazem parte de diferentes grupos, de acordo com a escala espírita que consta de *O livro dos espíritos*, sendo que alguns possuem qualidades morais e intelectuais superiores. Há três categorias principais: Anjos da guarda, Espíritos protetores, familiares ou simpáticos.

2.1. Anjo da guarda ou guardião espiritual

O Espírito guardião é sempre de ordem elevada. A missão do guardião é semelhante a [...] "de um pai em relação aos filhos: conduzir seu protegido pelo bom caminho, ajudá-lo com seus conselhos, consolá-lo nas aflições e sustentar sua coragem nas provas da vida."[9] O guardião acompanha o tutelado durante toda a reencarnação, do [...] "nascimento até a morte. Muitas vezes ele o segue após a morte, na vida espiritual, e mesmo através muitas existências corporais" [...].[10] A ação protetora do Espírito guardião, porém, raramente se manifesta de forma ostensiva, a fim de não impedir a livre manifestação da vontade do protegido.

Se contásseis com o amparo deles, não agiríeis por vós mesmos e o vosso Espírito não progrediria. O Espírito precisa de experiência para adiantar-se, experiência que, na maioria das vezes, deve ser adquirida à sua custa. É necessário que exercite suas forças, pois, do contrário, seria como uma criança a quem não permitem que ande sozinha. A ação dos Espíritos que vos querem bem é sempre regulada de maneira a não tolher o vosso livre-arbítrio, visto que, se não tivésseis responsabilidade, não avançaríeis no caminho que vos há de conduzir a Deus. Não vendo quem o ampara, o homem se entrega às suas próprias forças; seu guia, entretanto, vela por ele e, de vez em quando, em alto e bom som, o adverte do perigo.[11]

2.2. Espíritos simpáticos

São protetores que, em geral, desempenham missões temporárias junto aos seus assistidos. Aproximam-se destes em razão de afinidades ou similitude de gostos. Apesar das boas intenções reveladas, a ação dos Espíritos simpáticos nem sempre alcança o êxito desejado, pois o protetor ou o protegido podem ainda estar presos a certas imperfeições humanas.

Os Espíritos simpáticos são os que se sentem atraídos para nós por afeições particulares e por uma certa semelhança de gostos e de sentimentos, tanto para o bem quanto para o mal. A duração de suas relações se acha quase sempre subordinada às circunstâncias. [...].[12]

2.3. Espíritos familiares

Os Espíritos familiares se ligam a certas pessoas por laços mais ou menos duráveis, a fim de lhes serem úteis, dentro dos limites do poder de que dispõem, quase sempre muito restrito. São bons, mas às vezes pouco adiantados e mesmo um tanto levianos. Ocupam-se de boa vontade com as particularidades da vida íntima e só atuam por ordem ou com permissão dos Espíritos protetores. [...].[12]

Emmanuel orienta que conduta deve ser seguida perante o auxílio transmitido pelos benfeitores espirituais:

Confiemos nos benfeitores e nas bênçãos que nos enriquecem os dias, sem, no entanto, esquecer as próprias obrigações, no aproveitamento do amparo que nos ofertam. Pais abnegados da Terra, que nos propiciam o ensejo da reencarnação, por muito se façam servidores de nossa felicidade, não nos retiram da experiência de que somos carecedores. Mestres que nos arrancam às sombras da ignorância, por muito carinho nos dediquem, não nos isentam do aprendizado. Amigos que nos reconfortam na travessia dos momentos amargos, por mais nos estimem, não nos carregam a luta íntima. Cientistas que nos refazem as forças, nos dias de enfermidade, por mais nos amem, não usam por nós a medicação que as circunstâncias nos aconselham. Instrutores da alma que nos orientam a viagem de elevação, por muito nos protejam, não nos suprimem o suor da subida moral. [...].[21]

3. A assistência espiritual na Casa Espírita

Trata-se de [...] "um conjunto de atividades que visa a atender, adequadamente, as pessoas que buscam e frequentam o Centro Espírita visando a obter esclarecimento, orientação, ajuda e assistência espiritual e moral".[13]

O atendimento espiritual na Casa Espírita tem como finalidade precípua: "Acolher as pessoas, por meio de ações fraternas e continuadas, de conformidade com os princípios do Evangelho à luz da Doutrina Espírita, oferecendo aos que frequentam o Centro Espírita — em especial aos que o procuram pela primeira vez — o apoio, o esclarecimento, a consolação e o amparo de que necessitam para vencer as suas dificuldades".[14]

O trabalho engloba, em geral, as seguintes atividades:

Recepção: "consiste em receber os que chegam ao Centro Espírita, de forma fraterna e solidária, conforme orienta o Evangelho à luz da Doutrina Espírita".[15]

Atendimento fraterno pelo diálogo: [...] "consiste em receber fraternalmente aquele que busca o Centro Espírita, dando-lhe a oportunidade de expor, livremente e em caráter privativo e sigiloso, suas dificuldades e necessidades".[16]

Explanação do Evangelho: "é uma reunião pública para a explanação do Evangelho à luz da Doutrina Espírita, de maneira programada e com uma sequência de trabalho previamente estabelecida".[17]

Atendimento pelo passe: "o passe, à luz da Doutrina Espírita, é uma transmissão de energias fluídicas de uma pessoa — conhecida como médium passista — para outra pessoa que as recebe, em clima de prece, com a assistência dos Espíritos superiores".[18]

Irradiação: "é uma reunião privativa de vibração em conjunto para irradiar energias de paz, de amor e de harmonia, inspiradas na prática do Evangelho à luz da Doutrina Espírita, em favor de encarnados e desencarnados carentes de atendimento espiritual".[19]

Evangelho no lar: "é uma reunião semanal da família, em dia e hora previamente estabelecidos, para o estudo do Evangelho à luz da Doutrina Espírita e a oração em conjunto".[20]

À medida que o ser humano aperfeiçoa, fortalece-lhe a vontade de fazer o bem, de ser útil, de alguma forma, aos que sofrem. A Casa Espírita conta com o trabalho desses trabalhadores, que persistem no propósito de reduzir a carga de sofrimento que pesa sobre os ombros de seus irmãos em humanidade. Em geral, são colaboradores anônimos, mas não menos devotados, os quais, com o passar do tempo, se transformam em instrumentos dóceis e sinceros dos benfeitores espirituais.

Neste contexto, aconselha Emmanuel:[22]

Se já acordaste para o conhecimento superior, caminhas à frente com a função de guiar. Convence-te de que quanto mais se te amplie o aperfeiçoamento íntimo, mais dilatado o número dos olhos e dos ouvidos que te procuram ver e escutar, de vez que todos aqueles que se afinam contigo, em subalternidade espiritual, passam, mecanicamente, à condição de aprendizes que te observam. Não te descuides, pois, do amparo aos que te acompanham no educandário da vida, entendendo-se que existem quedas de pensamento determinando lamentáveis acidentes de espírito. Em toda a situação, seleciona palavras e atitudes que possam efetivamente ajudar. Ante as falhas alheias, não procedas irrefletidamente, censurando ou aprovando isso ou aquilo, sem análise justa, a pretexto de assegurar a harmonia, mas define-te com bondade, providenciando corretivos aconselháveis, sem alarde e sem aspereza. Se aparece a necessidade de advertência ou repreensão, já que toda escola respeitável reclama disciplina, oferece o próprio exemplo no dever retamente cumprido, antes de falar, e, falando, escolhe, tanto quanto seja possível, lugar, tempo e maneira, segundo os comprometimentos havidos na causa do bem comum. [...] Administra, onde estiveres, o auxílio espiritual com a alavanca do próprio equilíbrio. Vigilância sem violência. Calma sem preguiça. Consolo sem mentira. Verdade sem drama. Se já sabes o que deves fazer, no plano da alma, trazes o coração chamado a instruir, e um professor verdadeiro, enxergando mais longe, não apenas informa e ensina, mas também socorre e vela.

Referências

1. KARDEC, Allan. *O evangelho segundo o espiritismo*. Tradução de Evandro Noleto Bezerra. 3. ed. Rio de Janeiro: FEB, 2008. Cap. XXV, item 2, p. 439.

2. _____. Item 3, p. 440-441.

3. _____. Item 4, p. 441.

4. _____. Item 5, p. 441-442.

5. _____. Cap. XIII, item 3, p. 256.

6. _____. p. 257.

7. _____. p. 257-258.

8. _____. p. 258.

9. KARDEC, Allan. *O livro dos espíritos*. Tradução de Evandro Noleto Bezerra. 2. ed. Rio de Janeiro: FEB, 2008. Parte segunda. Cap. IX, questão 491, p. 335.

10. _____. Questão 492, p. 335.

11. _____. Questão 501, p. 340.

12. _____. Questão 514, 345.

13. Federação Espírita Brasileira, Conselho Federativo Nacional. Orientação ao centro espírita. Rio de Janeiro: FEB, 2007. Cap. III, p. 31.

14. _____. Cap. III, p. 32.

15. _____. Cap. III-a, p. 33.

16. _____. Cap. III-b, p. 35.
17. _____. Cap. III-c, p. 39.
18. _____. Cap. III-d, p. 43.
19. _____. Cap. III-e, p. 47.
20. _____. Cap. III-f, p. 49.
21. XAVIER, Francisco Cândido. *Estude e viva*. Pelos Espíritos Emmanuel e André Luiz. 13. ed. Rio de Janeiro: FEB, 2008. Cap. 4 (Benfeitores e bênçãos, mensagem de Emmanuel), p. 33-34.
22. _____. Cap. 34 (Amparo Espiritual – mensagem de Emmanuel), p. 198-200.

Orientações ao monitor

Pedir aos participantes que façam leitura silenciosa do texto Seja Voluntário, de Cairbar Schutel, inserido no anexo deste Roteiro de Estudo.

Trocar opiniões a respeito das ideias desenvolvidas no texto lido. Ato contínuo, analisar em conjunto com os participantes: a) os fundamentos da assistência espiritual; b) como se processa a ação dos Espíritos benfeitores e, c) como desenvolver o serviço de atendimento espiritual na Casa Espírita.

É importante que o conteúdo seja, efetivamente, analisado por meio de discussão fraterna.

Anexo

Seja Voluntário*

Cairbar Schutel

Seja voluntário na evangelização infantil.

Não aguarde convite para contribuir em favor da Boa-Nova no coração das crianças. Auxilie a plantação do futuro.

Seja voluntário no Culto do Evangelho.

---

* XAVIER, Francisco Cândido; VIEIRA, Waldo. *O espírito da verdade*. Por diversos Espíritos. ed. Rio de Janeiro: FEB, 2006. Cap. 58, p. 140-141.

Não espere a participação de todos os companheiros do lar para iniciá-lo. Se preciso, faça-o sozinho.

Seja voluntário no templo espírita.

Não aguarde ser eleito diretor para cooperar. Colabore sem impor condições, em algum setor, hoje mesmo.

Seja voluntário no estudo edificante.

Não espere que os outros lhe chamem a atenção. Estude por conta própria.

Seja voluntário na mediunidade.

Não aguarde o desenvolvimento mediúnico, sistematicamente sentado à mesa de sessões. Procure a convivência dos Espíritos superiores, amparando os infelizes.

Seja voluntário na assistência social.

Não espere que lhe venham puxar o paletó, rogando auxílio. Busque os irmãos necessitados e ajude como puder.

Seja voluntário na propaganda libertadora.

Não aguarde riqueza para divulgar os princípios da fé. Dissemine, desde já, livros e publicações doutrinárias.

Seja voluntário na imprensa espírita.

Não espere de braços cruzados a cobrança da assinatura. Envie o seu concurso, ainda que modesto, dentro das suas possibilidades.

Sim, meu amigo. Não se sinta realizado. Cultive espontaneidade nas tarefas do bem.

"A sementeira, é grande e os trabalhadores são poucos." Vivemos os tempos da renovação fundamental.

Atravessemos, portanto, em serviço, o limiar da Era do Espírito! Ressoam os clarins da convocação geral para as fileiras do Espiritismo.

Apresente-se em alguma frente de atividade renovadora e sirva sem descansar.

Quase sempre, espírita sem serviço é alma a caminho de tenebrosos labirintos do Umbral.

Seja voluntário na Seara de Jesus, Nosso Mestre e Senhor!

EADE - LIVRO IV - MÓDULO I

ESPERANÇAS E CONSOLAÇÕES

Roteiro 4

A FELICIDADE ATUAL E FUTURA

Objetivos

» Compreender o verdadeiro sentido da felicidade na Terra.
» Explicar o processo de aquisição da felicidade atual e futura.

Ideias principais

» O conceito de felicidade, atual e futura, pode ser resumido na seguinte orientação espírita: *Para a vida material, é a posse do necessário; para a vida moral, a consciência tranquila e a fé no futuro.* Allan Kardec: *O livro dos espíritos*, questão 922.

» As aquisições materiais não acompanharão o Espírito quando a sua partida para o mundo espiritual. Assim disse Jesus: *Não ajunteis para vós tesouros na terra, onde a traça e o caruncho os corroem, e onde os ladrões arrombam e roubam, mas ajuntai para vós tesouros no céu, onde nem a traça, nem o caruncho corroem e onde os ladrões não arrombam nem roubam; pois onde está teu tesouro aí estará também teu coração.* (Mateus, 6:19-21. Bíblia de Jerusalém).

» Assinalam os Espíritos superiores: *nada vos pertence na Terra, nem mesmo o vosso próprio corpo: a morte vos despoja dele, como de todos os bens materiais. Sois depositários e não proprietários, não vos iludais. Deus vos emprestou, tendes que lhe restituir; e Ele vos empresta com a condição de que o supérfluo, pelo menos, reverta em favor dos que não têm sequer o necessário.* Allan Kardec: *O evangelho segundo o espiritismo.* Cap. XVI, item 14.

Subsídios

O conceito de felicidade, atual e futura, pode ser resumido na seguinte orientação espírita: "Para a vida material, é a posse do necessário; para a vida moral, a consciência tranquila e a fé no futuro".[1] É preciso, contudo, analisar com segurança a abrangência deste ensino espírita.

O estado de felicidade ainda é relativo, considerando as lutas e os desafios provacionais existentes na Terra. A felicidade completa é um ideal a ser alcançado, a partir da transformação do homem para melhor, como esclarecem os Espíritos da Codificação: [...] "porque a vida lhe foi dada como prova ou expiação. Mas depende dele amenizar os seus males e ser tão feliz quanto possível na Terra".[2]

Cedo ou tarde, porém, a humanidade terrestre será feliz, pois esta é a sua destinação, prevista nos códigos divinos. Com a evolução paulatina, o ser humano aprende a construir a própria felicidade, uma vez que ele [...] *"é quase sempre o artífice da sua própria infelicidade. Praticando a lei de Deus, ele pode poupar-se de muitos males e alcançar felicidade tão grande quanto o comporte a sua existência grosseira."*[3]

O homem que se acha bem compenetrado de seu destino futuro não vê na vida corporal mais do que uma estação temporária; é como uma parada momentânea numa hospedaria precária. Consola-se facilmente de alguns aborrecimentos passageiros de uma viagem que deve conduzi-lo a uma posição tanto melhor, quanto melhor tenha cuidado dos preparativos para realizá-la. Somos punidos já nesta vida pelas infrações que cometemos às leis que regem a existência corporal, por meio dos males decorrentes dessas mesmas infrações e dos nossos próprios excessos. Se remontarmos pouco a pouco à origem do que chamamos nossas desgraças terrenas, veremos que, na maioria dos casos, são a consequência de um primeiro afastamento do caminho reto. Em virtude desse desvio, enveredamos por outro, mau, e, de consequência em consequência, caímos na desgraça.[4]

1. Em que consiste a felicidade na Terra

A busca da felicidade em um mundo de transição como a Terra pode resultar infrutífera, caso a pessoa concentre suas ações na posse de bens materiais e se descuide da aquisição de valores espirituais. Os bens materiais devem ser considerados, neste aspecto, os meios e não fins da felicidade.

> Todo discípulo do Evangelho precisará coragem para atacar os serviços da redenção de si mesmo. Nenhum dispensará as armaduras da fé, a fim de marchar com desassombro sob tempestades. O caminho de resgate e elevação permanece cheio de espinhos. O trabalho constituir-se-á de lutas, de sofrimentos, de sacrifícios, de suor, de testemunhos. [...].[5]

É por este motivo que os bons Espíritos ensinam que devemos aprender a discernir a respeito do que, efetivamente, é necessário e o que é supérfluo à existência. Trata-se, na verdade, de poderoso desafio, considerando o utilitarismo e o consumismo presentes na sociedade moderna.

Em lúcida mensagem transmitida em 1863, em Paris, o Espírito François-Nicoles-Madeleine apresenta estas considerações:[6]

> Não sou feliz! A felicidade não foi feita para mim! Exclama geralmente o homem em todas as posições sociais. Isso, meus caros filhos, prova, melhor do que todos os raciocínios possíveis, a verdade desta máxima do Eclesiastes: "A felicidade não é deste mundo". Com efeito, nem a riqueza, nem o poder, nem mesmo a juventude em flor são condições essenciais à felicidade. Digo mais: nem mesmo a reunião dessas três condições tão desejadas, porque incessantemente se ouvem, no seio das classes mais privilegiadas, pessoas de todas as idades se queixarem amargamente da situação em que se encontram. [...] Neste mundo, por mais que se faça, cada um tem a sua parte de labor e de miséria, sua cota de sofrimentos e de decepções, pelo que é fácil chegar-se à conclusão de que a Terra é um lugar de provas e de expiações. [...] Em tese geral, pode-se afirmar que a felicidade é uma utopia a cuja conquista as gerações se lançam sucessivamente, sem jamais conseguirem alcançá-la. Se o homem ajuizado é uma raridade neste mundo, o homem absolutamente feliz jamais foi encontrado. Aquilo em que consiste a felicidade na Terra é coisa tão efêmera para aquele que

não se deixa guiar pela ponderação, que, por um ano, um mês, uma semana de satisfação completa, todo o resto da existência é uma série de amarguras e decepções [...].

O apego sempre reflete imperfeição moral, seja ele direcionado aos bens materiais ou às pessoas. Não se deve, contudo, confundir apego com amor. O apego é sempre de natureza restritiva, egoística. O amor, ao contrário, sabe dividir, concede liberdade e desapego.

Emmanuel esclarece bem essa situação e faz algumas recomendações oportunas:[7]

[...] A nobreza de caráter, a confiança, a benevolência, a fé, a ciência, a penetração, os dons e as possibilidades são fios preciosos, mas o amor é o tear divino que os entrelaçará, tecendo a túnica da perfeição espiritual. A disciplina e a educação, a escola e a cultura, o esforço e a obra, são flores e frutos na árvore da vida, todavia, o amor é a raiz eterna. Mas, como amaremos no serviço diário? Renovemo-nos no espírito do Senhor e compreendamos os nossos semelhantes. Auxiliemos em silêncio, entendendo a situação de cada um, temperando a bondade com a energia, e a fraternidade com a justiça. Ouçamos a sugestão do amor, a cada passo, na senda evolutiva. Quem ama, compreende; e quem compreende, trabalha pelo mundo melhor.

Há também outro aspecto da questão: os bens materiais não acompanharão o Espírito no mundo espiritual após a morte do corpo físico. Nem mesmo este será levado. Assim, é sempre útil meditar a respeito desta orientação de Jesus: *Não ajunteis para vós tesouros na terra, onde a traça e o caruncho os corroem, e onde os ladrões arrombam e roubam, mas ajuntai para vós tesouros no céu, onde nem a traça, nem o caruncho corroem e onde os ladrões não arrombam nem roubam; pois onde está teu tesouro aí estará também teu coração. (Mateus, 6:19-21. Bíblia de Jerusalém).*

A última frase do ensinamento do Mestre, a que afirma: "pois onde está teu tesouro, aí estará também teu coração", é plena de sabedoria. Jesus destaca o valor do amor, representado na palavra "coração". Significa dizer que a pessoa que ama concentra todas as suas energias, sentimentos e emoções no objeto do seu afeto, no seu "tesouro", de acordo com o conceito evangélico. Além disso, destaca-se nessa passagem evangélica a questão da perecibilidade dos bens materiais e a perenidade dos tesouros espirituais.

Conforme esclarecem os Espíritos Superiores, os bens materiais são transitoriamente concedidos por Deus aos homens para serem utilizados em proveito de seu crescimento espiritual:

> Os bens da Terra pertencem a Deus, que os distribui à vontade, não sendo o homem senão o usufrutuário, o administrador mais ou menos íntegro e inteligente desses bens. Tanto eles não constituem propriedade individual do homem, que Deus anula frequentemente todas as previsões, o que faz a riqueza escapar daquele que se julga com os melhores títulos para possuí-la. [...].[8]

Todas as coisas da matéria desaparecerão um dia, mesmo as que se revelam duráveis, seja pela natural corrosão do tempo seja pela transformação operada na natureza. Assim, ninguém é proprietário de qualquer bem material. Ainda que os processos de segurança sejam eficientes, esses bens não resistem aos assaltos da cobiça de alguns indivíduos, ao roubo, à destruição proposital ou por acidentes, de forma que mais dia, menos dia, serão inevitavelmente transferidos a outrem.

É o que ensina Pascal, em mensagem transmitida em Genebra, na Suíça, no ano de 1860, mas que permanece atual:

> O homem só possui em plena propriedade aquilo que lhe é dado levar deste mundo. Do que encontra ao chegar e deixa ao partir goza ele enquanto aqui permanece. Desde, porém, que é forçado a abandonar tudo isso, não tem a posse real das suas riquezas, mas, simplesmente, o usufruto. Que possui ele, então? Nada do que é de uso do corpo; tudo o que é de uso da alma: a inteligência, os conhecimentos, as qualidades morais. Isso é o que ele traz e leva consigo, o que ninguém lhe pode arrebatar, o que lhe será de muito mais utilidade no outro mundo do que neste. Depende dele ser mais rico ao partir do que ao chegar, porque, daquilo que tiver adquirido em bem, resultará a sua posição futura. [...].[9]

Os homens prudentes empenham-se em adquirir tesouros eternos, não transitórios. Já afirmava, a propósito, um Espírito Protetor:

> Quando considero a brevidade da vida, impressiona-me dolorosamente a incessante preocupação de que é para vós objeto o bem-estar material, enquanto dais tão pouca importância ao vosso aperfeiçoamento moral, a que consagrais pouco ou nenhum tempo e que, no entanto, é o que importa para a eternidade. Dir-se-ia, diante da atividade que

desenvolveis, tratar-se de uma questão do mais alto interesse para a humanidade, quando não se trata, na maioria dos casos, senão de vos pordes em condições de satisfazer as necessidades exageradas, à vaidade, ou de vos entregardes a excessos. Quanta aflição, inquietações e tormentos cada um se impõe; quantas noites de insônia, para aumentar uma fortuna muitas vezes mais que suficiente! Por cúmulo da cegueira, não é raro se encontrarem pessoas escravizadas a penosos trabalhos pelo amor imoderado da riqueza e dos gozos que ela proporciona, a se vangloriarem de viver uma existência dita de sacrifício e dee não para si mesmas! Insensatos![10]

A felicidade futura encontra-se estritamente na dependência das ações realizadas no presente. Sendo assim, é importante viver o momento atual, consciente de que esta vivência terá consequências na vida futura. Para tanto, é necessária a aquisição de bens imperecíveis, representada pelo tesouro do conhecimento e da moral. Trata-se, é verdade, de uma tarefa árdua, de investimento contínuo, mas, com certeza, garantidor de felicidade duradoura, no presente e no futuro, em ambos os planos da vida.

A chave da felicidade revela-se, segundo o Espiritismo, na prática do bem, no qual se é possível exercitar a caridade. Tal prática deve ter como fundamento as lições do Evangelho, conforme assinala Vicente de Paulo:[11]

> Sede bons e caridosos, pois essa é a chave dos céus, chave que tendes em vossas mãos. Toda a eterna felicidade se acha contida neste preceito: Amai-vos uns aos outros. A alma não pode elevar-se às altas regiões espirituais, senão pelo devotamento ao próximo e só encontra consolação e ventura nos arroubos da caridade. Sede bons, amparai os vossos irmãos, deixai de lado a horrenda chaga do egoísmo. Cumprido esse dever, o caminho da vida eterna se vos abrirá. [...] Não vos faltam os exemplos; rara é apenas a boa vontade. Vede a multidão de homens de bem, cuja lembrança é guardada pela vossa História. O Cristo não vos disse tudo o que tem relação com as virtudes da caridade e do amor? Por que deixar de lado os seus divinos ensinamentos? Por que fechar os ouvidos às suas divinas palavras, o coração a todas as suas suaves sentenças? Gostaria que dispensassem mais interesse, mais fé às leituras evangélicas. [...] Vossos males provêm apenas do abandono voluntário a que relegais esse resumo das leis divinas. Lede-lhe as páginas cintilantes do devotamento de Jesus e meditai-as. Homens

fortes, armai-vos; homens fracos, fazei da vossa brandura, da vossa fé, as vossas armas. Sede mais persuasivos, tende mais constância na propagação da vossa nova doutrina.

2. Aspectos que garantem a felicidade atual e futura

O Espírito Lacordaire[12] analisa com sabedoria as más consequências do apego aos bens terrenos, assinalando aspectos que garantem a felicidade, atual e futura. Destacamos, em seguida, os trechos mais significativos desta importante mensagem que se encontra em *O evangelho segundo o espiritismo*:

» *O amor aos bens terrenos é um dos mais fortes entraves ao vosso adiantamento moral e espiritual. Pelo apego à posse de tais bens, destruís as vossas faculdades de amar, ao aplicá-las todas às coisas materiais. Sede sinceros: a riqueza proporciona uma felicidade sem mescla?*

» *Compreendo a satisfação, bem justa, aliás, que experimenta o homem que, por meio de trabalho honrado e assíduo, ganhou uma fortuna; mas, dessa satisfação, muito natural e que Deus aprova, a um apego que absorve todos os outros sentimentos e paralisa os impulsos do coração vai grande distância, tão grande quanto a que separa a prodigalidade exagerada da sórdida avareza, dois vícios entre os quais Deus colocou a caridade, santa e salutar virtude que ensina o rico a dar sem ostentação, para que o pobre receba sem baixeza.*

» *Nada vos pertence na Terra, nem mesmo o vosso próprio corpo: a morte vos despoja dele, como de todos os bens materiais. Sois depositários e não proprietários, não vos enganeis sobre isto. Deus vos emprestou e tereis que restituir; e Ele vos empresta com a condição de que o supérfluo, pelo menos, reverta em favor dos que não têm sequer o necessário.*

» *Os bens que Deus vos confiou despertam nos vossos corações ardente e desvairada cobiça. Já pensastes, quando vos apegais imoderadamente a uma riqueza perecível e passageira, como vós mesmos, que um dia tereis de prestar contas ao Senhor daquilo que vos veio dele?*

> *É em vão que procurais iludir-vos na Terra, colorindo com o nome de virtude o que muitas vezes não passa de egoísmo. Em vão chamais economia e previdência ao que é apenas cupidez e avareza, ou generosidade ao que não passa de prodigalidade em proveito vosso. Um pai de família, por exemplo, se abstém de praticar a caridade, economizando, amontoando ouro, para, diz ele, deixar aos filhos a maior soma possível de bens e evitar que caiam na miséria. É muito justo e paternal, convenho, e ninguém pode censurar; mas, será esse o único motivo que o guia?*

> *Infelizmente, no homem que possui bens de fortuna há um sentimento tão forte quanto o apego aos mesmos bens: é o orgulho.*

> *Esbanjar a riqueza não é demonstrar desprendimento dos bens terrenos: é descaso e indiferença. Como depositário desses bens, o homem não tem o direito de os dilapidar, nem de os confiscar em seu proveito. Prodigalidade não é generosidade; é, muitas vezes, uma forma de egoísmo. Alguém que esbanje a mancheias o ouro de que disponha, para satisfazer a uma fantasia, talvez não dê um centavo para prestar um serviço.*

> *O desapego aos bens terrenos consiste em apreciar a riqueza no seu justo valor, em saber servir-se dela em benefício dos outros e não apenas em benefício próprio, em não sacrificar por ela os interesses da vida futura, em perdê-la sem murmurar, caso apraza a Deus retirá-la.*

> *Ponderai, sobretudo, que há bens infinitamente mais preciosos do que os da Terra e essa ideia vos ajudará a desprender-vos destes últimos. O pouco apreço que se ligue a uma coisa torna menos sensível a sua perda.*

> *O homem que se apega aos bens terrenos é como a criança, que só vê o momento presente. O que deles se desprende é como o adulto que vê as coisas mais importantes, por compreender estas palavras proféticas do Salvador: "O meu reino não é deste mundo".*

> *O Senhor não ordena a ninguém que se despoje do que possua, condenando-o, assim, a uma mendicidade voluntária, porquanto, quem assim agisse, tornar-se-ia uma carga para a sociedade. Proceder desse modo seria compreender mal o desprendimento dos bens terrenos, um egoísmo de outro gênero, porque seria o indivíduo eximir-se da responsabilidade que a riqueza faz pesar sobre aquele que a possui.*

» O rico tem, pois, uma missão, que ele pode embelezar e tornar proveitosa a si mesmo. Rejeitar a riqueza, quando Deus vo-la dá, é renunciar aos benefícios do bem que se pode fazer administrando-a com sabedoria.

» Aí tendes, meus amigos, o que eu queria vos ensinar acerca do desprendimento dos bens terrenos. Resumirei o que expus, dizendo: sabei vos contentar com pouco. Se sois pobres, não invejeis os ricos, porque a riqueza não é necessária à felicidade. Se sois ricos, não esqueçais que esses bens apenas vos estão confiados e que deveis justificar o emprego que lhes derdes, como se prestásseis contas de uma tutela.

Referências

1. KARDEC, Allan. *O livro dos espíritos*. Tradução de Evandro Noleto Bezerra. 2. ed. Rio de Janeiro: FEB, 2008, questão 922, p. 558.
2. _____. Questão 920, p. 557.
3. _____. Questão 921, p. 557-558.
4. _____. Questão 921 – comentário, p. 558.
5. XAVIER, Francisco Cândido. *Vinha de luz*. Pelo Espírito Emmanuel. 24. ed. Rio de Janeiro: FEB, 2006. Cap. 5, p. 27.
6. KARDEC, Allan. *O evangelho segundo o espiritismo*. Tradução de Evandro Noleto Bezerra. 1 ed. Rio de Janeiro: FEB, 2009. Cap. V, item 20, p. 129-130.
7. XAVIER, Francisco Cândido. *Vinha de luz*. Op. Cit., p. 27-28.
8. KARDEC, Allan. *O evangelho segundo o espiritismo*. Op. Cit. Cap. VI, item 10, p. 321.
9. _____. Item 9, p. 320.
10. _____. Item 12, p. 324.
11. _____. Cap. XIII, item 12, p. 170-171.
12. _____. Cap. XVI, item 14, p. 326-331.

Orientações ao monitor

Introduzir o tema, apresentando a orientação de Jesus que consta em *Mateus*, 6:19-21 (veja ideias principais), que deve ser analisado em conjunto com a turma.

Em seguida, pedir aos participantes que façam leitura reflexiva do Roteiro e, ao final, trocar ideias, em plenário, a respeito dos dois conteúdos: a) o significado de felicidade atual e futura; b) condições que garantem a felicidade atual e a futura

Realizar o fechamento do estudo com base na mensagem de Emmanuel (Riqueza para o céu), inserida em anexo.

Anexo

Riqueza para o Céu*

Emmanuel

"Ajuntai tesouros no céu..." Jesus. (*Mateus*, 6:20.)

Quem se aflige indebitamente, ao ver o triunfo e a prosperidade de muitos homens impiedosos e egoístas, no fundo dá mostras de inveja, revolta, ambição e desesperança. É preciso que assim não seja!

Afinal, quem pode dizer que retém as vantagens da Terra, com o devido merecimento?

Se observamos homens e mulheres, despojados de qualquer escrúpulo moral, detendo valores transitórios do mundo, tenhamos, ao revés, pena deles.

A palavra do Cristo é clara e insofismável.

— "Ajuntai tesouros no céu" — disse-nos o Senhor. Isso quer dizer "acumulemos valores íntimos para comungar a glória eterna!"

Efêmera será sempre a galeria de evidência carnal.

Beleza física, poder temporário, propriedade passageira e fortuna amoedada podem ser simples atributo da máscara humana, que o tempo transforma, infatigável.

Amealhemos bondade e cultura, compreensão e simpatia.

Sem o tesouro da educação pessoal é inútil a nossa penetração nos céus, porquanto estaríamos órfãos de sintonia para corresponder aos apelos da Vida Superior.

---

* XAVIER, Francisco Cândido. *Fonte viva*. Pelo Espírito Emmanuel. 34. ed. Rio de Janeiro: FEB, 2006. Cap. 177, p. 425-426.

Cresçamos na virtude e incorporemos a verdadeira sabedoria, porque amanhã seremos visitados pela mão niveladora da morte e possuiremos tão somente as qualidades nobres ou aviltantes que houvermos instalado em nós mesmos.

EADE LIVRO IV | MÓDULO II

A MORTE E SEUS MISTÉRIOS

EADE - LIVRO IV - MÓDULO II

A MORTE E SEUS MISTÉRIOS

Roteiro 1
O TEMOR DA MORTE

Objetivos

» Explicar por que o momento da morte é, em geral, temido.
» Analisar características do processo de perturbação espiritual presente na desencarnação.
» Esclarecer, à luz do Espiritismo, como ocorre a desencarnação e quais são suas principais etapas.

Ideias principais

» Desinformações sobre a continuidade da vida em outro plano, o espiritual, produzem o temor da morte, pois, como ensina o Espiritismo, a [...] *existência terrestre é transitória e passageira, espécie de morte, se comparada ao esplendor e atividade da vida espiritual. O corpo não passa de vestimenta grosseira que reveste temporariamente o Espírito, verdadeiro grilhão que o prende à gleba terrena, do qual ele se sente feliz em libertar-se.* [...]. Allan Kardec: *O evangelho segundo o espiritismo.* Cap. XXIII, item 8.

» O [...] *sofrimento, que acompanha a morte, está subordinado à força adesiva que une o corpo ao perispírito; que tudo o que puder atenuar essa força, e acelerar a rapidez do desprendimento, torna a passagem menos penosa; e, finalmente, que, se o desprendimento se operar sem*

> *dificuldade, a alma deixará de experimentar qualquer sentimento desagradável.* Allan Kardec: *O céu e o inferno.* Segunda parte, Cap. I, item 5.

» A [...] *perturbação pode, pois, ser considerada o estado normal no instante da morte e perdurar por tempo indeterminado, variando de algumas horas a alguns anos. À proporção que se liberta, a alma encontra-se numa situação comparável à de um homem que desperta de profundo sono* [...]. Allan Kardec: *O céu e o inferno.* Segunda parte, Cap. I, item 6

» Durante a desencarnação ou morte do corpo físico, [...] *o perispírito se desprende, molécula a molécula, conforme se unira [na reencarnação], e ao Espírito é restituída a liberdade. Assim, não é a partida do espírito que causa a morte do corpo; esta é que determina a partida do Espírito* [...]. Allan Kardec: *A gênese.* Cap. XI, item 18.

Subsídios

A morte do corpo físico, ou desencarnação segundo terminologia espírita, pode apresentar alguns mistérios, em geral fornecidos pelas religiões ou pela educação que foi transmitida ao Espírito, a despeito de ser a desencarnação um fenômeno natural e inexorável. Há muita superstição, fantasias e desinformações sobre a morte do corpo físico, causando temores e até situações de desespero ou revolta.

Pode-se dizer, contudo, que o temor da morte está relacionado a dois fatores básicos: ignorância a respeito da vida no além-túmulo e processos de culpa ou remorso decorrentes da lembrança dos atos cometidos durante a existência física. Esclarece Allan Kardec que durante a vida, o Espírito está preso ao corpo pelo seu envoltório semimaterial ou perispírito. A morte é apenas a destruição do corpo, e não a desse segundo envoltório, que se separa do corpo quando cessa neste a vida orgânica. A observação comprova que, no instante da morte, o desprendimento do perispírito não se completa subitamente; que se opera gradualmente e com uma lentidão muito variável conforme os indivíduos. Em uns é bastante rápido, podendo-se dizer que o momento da morte é também o da libertação; em outros, sobretudo naqueles cuja vida foi toda material e sensual, o desprendimento é muito menos rápido, durando algumas vezes dias, semanas e até meses, o que não implica a existência, no corpo, da menor vitalidade, nem a possibilidade de um retorno à vida [...].[1]

Percebe-se, então, que a primeira providência é preparar-se para morrer. Há necessidade de o indivíduo aprender a libertar-se do jugo das influências materiais, porque elas são, todas, de caráter transitório, evitando apego excessivo a elas. É de fundamental importância que o Espírito reencarnado desenvolva, desde a infância, aprendizados de ordem moral, capazes de lhe fornecer certa dignidade espiritual, refletida nos seus atos cotidianos, independentemente das convicções religiosas que possua ou da forma como foi educado.

Não há dúvida que a consciência culpada, atormentada por remorsos, sofre durante e após a desencarnação, senão antes do final da existência física. Neste sentido, assinala Espírito Lacordaire "[...] O amor aos bens terrenos é um dos mais fortes entraves ao vosso adiantamento moral e espiritual [...]".[2]

Um fato que merece destaque é que, quando se aproxima o instante de retornar à vida espiritual, a pessoa é, geralmente, tomada por uma espécie de lucidez sobre as consequências dos seus atos e escolhas executados ao longo da reencarnação. Entretanto, já não há mais tempo, o que foi feito foi feito, não há como voltar atrás. Por conseguinte, o indivíduo sofre, deixando-se conduzir por medos, alguns até injustificados. São tormentos impostos ao indivíduo por ele mesmo, por efeitos de atos e comportamentos desenvolvidos, por ignorância ou imprudência.

O homem vive incessantemente em busca da felicidade, que lhe escapa a todo instante, porque a felicidade sem mescla não existe na Terra. Entretanto, apesar das vicissitudes que formam o cortejo inevitável da vida terrena, poderia ele, pelo menos, gozar de relativa felicidade, se não a procurasse nas coisas perecíveis e sujeitas às mesmas vicissitudes, isto é, nos gozos materiais, em vez de procurá-la nos prazeres da alma, que são um gozo antecipado das alegrias celestes, imperecíveis; em vez de procurar a paz do coração, única felicidade real neste mundo, ele se mostra ávido de tudo que o possa agitar e perturbar e, coisa curiosa! O homem parece criar para si, propositadamente, tormentos que está nas suas mãos evitar. Haverá maiores tormentos do que os causados pela inveja e pelo ciúme? Para o invejoso e o ciumento, não há repouso; estão perpetuamente febris. O que não têm e os outros possuem lhes causa insônias; os sucessos dos rivais lhes dão vertigem; são movidos apenas pela vontade de sobrepujar seus vizinhos; toda a sua alegria consiste em excitar, nos insensatos como eles, a raiva e o ciúme que os devora. Pobres insensatos, com efeito, não pensam que amanhã, talvez, terão de deixar todas essas futilidades, cuja cobiça lhes envenena a vida! [...].³

Dessa forma, o Espírito preso às paixões inferiores sofre, sim, com a morte do corpo físico, que lhe parece perda irreparável, uma dolorosa tragédia. Daí a preocupação e o temor demonstrados no instante da morte.

Na verdade, ele já se encontrava morto, em termos espirituais, pela cegueira que se conduziu vida afora. Estava morto, mesmo quando o corpo físico se encontrava em plena vitalidade. Para ele, por ora, cabe apenas o conselho de Jesus: "Deixa que os mortos enterrem seus mortos" (*Lucas*, 9:6. *Bíblia de Jerusalém*), considerando que essa pessoa ainda não revela possuir o necessário discernimento para buscar os valores espirituais. É um aprendizado que está por fazer, mas que, cedo ou tarde, lhe será concedido nas inúmeras experiências reencarnatórias.

Situação diversa acontece com o Espírito que durante a existência física se deixou conduzir por uma vida mais simples, sem ganâncias ou ambições exageradas; que procurou desenvolver virtudes, combatendo imperfeições; que praticou a caridade, promovendo o bem; que cumpriu seus deveres familiares, profissionais e sociais.

A sua desencarnação será mais amenizada, os sofrimentos ou angústias dos momentos finais serão perfeitamente suportados, porque tem consciência de que "fez o melhor que lhe foi possível". E mais: mesmo que essa pessoa não possua maiores informações sobre o plano espiritual para onde se encaminha, sua conduta moral responsável durante a existência tem o poder de atrair Espíritos benfeitores que, voluntariamente posicionados ao seu lado, o ampara e lhe ameniza possíveis sofrimentos nessa fase de transição. Tocado pelas vibrações superiores e pelo apoio dos amigos espirituais, adquire a necessária tranquilidade para atravessar os momentos finais da desencarnação. Nesta situação, é comum o Espírito adquirir certa lucidez e perceber, intuitivamente, que a vida não acaba com a morte do corpo físico. Verifica, então, que:

a vida espiritual é, realmente, a verdadeira vida, é a vida normal do Espírito; sua existência terrestre é transitória e passageira, espécie de morte, se comparada ao esplendor e atividade da vida espiritual. O corpo não passa de vestimenta grosseira que reveste temporariamente o Espírito, verdadeiro grilhão que o prende à gleba terrena, do qual ele se sente feliz em libertar-se. [...].⁴

1. O desligamento perispiritual durante a desencarnação

Os Orientadores da Vida Maior informam que, a rigor, não é dolorosa a separação da alma do corpo no momento da desencarnação, uma vez que, em geral, o Espírito encontra-se em estado de inconsciência: "Na morte natural, a que resulta do esgotamento dos órgãos, em consequência da idade, o homem deixa a vida sem o perceber: é uma lâmpada que se apaga por falta de óleo".[5]

Outra informação, não menos importante, é de que nos instantes limítrofes entre a morte do corpo físico e o desligamento perispiritual,

> [...] a alma se desprende gradualmente e não escapa como um pássaro cativo a que se restituiu subitamente a liberdade. Aqueles dois estados se tocam e se confundem, de modo que o Espírito se desprende pouco a pouco dos laços que o prendiam: eles se desatam, não se quebram.[6]

Ensina a Doutrina Espírita que, durante a reencarnação, o perispírito acha-se enraizado no corpo físico. Com a desencarnação, "[...] o perispírito se desprende, molécula a molécula, conforme se unira [na reencarnação], e o Espírito é restituído à liberdade. Assim, não é a partida do Espírito que causa a morte do corpo; esta é que determina a partida do Espírito [...]".[7]

Entretanto, é preciso considerar que

> [...] as sensações que precedem e se sucedem à morte, bem como a duração do processo de rompimento dos laços fluídicos que unem a alma ao corpo físico, variam de caso para caso, dependendo das circunstâncias do trespasse e da maior ou menor elevação moral do trespassado. Via de regra, nas mortes repentinas e violentas, o desprendimento da alma é tanto mais prolongado e penoso quanto mais fortes sejam aqueles liames, ou, em outras palavras, quanto mais vitalidade exista no organismo, sendo que os suicidas se mantêm presos ao corpo por muito tempo, às vezes até à sua decomposição completa, sentindo, horrorizados, "os vermes lhes corroerem as carnes". Depois de longa enfermidade, ou quando a velhice tenha debilitado as forças orgânicas, o desprendimento, em geral, se efetua fácil e suavemente, semelhando-se a um sono muito agradável. Para os que só cuidaram de si mesmos, os que se deixaram empolgar pelos gozos deste mundo, os que se empenharam apenas em amontoar bens materiais, os malfeitores e os criminosos, a hora da separação é angustiosa e cruel;

agarram-se, desesperados, à vida que se lhes esvai, porque a própria consciência lhes grita que nada de bom podem esperar no futuro [...].[8]

Assim, é preciso desenvolver um sentimento de compaixão e de solidariedade para com os Espíritos que desencarnam em situações difíceis, como acontece nos casos de morte violenta e nos suicídios. Nestas condições, o Espírito pode apresentar um estado de perturbação extremamente variável, conforme o peso das causas geradoras da desarmonia. Uma forma de manifestar atenção e piedade para esses sofredores é orar por eles. A prece ameniza-lhes o sofrimento.

Os Espíritos sofredores reclamam preces e estas lhes são proveitosas, porque, verificando que há quem pense neles, sentem-se menos abandonados, menos infelizes. Mas, a prece tem sobre eles uma ação mais direta: reanima-os, incute-lhes o desejo de se elevarem pelo arrependimento e pela reparação e pode desviar-lhes o pensamento do mal. É nesse sentido que a prece pode não apenas aliviar, como abreviar seus sofrimentos.[9]

O destino que é dado aos despojos do corpo físico pode, em alguns casos, ser motivo de desarmonia espiritual. Há indivíduos que têm horror ao sepultamento, outros são indiferentes. Sendo assim, os familiares ou amigos mais relacionados devem obter informações a respeito, na possibilidade de não existir uma decisão expressa. É uma forma fraterna de facilitar a desencarnação de um ente querido.

Nos dias atuais, há cada vez mais preferência pela cremação, invés do sepultamento. Realmente, como medida sanitária a cremação é mais indicada. Mas este não deve ser o único critério que deve guiar a tomada de decisão. Um deles é que tenha ocorrido anterior manifestação escrita ou verbal do desencarnado. Importa também considerar:

[...] Na cremação, faz-se mister exercer a piedade com os cadáveres, procrastinando por mais horas o ato de destruição das vísceras materiais, pois, de certo modo, existem sempre muitos ecos de sensibilidade entre o Espírito desencarnado e o corpo onde se extinguiu o 'tônus vital', nas primeiras horas sequentes ao desenlace, em vista dos fluidos orgânicos que ainda solicitam a alma para as sensações da existência material.[10]

Outra situação, bastante atual diz respeito à doação de órgãos. É importante avaliar se não haveria a possibilidade de o doador ficar preso às vísceras. Perguntando a Chico Xavier a respeito, ele nos responde por meio das seguintes considerações:

> [...] Sempre que a pessoa cultiva desinteresse absoluto por tudo aquilo que ela cede para alguém, sem perguntar ao beneficiado o que fez da dádiva recebida, sem desejar qualquer remuneração, nem mesmo aquela que a pessoa humana habitualmente espera com o nome de compreensão, sem aguardar gratidão alguma, isto é, se a pessoa chegou a um ponto de evolução em que a noção da posse não mais a preocupa, esta criatura está em condições de doar, porque não vai afetar o perispírito em coisa alguma. [...] Quando o doador é pessoa habituada ao desprendimento da posse [...], a doação prévia de órgãos que lhe pertençam, por ocasião da morte física, não afeta o corpo espiritual do doador [...].[11]

2. Etapas da desencarnação

Os Espíritos nos relatam algumas características inerentes ao momento da desencarnação, o que nos leva a supor que existe certo padrão no processo. Existe a informação bem conhecida de que durante a desencarnação a criatura nunca está a sós. Mas o tipo de companhia pode ser categorizada em dois grupos.

O primeiro é constituído de benfeitores espirituais e de Espíritos especializados nos processos que conduzem à desencarnação. Encontram-se também familiares e amigos queridos, já desencarnados, que ali permanecem aguardando ou auxiliando o processo de desligamento final. No segundo grupo os desencarnantes que não souberam amealhar amizades, que levaram uma existência marcada por ações más, podem defrontar-se com entidades malévolas, direta ou indiretamente ligadas a ele, causando-lhe transtornos dos mais variados e intensos.

De qualquer forma, há sempre benfeitores espirituais que, como voluntários, auxiliam o desencarnante, mesmo que este não possua grandes méritos: "[...] O esforço e abnegação dos Mentores Espirituais, na desencarnação de determinadas criaturas, é realmente digno de menção. Cooperados especializados aglutinam esforços no afã de desligarem, sem incidentes, o Espírito eterno do aparelho físico terrestre [...]."[12]

Há indicações de que o processo de desligamento perispiritual, operado por esses Espíritos especialistas, se desenvolve em etapas, devendo haver, naturalmente, variações, conforme as condições apresentadas pelo Espírito desencarnante e o tipo de morte (suicídio, morte natural etc.).

Esse processo se desenrola, de forma ampla, segundo informações retiradas do livro *Voltei*[13] cujo autor espiritual, Irmão Jacob (pseudônimo de Frederico Figner), relata a própria desencarnação, revelando-nos que a sequência de todas as etapas perdurou por mais de trinta horas seguidas, antes que ocorresse o desligamento final.

» A [...] operação inicial é efetuada na região do ventre, à qual se acha ligado o Centro Vegetativo, como sede das manifestações fisiológicas. Com essa providência, o moribundo começa a esticar os membros inferiores, sobrevindo, logo após, o esfriamento do corpo.

» Atuando os Espíritos Superiores, a seguir, sobre o Centro Emocional, sediado no tórax e representando a zona dos sentimentos e desejos, novos sintomas se verificam: desregularidade do coração, aflição, angústia e pulso fraco. [...].

» A [...] operação final é no cérebro, onde fica situado o Centro Mental, a região mais importante. O trabalho magnético se realiza inicialmente sobre a fossa romboidal, que a Medicina define mais ou menos com as seguintes palavras: "Assoalho do quarto ventrículo, que, por sua vez, é uma cavidade situada na face posterior do bulbo e protuberância, portanto anteriormente ao cerebelo". [...] Após essa última operação magnética, sobre a fossa romboidal, [...] sobrévem o estado de coma, embora o Espírito esteja ligado — e bem ligado ao veículo físico [...].

» Por fim, o ocorre o último desatamento do laço fluídico, em nível de sistema nervoso central. Só então está concluído desligamento perispiritual do corpo físico, concluindo a desencarnação.

Importa ponderar que, a despeito de ter ocorrido o desligamento perispiritual, propriamente dito, há Espíritos que permanecem ligados aos despojos do corpo físico, às vezes por muitos anos. Trata-se de uma situação dolorosa, cujas causas residem na vida que o Espírito levou quando encarnado, e que podem estar associadas ao gênero de morte (suicídio, por exemplo).

Outra situação, digna de nota, diz respeito ao relato dos desencarnados de que, quando tomam consciência que, de fato, estão desencarnados, surge-lhes uma visão panorâmica e retrospectiva da última existência corporal. Parece que há um mecanismo interno, presente nos refolhos da memória integral do Espírito, que é acionado no momento dessa tomada de consciência, a fim de que o Espírito possa, por ele mesmo, rever, em toda riqueza de detalhes, as próprias ações realizadas, erros e acertos, julgando-as por si mesmo. O livro *A crise da morte*,[14] de Ernesto Bozzano, é uma das obras espíritas clássicas que informa a respeito dessa visão panorâmica. Merece ser lido.

3. Perturbação espiritual no momento da desencarnação

Já estamos plenamente informados de que a

> [...] extinção da vida orgânica resulta na separação da alma em consequência do rompimento do laço fluídico que a une ao corpo. Essa separação, contudo, nunca é brusca: o fluido perispirítico só pouco a pouco se desprende de todos os órgãos, de sorte que a separação só é completa e absoluta quando não resta nenhum átomo do perispírito ligado à molécula do corpo [...].[15]

Ainda que o desencarnante possua títulos de virtudes e méritos, não se furta aos momentos finais, o do desligamento perispiritual, que caracteriza o fim da existência física.

> Daí resulta que o sofrimento que acompanha a morte está subordinado à força adesiva que une o corpo ao perispírito; que tudo o que puder atenuar essa força e acelerar a rapidez do desprendimento, torna a passagem menos penosa; e, finalmente, que se o desprendimento se operar sem dificuldade, a alma não experimentará nenhuma sensação desagradável.[16]

Allan Kardec denominou de Perturbação o espaço de tempo que se inicia com os processos agônicos e que se conclui com o desligamento perispiritual. Acrescenta que, mesmo que este estado seja muito breve e não provoque maiores desconfortos, nesse "[...] instante a alma experimenta um torpor que paralisa momentaneamente as suas faculdades, neutralizando, ao menos em parte, as sensações. É como se disséssemos um estado de catalepsia, de modo que a alma quase nunca testemunha conscientemente o derradeiro suspiro. Dizemos quase nunca porque há casos em que a alma pode contemplar conscientemente o desprendimento [...]".[17]

> [...] A perturbação pode, pois, ser considerada o estado normal no instante da morte e perdurar por tempo indeterminado, variando de algumas

horas a alguns anos. À proporção que se liberta, a alma encontra-se numa situação comparável à de um homem que desperta de profundo sono; as ideias são confusas, vagas, incertas; a vista apenas distingue como que através de um nevoeiro, mas pouco a pouco se aclara, desperta-se-lhe a memória e o conhecimento de si mesma. Bem diverso é, contudo, esse despertar; calmo, para uns, acorda-lhes sensações deliciosas; tétrico, aterrador e ansioso, para outros, é qual horrendo pesadelo.[17]

O estado de maior ou menor sofrimento que acontece nos estertores da agonia, no momento da desencarnação, resulta da situação moral do desencarnante, como ensina o Codificador:

> O estado moral da alma é a causa principal maior ou menor facilidade de desprendimento. A afinidade entre o corpo e o perispírito é proporcional ao apego à matéria, que atinge o seu máximo no homem cujas preocupações dizem respeito exclusiva e unicamente à vida e gozos materiais. Ao contrário, nas almas puras, que antecipadamente se identificam com a vida espiritual, o apego é quase nulo. E desde que a lentidão e a dificuldade do desprendimento estão na razão do grau de pureza e desmaterialização da alma, de nós somente depende o tornar fácil ou penoso, agradável ou doloroso, esse desprendimento.[18]

Analisamos, em seguida, outros pontos importantes relacionados ao estado de perturbação que acompanha os momentos finais da existência no Espírito que, conforme as circunstâncias, pode prolongar-se após o desligamento perispiritual.

» O grau de lucidez que acompanha a perturbação não é o mesmo grau para todos os desencarnantes. "[...] Depende da elevação de cada um. Aquele que está mais purificado se reconhece quase que imediatamente, porque se libertou da matéria durante a vida no corpo. Ao passo que o homem carnal, aquele cuja consciência não é pura, guarda por muito mais tempo a impressão da matéria."[19]

» O conhecimento espírita a respeito da desencarnação e da vida no Além é importante, pois exerce influência "[...] muito grande, visto que o Espírito já compreendia de antemão a sua situação. Mas a prática do bem e a confiança pura exercem maior influência."[20]

» O tempo de duração do estado de "[...] perturbação que se segue à morte é muito variável. Pode ser de algumas horas, bem como de vários meses e até de muitos anos [...]."[21]

» A perturbação varia, também, de pessoa para pessoa, apresentando "[...] circunstâncias particulares, de acordo com as características individuais e, principalmente, com o gênero de morte. Nas mortes violentas, por suicídio, suplício, acidente, apoplexia [sufocamento], ferimentos, etc., o Espírito fica surpreendido, espantado, não acredita que esteja morto e sustenta esta ideia com obstinação. No entanto, vê o seu corpo, sabe que esse corpo é seu, mas não compreende que se ache separado dele: acerca-se das pessoas a quem estima, fala-lhes e não entende por que elas não o ouvem. Esta ilusão dura até o completo desprendimento do perispírito."[21]

» Importa considerar que a perturbação pode ser agravada nas mortes violentas: "Como não houve nenhuma desagregação parcial capaz de levar a uma separação antecipada entre o corpo e o perispírito, a vida orgânica é subitamente aniquilada no auge da exuberância. Nestas condições, o desprendimento só começa depois da morte e não pode completar-se rapidamente. O Espírito, colhido de improviso, fica como aturdido: sente, pensa e acredita-se vivo, prolongando-se esta ilusão até que compreenda a sua posição".[22]

» No suicida, essa situação é, principalmente, "[...] mais aflitiva. Preso ao corpo por todas as suas fibras, o perispírito faz repercutir na alma todas as sensações daquele, com atrozes sofrimentos."[23]

Referências

1. KARDEC, Allan. *O livro dos espíritos*. Tradução de Evandro Noleto Bezerra. 2. ed. Rio de Janeiro: FEB, 2008, questão 155-a – comentário, p.161.

2. _____. *O evangelho segundo o espiritismo*. Tradução de Evandro Noleto Bezerra. 1. ed. Rio de Janeiro: FEB, 2009. Cap. XVI, item 14, p. 326.

3. _____. Cap. V, item 23, p. 135.

4. _____. Cap. XXIII, item 8, p. 419.

5. _____. *O livro dos espíritos*. Op. Cit., questão 154 – comentário, p. 160.

6. _____. Questão 155-a, p. 160.

7. _____. *A gênese*. Tradução de Evandro Noleto Bezerra. 1. ed. Rio de Janeiro: FEB, 2009. Cap. XI, item 18, p. 272.

8. CALLIGARIS, Rodolfo. *Páginas de espiritismo cristão*. 6. ed. Rio de Janeiro: FEB, 2010. Cap. 22, p. 77-78.

9. KARDEC, Allan. *O evangelho segundo o espiritismo*. Op. Cit. Cap. XXVII, item 18, p. 466-467.

10. XAVIER, Francisco Cândido. *O consolador*. Pelo Espírito Emmanuel. 28. ed. especial. Rio de Janeiro: FEB, 2008. Pergunta 151, p. 122.

11. _____. *Lições de sabedoria*: Chico Xavier nos 23 anos da Folha Espírita. 1. ed. São Paulo: Editora Fé, 1997. iIem: Doações de órgãos, p. 47.

12. PERALVA, Martins. *Estudando a mediunidade*. 25. ed. Rio de Janeiro: FEB, 2006. Cap. 34, p. 243-244.

13. XAVIER, Francisco Cândido. *Voltei*. Pelo Espírito Irmão Jacob. 26. ed. Rio de Janeiro: FEB, 2007. p. 29-32.

14. BOZZANO, Ernesto. *A crise da morte*: segundo o depoimento dos espíritos que se comunicam. Tradução de Guillon Ribeiro. 10. ed. Rio de Janeiro: FEB, 2006.

15. KARDEC, Allan. *O céu e o inferno*. Tradução de Evandro Noleto Bezerra. 1. ed. Rio de Janeiro: FEB, 2009. Segunda parte, Cap. I, item 4, p. 221.

16. _____. Segunda parte, Cap. I, item 5, p. 222.

17. _____. Segunda parte, Cap. I, item 6, p.222.

18. _____. Segunda parte, Cap. I, item 8, p. 223.

19. _____. *O livro dos espíritos*. Op. Cit., questão 164, p. 164.

20. _____. Questão 165, p. 164.

21. _____. Questão 165 – comentário, p. 165.

22. _____. *O céu e o inferno*. Op. Cit. Segunda parte, Cap. I, item 12, p.225.

23. _____. p. 226.

Orientações ao monitor

1. Dividir a turma em dois grandes grupos.

2. Solicitar a um dos grupos que descreva, com as próprias palavras, o processo da desencarnação, após a leitura do item 1, deste Roteiro de Estudo: O desligamento perispiritual durante a desencarnação.

3. Empregar com o outro grupo o mesmo critério, mas após a leitura do item 3: Perturbação espiritual no momento da desencarnação.

4. Fazer a integração da aula por meio de breve exposição do item 2 do Roteiro (Etapas da desencarnação).

Observação: para a próxima reunião, os participantes serão incumbidos de pesquisar na internet, em periódicos ou livros subsídios referentes às mortes prematuras (suicídio, aborto, eutanásia e homicídios), oferecendo condições de debater estes temas com mais profundidade.

EADE - LIVRO IV - MÓDULO II

A MORTE E SEUS MISTÉRIOS

Roteiro 2

MORTES PREMATURAS

Objetivos

» Identificar os principais tipos de mortes prematuras e em que condições elas ocorrem.

» Analisar, em cada caso de morte prematura estudado, as consequências espirituais desse tipo de desencarnação.

Ideias principais

» As principais mortes prematuras podem ser assim classificadas: aborto deliberado; desencarnação de crianças; suicídio; eutanásia.

» *[...] Uma mãe, ou qualquer outra pessoa, cometerá crime sempre que tirar a vida de uma criança antes do nascimento, pois está impedindo uma alma de suportar as provas de que serviria de instrumento o corpo que estava se formando.* Allan Kardec: *O livro dos espíritos*, questão 358.

» *A duração da vida da criança pode representar, para o Espírito que nela está encarnado, o complemento de uma existência interrompida antes do término devido, e sua morte, quase sempre, constitui provação ou expiação para os pais.* Allan Kardec: *O livro dos espíritos*, questão 199.

» No suicídio, *[...] atormentada de dor, a consciência desperta no nível de sombra a que se precipitou, suportando compulsoriamente as companhias que elegeu para si própria, pelo tempo indispensável à justa renovação. Contudo, os resultados não se circunscrevem aos fenômenos de sofrimento íntimo, porque surgem os desequilíbrios consequentes nas sinergias do corpo espiritual, com impositivos de reajuste em existências próximas.* [...]. Emmanuel: *Religião dos espíritos.* Item: suicídio.

» O Espiritismo não apoia a eutanásia. Por este motivo, pondera Emmanuel: [...] *Não te creias autorizado a desferir o golpe supremo naqueles que a agonia emudece, a pretexto de consolação e de amor, porque, muita vez, por trás dos olhos baços e das mãos desfalecentes que parecem deitar o último adeus, apenas repontam avisos e advertências para que o erro seja sustado ou para que a senda se reajuste amanhã.* [...]. Emmanuel: *Religião dos espíritos.* Item: sofrimento e eutanásia.

Subsídios

Há várias situações que podem ser identificadas como mortes prematuras, mas, em termos objetivos, podemos considerar os casos de: a) abortamentos, naturais e provocados; b) desencarnação infantil e na adolescência; c) suicídios, diretos ou indiretos; d) eutanásia.

As desencarnações ocorridas pelo uso de substâncias psicoativas, por homicídio e por atos de violência podem se enquadrar, direta ou indiretamente, em uma dessas categorias de mortes prematuras. Importa considerar, todavia, que somente a justiça e a misericórdia divina têm poder para analisar caso a caso, definindo atenuantes e agravantes.

Há mortes prematuras que independem da vontade e ação humanas, uma vez que fazem parte do quadro de expiação e provações definidas no planejamento reencarnatório. Em sentido oposto, existem mortes que são antecipadas, em meses ou anos, por invigilância e uso indevido do livre arbítrio por parte dos envolvidos. Nesta situação, o estado de perturbação se prolonga por um período de tempo difícil de precisar.

Para o Espírito [...] "cuja consciência não está pura, a perturbação é cheia de ansiedade e de angústias, que aumentam à medida que ele reconhece a sua nova situação. [...]."[1]

1. O abortamento

O aborto pode ocorrer de forma espontânea ou provocada. No primeiro caso, os envolvidos não são julgados culpados, uma vez que nada executaram, na presente reencarnação, que pudesse ser catalogado como atentado à vida do ser em vias de reencarnar. A segunda possibilidade é considerada delito grave contra as leis de Deus, sendo que a legislação do Brasil faculta duas exceções: quando a gestação implica risco de vida para a mãe ou nos casos de estupro.

Os Espíritos Orientadores da Codificação Espírita apresentaram a seguinte resposta a Kardec, quando ele perguntou se a provocação do aborto constituiria crime:[2]

> [...] Há crime toda vez que transgredis a lei de Deus. Uma mãe, ou qualquer outra pessoa, cometerá crime sempre que tirar a vida de uma criança antes do nascimento, pois está impedindo uma alma de suportar as provas de que serviria de instrumento o corpo que estava se formando.

Esses mesmos Espíritos somente justificaram a indicação do aborto se a gestação e o nascimento da criança colocassem em risco a vida da gestante, apresentando o seguinte argumento: "É preferível sacrificar o ser que ainda não existe a sacrificar o que já existe".[3]

A mulher, como todo ser humano, pode usar do seu livre-arbítrio na forma que bem lhe aprouver, não resta dúvida. Entretanto, deve estar ciente que responderá pelas consequências, boas ou más, dos atos praticados.

Assim, ela pode, evidentemente, tomar decisões relacionadas ao próprio corpo, até por uma questão de liberdade individual. Não tem direito, contudo, de decidir sobre o corpo ou a vida de outra pessoa, mesmo que este corpo se encontre temporariamente alojado no interior do seu, na condição de embrião ou feto.

No que diz respeito à sua capacidade reprodutiva, ela possui também liberdade para decidir se deseja uma gravidez ou se quer evitá-la pela utilização de métodos anticonceptivos. Analisemos, porém, que não [...] "existe liberdade e respeito sem obrigação e [amor ao próximo]. Meditemos na lição para não cairmos de novo sob o antigo e pesado jugo de nossas próprias paixões."[4]

A nenhum ser humano, sob quaisquer justificativas, é concedida a liberdade de atentar contra a vida do seu semelhante, principalmente a que se encontra em fase de gestação, totalmente vulnerável à vontade de quem lhe deve proteção. Assim é totalmente falsa a ideia de que a mulher pode dispor de forma absoluta de seu corpo para a prática do aborto. Não se trata de um direito, uma vez que o corpo que ela abriga, durante a gravidez, pertence a outro ser humano. O direito de escolha da mulher precede o ato da concepção, mas se subordina ao direito absoluto da vida do reencarnante.

O aborto voluntário faz a consciência entrar em choque contra si mesma, situação geradora de culpas e remorsos inevitáveis que, cedo ou tarde, atingirão a organização física e psíquica dos que cometeram semelhante ação.

Sendo assim, é importante recordar:

> Convictos de que o Espírito escolhe as provações que experimentará na Terra, quando se mostre na posição moral de resolver quanto ao próprio destino, é justo recordar que a criatura, durante a reencarnação, elege, automaticamente, para si mesma, grande parte das doenças que se lhe incorporam às preocupações. [...] Guardemo-nos, assim, contra a perturbação, procurando o equilíbrio e compreendendo no bem — expressando bondade e educação — a mais alta fórmula para a solução de nossos problemas.[5]

Assim, perante uma gravidez indesejável a mulher tem liberdade para decidir se deseja criar o filho gerado ou se prefere entregá-lo à adoção, jamais abortá-lo voluntariamente. Na realidade, a decisão entre uma e outra ação caracteriza, sempre, o exercício do seu livre-arbítrio, cujas consequências delinearão a sua vida futura.

2. Desencarnação de crianças

Esclarecem os postulados espíritas que a "[...] duração da vida da criança pode representar, para o Espírito que nela está encarnado, o complemento de uma existência interrompida antes do término devido, e sua morte, quase sempre, constitui provação ou expiação para os pais."[6]

Em mensagem transmitida em 1863, o Espírito Sanson, ex-membro da Sociedade Espírita de Paris, emite comentários sobre a morte precoce de entes queridos. Eis alguns trechos desta confortadora mensagem:[7]

» Quando a morte ceifa nas vossas famílias, arrebatando, sem restrições, os mais jovens antes dos velhos, costumais dizer: Deus não é justo, pois sacrifica o que está forte e tem grande futuro e conserva os que já viveram longos anos cheios de decepções; pois leva os que são úteis e deixa os que já não servem para nada; pois despedaça o coração de uma mãe, privando-a da inocente criatura que era toda a sua alegria. Humanos, é nesse ponto que precisais elevar-vos acima do terra a terra da vida, a fim de compreenderdes que o bem, muitas vezes, está onde julgais ver o mal, e a sábia previdência onde acreditais ver a cega fatalidade do destino. [...].

» Crede-me, a morte é preferível, numa encarnação de vinte anos, a esses desregramentos vergonhosos que desolam as famílias respeitáveis, ferem um coração de mãe e fazem que os cabelos dos pais embranqueçam antes do tempo. Quase sempre a morte prematura é um grande benefício que Deus concede àquele que se vai e que assim se preserva das misérias da vida, ou das seduções que talvez o arrastassem à perdição. Aquele que morre na flor da idade não é vítima da fatalidade; é que Deus julga não convir que ele permaneça por mais tempo na Terra.

» [...] Em vez de vos queixardes, alegrai-vos quando for agradável a Deus retirar um de seus filhos deste vale de misérias. Não seria egoísmo desejardes que ele aí continuasse para sofrer convosco? Ah! essa dor se concebe naquele que não tem fé e que vê na morte uma separação eterna. Mas vós, espíritas, sabeis que a alma vive melhor quando desembaraçada do seu invólucro corpóreo. Mães, sabei que vossos filhos bem-amados estão perto de vós; sim, estão muito perto; seus corpos fluídicos vos envolvem, seus pensamentos vos protegem e a lembrança que deles guardais os transporta de alegria; mas as vossas dores desarrazoadas também os afligem, porque denotam falta de fé e constituem uma revolta contra a vontade de Deus.

3. Suicídio

As causas alegadas para cometer o suicídio são várias. Em geral, indicam desconhecimento do valor que as provações representam no mecanismo de reajuste da consciência culpada perante as leis de Deus, e, também, declarada desinformação quanto à continuidade da vida no além-túmulo.

Analisemos o seguinte conjunto de ideias, retirado, respectivamente, de *O evangelho segundo o espiritismo* e de *O livro dos espíritos*.

» A incredulidade, a simples dúvida sobre o futuro, as ideias materialistas, numa palavra, são os maiores incitantes ao suicídio: produzem a covardia moral. Quando se veem homens de ciência, apoiados na autoridade do seu saber, se esforçarem por provar aos que os ouvem ou leem que estes nada têm a esperar depois da morte, não estão tentando convencê-los de que, se são infelizes, o melhor que podem fazer é matar-se? Que lhes poderiam dizer para desviá-los dessa consequência? Que compensação podem oferecer-lhes? Que esperança lhes podem dar? Nenhuma, a não ser o nada. [...].[8]

» A propagação das ideias materialistas é, pois, o veneno que inocula a ideia do suicídio na maioria dos que se suicidam, e os que se fazem seus defensores assumem terrível responsabilidade. Com o Espiritismo a dúvida já não é possível, modificando-se, portanto, a visão que se tem da vida. O crente sabe que a existência se prolonga indefinidamente para além do túmulo, mas em condições muito diversas. Daí a paciência e a resignação que o afastam muito naturalmente de pensar no suicídio; daí, numa palavra, a coragem moral.[8]

» [...] Deus ajuda aos que sofrem, e não aos que não têm força nem coragem. As tribulações da vida são provas ou expiações. Felizes os que as suportam sem se queixar, porque serão recompensados![9]

» O suicídio não apaga a falta. Ao contrário, em vez de uma, haverá duas.

Quando se teve a coragem de praticar o mal, é preciso tê-la também para lhe sofrer as consequências. Deus é quem julga e, algumas vezes, conforme a causa, pode abrandar os rigores de sua justiça.[10]

As consequências do suicídio são muito diversas. Não há penas fixadas e, em todos os casos, são sempre relativas às causas que o produziram. Há, porém, uma consequência à qual o suicida não pode escapar: o desapontamento. Ademais, a sorte não é a mesma para todos; depende das circunstâncias. Alguns expiam sua falta imediatamente, outros em nova existência, que será pior do que aquela cujo curso interromperam.[11]

» De fato, [...] os efeitos do suicídio não são idênticos. Há, porém, os que são comuns a todos os casos de morte violenta e que resultam da interrupção brusca da vida. Isto se deve principalmente à persistência mais prolongada e tenaz do laço que une o Espírito ao corpo, já que esse laço se encontra em todo o seu vigor no momento em que é rompido, enquanto na morte natural ele se enfraquece gradualmente e muitas vezes se desfaz antes mesmo que a vida se haja extinguido completamente. As consequências deste estado de coisas são o prolongamento da perturbação espiritual, sucedendo um período de ilusão em que o Espírito, durante mais ou menos tempo, julga pertencer ainda ao número dos vivos [encarnados].[12]

O suicídio pode ser classificado como direto ou indireto, ou consciente em inconsciente.

O suicídio direto, independentemente da causa geradora, é precedido de um planejamento arquitetado, às vezes, em nível de detalhes: "No suicídio intencional, sem as atenuantes da moléstia ou da ignorância, há que considerar não somente o problema da infração ante as Leis divinas, mas também o ato de violência que a criatura comete contra si mesma, através da premeditação mais profunda, com remorso mais amplo."[13]

Emmanuel prossegue esclarecendo a respeito das consequências do suicídio direto:[14]

> Atormentada de dor, a consciência desperta no nível de sombra a que se precipitou, suportando compulsoriamente as companhias que elegeu para si própria, pelo tempo indispensável à justa renovação. Contudo, os resultados não se circunscrevem aos fenômenos de sofrimento íntimo, porque surgem os desequilíbrios consequentes nas sinergias do corpo espiritual, com impositivos de reajuste em existências próximas. [...] Ser-nos-á fácil, desse modo, identificá-los, no berço em que repontam, entremostrando a expiação a que se acolhem. Os que se envenenaram, conforme os tóxicos de que se valeram, renascem trazendo as afecções valvulares, os achaques do aparelho digestivo, as doenças do sangue e as disfunções endócrinas, tanto quanto outros males de etiologia obscura; os que incendiaram a própria carne amargam as agruras da ictiose ou do pênfigo; os que se asfixiaram, seja no leito das águas ou nas correntes de gás, exibem os processos mórbidos das vias respiratórias, como no caso do enfisema ou dos cistos pulmonares; os que se enforcaram carreiam consigo os dolorosos distúrbios do sistema nervoso, como sejam as neoplasias diversas e a paralisia cerebral infantil; os que estilhaçaram o crânio ou deitaram a própria cabeça sob rodas destruidoras, experimentam desarmonias da mesma espécie, notadamente as que se relacionam com o cretinismo, e os que se atiraram de grande altura reaparecem

portando os padecimentos da distrofia muscular progressiva ou da osteíte difusa. Segundo o tipo de suicídio, direto ou indireto, surgem as distonias orgânicas derivadas, que correspondem a diversas calamidades congênitas, inclusive a mutilação e o câncer, a surdez e a mudez, a cegueira e a loucura, a representarem terapêutica providencial na cura da alma.

No suicídio indireto o atentado contra a própria vida ocorre em decorrência dos comportamentos e hábitos desenvolvidos pelo indivíduo, os quais, de uma forma ou de outra, lesam a saúde física, psíquica, ou ambas, ao longo dos anos. Enquadram nesta categoria todos os vícios, desde os chamados lícitos ou legalmente tolerados, e os ilícitos (drogatização por substâncias psicoativas), destituídos do apoio da lei. Os graves processos obsessivos e enfermidades mentais severas fazem parte dessa classificação, uma vez que o indivíduo não tem mais domínio sobre si mesmo, sobre os seus pensamentos e atos.

Não existem dúvidas sobre os efeitos produzidos pela dependência de drogas ilícitas no organismo físico e na mente do Espírito. A utilização sistemática de substâncias consideradas lícitas, entretanto, apresenta consequências danosas de pequena, média ou grande magnitude, conforme o caso, as quais, em geral, não são seriamente consideradas pelos usuários. Na verdade, o uso de drogas toleradas pela lei representa terrível armadilha à saúde física e mental, sobretudo se o usuário dispõe de algum esclarecimento intelectual e espiritual. Daí a existência de inúmeras campanhas educativas a respeito das consequências do tabagismo, do alcoolismo, do sexo irresponsável, da gula desenfreada, entre outros. Todo cuidado é pouco, pois, nessa situação, não é incomum Espíritos aportarem no mundo espiritual como suicidas.

Por fraqueza moral, esses Espíritos ingeriram ou absorveram tóxicos considerados permissíveis, durante o período da existência física, não ponderando seriamente, contudo, sobre os efeitos dessas substâncias na produção de lesões que debilitaram o corpo físico, predispondo-o a doenças não programadas, antecipando, dessa forma, o tempo programado para a desencarnação. Isto sem considerar os maus exemplos que fornecem e os sofrimentos que produzem nas pessoas queridas. Analisemos, a propósito, este depoimento do Espírito Joaquim Dias:[15]

Alcoólatra! Que outra palavra existirá na Terra, encerrando consigo tantas potencialidades para o crime? O alcoólatra não é somente o destruidor de si mesmo. É o perigoso instrumento das trevas, ponte viva para as forças arrasadoras da lama abismal. O incêndio que provoca desolação aparece numa chispa. O alcoolismo que carreia a miséria nasce num copinho. De chispa em chispa, transforma-se o incêndio em chamas devoradoras. De copinho a copinho, o vício alcança a delinquência. [...].

Quanto ao suicídio, produzido por obsessão grave, inserimos, em seguida, trechos de significativa mensagem presente no livro *Vozes do grande além*, que relata a triste experiência vivenciada pelo Espírito Hilda. A mensagem fornece preciosos ensinamentos a respeito do assunto.[16]

Amigos: Há duas palavras com significação muito diferente na Terra e na Vida espiritual. Uma delas é "consciência", a outra é "responsabilidade". No plano físico, muitas vezes conseguimos sufocar a primeira e iludir a segunda temporariamente, mas, no campo das Verdades Eternas, não será possível adormecer ou enganar uma e outra. A consciência revela-nos tais quais somos, seja onde for, e a responsabilidade marca-nos a fronte com os nossos merecimentos, culpas ou compromissos. Enquanto desfrutais o aprendizado na experiência humana, acautelai-vos na conceituação dessas duas forças, porque o pensamento é a energia coagulante de nossas aspirações e desejos. Por isso, não fugiremos aos resultados da própria ação. Fala-vos humilde companheira que ainda sofre, depois de aflitiva tragédia no suicídio, alguém que conhece de perto a responsabilidade na queda a que se arrojou, infeliz. O pensamento delituoso é assim como um fruto apodrecido que colocamos na casa de nossa mente. De instante a instante, a corrupção se dilata e atraímos em nosso desfavor todos aqueles elementos que se afinam com a nossa invigilância e que se sentem garantidos por nossa incúria, presidindo-nos a perturbação que fatalmente nos arrasta a grande perda. [...] Agora, que se me refazem as energias, recebi a graça de acordar nos amigos encarnados a noção de "responsabilidade" e "consciência", no campo das imagens que nós mesmos criamos e alimentamos, serviço esse a que me consagrei, até que novo estágio entre os homens me imponha a recapitulação total da prova em que vim a desfalecer. É por essa razão que terminamos as nossas frases despretensiosas, lembrando a vós outros que o pensamento deplorável, na vida íntima, é assim como o detrito que guardamos irrefletidamente em nosso templo doméstico. Se somos atenciosos para com a higiene exterior, usando desinfetantes e instrumento de limpeza, assegurando a saúde e a tranquilidade, movimentemos também o trabalho, a bondade e o estudo, contra a dominação do pensamento infeliz, logo que o pensamento infeliz se esboce levemente na tela de nossos desejos imanifestos. Cumpramos nossas obrigações, visitemos o amigo enfermo, atendamos à criança desventurada, procuremos a execução de nossas tarefas, busquemos o convívio do livro nobre, tentemos a conversação robusta e edificante, refugiemo-nos no santuário da prece e devotemo-nos à felicidade do próximo, instalando-nos sob a tutela do bem e agindo sempre contra o pensamento insensato, porque, através dele, a obsessão se insinua, a perseguição se materializa, e, quando acordamos, diante da própria responsabilidade, muitas vezes a nossa consciência chora tarde demais.

4. Eutanásia

Em *O evangelho segundo o espiritismo* Kardec indaga à São Luís: *Um homem está agonizante, presa de cruéis sofrimentos. Sabe-se que seu estado é desesperador. Será lícito lhe pouparmos alguns instantes de angústias, apressando-lhe o fim?*[17]

A resposta, transmitida pelo Espírito em reunião mediúnica ocorrida em Paris, no ano de 1860, revela o terrível equívoco da prática da eutanásia, fato que ainda persiste nos dias atuais:[17]

Quem vos daria o direito de prejulgar os desígnios de Deus? Não pode Ele conduzir o homem até à beira do sepulcro, para daí o retirar, a fim de fazê-lo voltar a si e modificar-lhe os pensamentos? Ainda que um moribundo haja chegado ao último extremo, ninguém pode afirmar com segurança que lhe tenha soado a última hora. A Ciência não se terá enganado alguma vez em suas previsões? Sei bem haver casos que se podem, com razão, considerar desesperadores; mas, se não há nenhuma esperança fundada de um regresso definitivo à vida e à saúde, não há inúmeros exemplos em que o doente, no momento mesmo de exalar o último suspiro, reanima-se e recobra suas faculdades por alguns instantes? Pois bem!

Essa hora de graça, que lhe é concedida, pode ser-lhe de grande importância, pois ignorais as reflexões que seu Espírito poderá fazer nas convulsões da agonia e quantos tormentos lhe podem poupar um relâmpago de arrependimento. O materialista, que apenas vê o corpo e não leva em nenhuma conta a alma, não pode compreender essas coisas; mas o espírita, que já sabe o que se passa no além-túmulo, conhece o valor de um último pensamento. Minorai os derradeiros sofrimentos, tanto quanto puderdes; guardai-vos, porém, de abreviar a vida, ainda que de um minuto, porque esse minuto pode poupar muitas lágrimas no futuro.

Realmente, não é fácil presenciar o sofrimento de entes queridos em razão de enfermidades ou nos momentos finais da existência física, sobretudo se estes se prolongam e se revelam dolorosos: produzem angústias e sofrimentos.

Entretanto, como nada acontece por acaso, sabemos que atrás de cada acontecimento há uma causa justa, determinada pela misericórdia divina. Assim, aconselha Emmanuel:[18]

Quando te encontres diante de alguém que a morte parece nimbar de sombra, recorda que a vida prossegue, além da grande renovação... Não te creias autorizado a desferir o golpe supremo naqueles que a agonia emudece, a pretexto de consolação e de amor, porque, muita vez, por trás dos olhos baços e das mãos desfalecentes que parecem dei-tar o último adeus, apenas repontam avisos e advertências para que o erro seja sustado ou para que a senda se reajuste amanhã. Ante o catre da enfermidade mais insidiosa e mais dura, brilha o socorro da infinita Bondade facilitando, a quem deve, a conquista da quitação. Por isso mesmo, nas próprias moléstias reconhecidamente obscuras para a diagnose terrestre, fulgem lições cujo termo é preciso esperar, a fim de que o homem lhes não perca a essência divina. E tal acontece, porque o corpo carnal, ainda mesmo o mais mutilado e disforme, em todas as circunstâncias, é o sublime instrumento em que a alma é chamada a acender a flama de evolução. [...] Em todos eles, contudo, palpita a concessão do Senhor, induzindo-nos ao pagamento de velhas dívidas que a eterna Justiça ainda não apagou. Não desrespeites, assim, quem se imobiliza na cruz horizontal da doença prolongada e difícil, administrando-lhe o veneno da morte suave, porquanto, provavelmente, conhecerás também mais tarde o proveitoso decúbito indispensável à grande meditação [...].

EADE - Livro IV - Módulo II – Roteiro 2

Referências

1. KARDEC, Allan. *O livro dos espíritos*. Tradução de Evandro Noleto Bezerra. 1. ed. Rio de Janeiro: FEB, 2008, questão 165– comentário, p. 166.
2. KARDEC, Allan. Questão 358, p. 268.
3. _____. Questão 359, p. 268.
4. XAVIER, Francisco Cândido. *Ceifa de luz*. Pelo Espírito Emmanuel. Rio de Janeiro: FEB, 2006. Cap. 16, p. 70.
5. _____. *Religião dos espíritos*. Pelo Espírito Emmanuel. 21. ed. Rio de Janeiro: FEB, 2008. Item: doenças escolhidas, p. 233 e 235.
6. KARDEC, Allan. *O livro dos espíritos*. Op. Cit., questão 199, p. 184.
7. _____. *O evangelho segundo o espiritismo*. Tradução de Evandro Noleto Bezerra. 1 ed. Rio de Janeiro: FEB, 2009. Cap. V, item 21, p. 131-133.
8. _____. Item 16, p. 123-124.
9. _____. *O livro dos espíritos*. Op. Cit., questão 946, p. 573.
10. _____. Questão 948, p. 574.
11. _____. Questão 957, p. 578-579.
12. _____. Questão 957 – comentário, p. 579.
13. XAVIER, Francisco Cândido. *Religião dos espíritos*. Op. Cit. Item: Suicídio, p. 181.
14. _____. p. 181-183.
15. XAVIER, Francisco Cândido. *Vozes do grande além*. Diversos Espíritos, 5. ed. Rio de Janeiro: FEB, 2003. cap. 30 (mensagem do Espírito Joaquim Dias), p. 121-122.
16. _____. Cap. 39 (mensagem do Espírito Hilda), p. 163-166.
17. KARDEC, Allan. *O evangelho segundo o espiritismo*. Op. Cit. Cap. V, item 28, p.144-145.
18. XAVIER, Francisco Cândido. *Religião dos espíritos*. Op. Cit. Item: sofrimento e eutanásia, 87-89.

Orientações ao monitor

De acordo com a orientação dada no Roteiro de Estudo, da reunião anterior, os participantes apresentam, em plenária, o resultado da pesquisa realizada sobre mortes prematuras.

Estimular um debate sobre os tipos de mortes prematuras, com base nos conteúdos apresentados neste Roteiro. O assunto deve ser analisado mais profundamente, daí a recomendação de realizar o estudo em duas reuniões, no mínimo.

Observação: informar à turma que o assunto da próxima reunião será desenvolvido por um convidado.

EADE - LIVRO IV - MÓDULO II

A MORTE E SEUS MISTÉRIOS

Roteiro 3

A CONTINUIDADE DA VIDA

Objetivos

» Realizar análise reflexiva a respeito das ideias espíritas que tratam da continuidade da vida no além-túmulo.
» Identificar as condições de vida após a desencarnação.

Ideias principais

» Com a desencarnação, o Espírito retorna ao plano espiritual, sua pátria de origem, o [...] *mundo espiritual, que preexiste e sobrevive a tudo.* Allan Kardec: *O livro dos espíritos*, questão 85.
» À medida que o Espírito se integra à vida no além-túmulo, reduzem-se, naturalmente, as influências oriundas do plano físico. Dessa forma, [...] *a morte não é nem uma interrupção, nem a cessação da vida, mas uma transformação, sem solução de continuidade.* Allan Kardec: *O evangelho segundo o espiritismo*. Introdução, item XI.
» *A condição dos Espíritos na vida de além-túmulo, sua elevação, sua felicidade, tudo depende da respectiva faculdade de sentir e de perceber, que é sempre proporcional ao seu grau evolutivo.* Léon Denis: *Depois da morte*. Parte quarta, cap. XXXIII.
» *Além disso, temos a observar que a sociedade, para lá da morte, carrega consigo os reflexos dos hábitos a que se afeiçoava no mundo.* Emmanuel: *E a vida continua*. Prefácio.

Subsídios

Com a desencarnação, o Espírito retorna ao plano espiritual, sua pátria de origem, o "[...] mundo espiritual, que preexiste e sobrevive a tudo",[1] afirmam os esclarecidos orientadores espirituais, acrescentando que:

> A vida espiritual é, realmente, a verdadeira vida, é a vida normal do Espírito; sua existência terrestre é transitória e passageira, espécie de morte, se comparada ao esplendor e atividade da vida espiritual. O corpo não passa de vestimenta grosseira que reveste temporariamente o Espírito, verdadeiro grilhão que o prende à gleba terrena, do qual ele se sente feliz em libertar-se. [...].[2]

Com a desencarnação, inicia-se, então, a fase de adaptação ao novo plano existencial de diferente nível vibratório, que pode ser mais ou menos acelerada, mais ou menos confortável, de acordo com as condições íntimas de cada desencarnado. Nesta situação, o espírita detém todas as condições para não temer a morte e, se esclarecido e prudente, soube preparar-se cuidadosamente para esse momento, garantindo um retorno feliz à pátria verdadeira.

> O espírita sério não se limita a crer, porque compreende, e compreende, porque raciocina; a vida futura é uma realidade que se desdobra incessantemente a seus olhos; realidade que ele toca e vê, por assim dizer, a cada passo e de modo que a dúvida não tem guarida em sua alma. A vida corpórea, tão limitada, se apaga diante da vida espiritual, que é a verdadeira vida. Daí a pouca importância que atribui aos incidentes da jornada e a resignação nas vicissitudes que enfrenta cujas causas e utilidade compreende perfeitamente. Sua se alma eleva pelas relações que mantém com o mundo invisível; os laços fluídicos que o ligam à matéria enfraquecem-se, operando-se por antecipação um desprendimento parcial que facilita a passagem para a outra vida. A perturbação, inseparável da transição, é de curta duração, porque, uma vez franqueado o passo, ele logo reconhece, nada estranhando e se dando conta imediatamente da nova situação em que se encontra.[3]

À medida que o Espírito se integra à vida no além-túmulo, reduzem-se, naturalmente, as influências oriundas do plano físico. Dessa forma, "[...] a morte não é nem uma interrupção, nem a cessação da vida, mas uma transformação, sem solução de continuidade."[4]

A adaptação do desencarnado no plano espiritual pode, contudo, não ocorrer de imediato, às vezes se revela marcada por angústias e tristezas, nem sempre relacionada às imperfeições morais do Espírito, propriamente ditas, mas em razão da desinformação ou ignorância a respeito da sobrevivência do Espírito ou das condições de vida após a morte do corpo físico. Nesta situação, não se preparando adequadamente para a morte, a pessoa apresenta dificuldades de integração à realidade da qual faz parte agora.

A difusão das ideias espíritas pode, assim, reverter ou amenizar esse quadro.

> Como é horrível a ideia do nada! Como são de lastimar os que acreditam que se perde no vácuo, sem encontrar eco que lhe responda, a voz do amigo que chora o seu amigo! Jamais conheceram as puras e santas afeições os que pensam que tudo morre com o corpo; que o gênio que iluminou o mundo com a sua vasta inteligência é uma combinação de matéria, que, como um sopro, se extingue para sempre; que do ser mais querido, de um pai, de uma mãe ou de um filho adorado não restará senão um pouco de pó que o vento fatalmente dispersará. Como pode um homem de coração manter-se frio a essa ideia? Como não o gela de terror a ideia de um aniquilamento absoluto e não lhe faz, ao menos, desejar que não seja assim? Se até hoje a razão não lhe foi suficiente para afastar de seu espírito quaisquer dúvidas, aí está o Espiritismo a dissipar toda incerteza com relação ao futuro, por meio das provas materiais que dá da sobrevivência da alma e da existência dos seres de além-túmulo. É por isso que em toda parte essas provas são acolhidas com alegria; a confiança renasce, pois o homem sabe, de agora em diante, que a vida terrena é apenas uma breve passagem que conduz a uma vida melhor; que seus trabalhos neste mundo não lhe ficam perdidos e que as mais santas afeições não se destroem sem mais esperanças.[5]

1. A reintegração do Espírito no além-túmulo

Há várias condições que favorecem a adaptação do Espírito ao mundo espiritual, mas todas elas estão subjugadas ao processo evolutivo, intelectual e moral, do desencarnado. Vamos, então, analisar os principais fatores favoráveis à adaptação do Espírito na moradia que passa a viver, antes que lhe ocorra, outra vez, nova reencarnação.

1.1. Condições do desligamento do perispírito do corpo físico

O Codificador considera que, conforme sejam as condições de desligamento do perispírito, a travessia de um plano para outro pode caracterizar, ou não, sofrimento ao Espírito.

Estabeleçamos em primeiro lugar, e como princípio geral, as quatro condições que se seguem, sem perder de vista que entre elas há uma infinidade de variantes:

1º) Se no momento em que se extingue a vida orgânica o desprendimento do perispírito fosse completo, a alma não sentiria absolutamente nada.

2º) Se nesse momento a coesão dos dois elementos estiver no auge de sua força, produz-se uma espécie de ruptura que reage dolorosamente sobre a alma.

3º) Se a coesão for fraca, a separação torna-se fácil e opera-se sem abalo.

4º) Se após a cessação completa da vida orgânica existirem ainda numerosos pontos de contato entre o corpo e o perispírito, a alma poderá ressentir-se dos efeitos da decomposição do corpo até que esse laço se desfaça inteiramente.

Daí resulta que o sofrimento que acompanha a morte está subordinado à força adesiva que une o corpo ao perispírito; que tudo o que puder atenuar essa força e acelerar a rapidez do desprendimento, torna a passagem menos penosa; e, finalmente, que se o desprendimento se operar sem dificuldade, a alma deixará de experimentar qualquer sentimento desagradável.[6]

1.2. Estado de perturbação que acompanha a desencarnação

O estado de perturbação, diretamente relacionado às condições de desligamento perispiritual, facilita ou dificulta a integração do Espírito no Além. Assim, partindo do princípio de que a perturbação é fato normal que acompanha a desencarnação, a sua duração, contudo,

[...] é indeterminada [e pode] perdurar por tempo indeterminado, variando de algumas horas a alguns anos. À proporção que se liberta, a alma encontra-se numa situação comparável à de um homem que desperta de profundo sono; as ideias são confusas, vagas, incertas; vê como que através de um nevoeiro, aclarando-se a vista pouco a pouco e lhe despertando a memória e o conhecimento de si mesma. Esse despertar, contudo, bem diverso, conforme os indivíduos; nuns é claro é calmo e cheio de sensações deliciosas; noutros é repleto de terrores e de ansiedades, qual se fora horrível pesadelo.[7]

Nessas condições, se os laços que prendem o Espírito ao corpo forem frágeis, em decorrência do sentido que o desencarnante deu à existência pelo desencarnante, o desligamento não é demorado e, consequentemente, não é doloroso: "[...] Há pessoas nas quais a coesão [perispiritual] é tão fraca que o desprendimento se opera por si mesmo, com a maior naturalidade. O Espírito se separa do corpo como um fruto maduro que se desprende do seu caule. É o caso das mortes calmas e de despertar pacífico".[8]

1.3. Condições morais do Espírito

Assevera Allan Kardec que moralidade do desencarnante exerce peso fundamental no seu desligamento perispiritual, amenizando o processo de perturbação, fato que favorece a rápida adaptação no mundo dos Espíritos.

[...] estado moral é causa principal da maior ou menor facilidade de desprendimento a alma. A afinidade entre o corpo e o perispírito é proporcional ao apego à matéria, atingindo o seu máximo no homem cujas preocupações se concentram exclusivamente na vida terrena e nos gozos materiais. Tal afinidade é quase nula naqueles cujas almas, já depuradas, identificam-se por antecipação com a vida espiritual. E uma vez que a lentidão e a dificuldade do desprendimento estão na razão do grau de pureza e desmaterialização da alma, depende de cada um de nós tornar fácil ou penoso, agradável ou doloroso, esse desprendimento. [...].[9]

1.4. Condições relacionadas ao gênero de morte

O tipo de desencarnação que conduz à morte do corpo físico exerce influência no processo e adaptação no plano espiritual.

» Nos casos [...] de morte natural — a que resulta da extinção das forças vitais por velhice ou doença — o desprendimento opera-se gradualmente; para o homem cuja alma se desmaterializou e cujos pensamentos se elevam acima das coisas terrenas, o desprendimento quase se completa antes da morte real, isto é, enquanto o corpo ainda tem vida orgânica, o Espírito já penetra a vida espiritual, apenas ligado por elo tão frágil que se rompe com a última pancada do coração. Nesta situação o Espírito pode já ter recuperado a sua lucidez, de forma a tornar-se testemunha consciente da extinção da vida do corpo, do qual se sente feliz por tê-lo deixado. Para esse a perturbação é quase nula, ou antes, não passa de ligeiro sono calmo, do qual desperta com indizível impressão de esperança e felicidade.[10]

» Na morte violenta as condições não são exatamente as mesmas. Como não houve nenhuma desagregação parcial capaz de levar a uma separação antecipada entre o corpo e o perispírito, a vida orgânica é subitamente aniquilada no auge de sua exuberância. Nestas condições, o desprendimento só começa depois da morte e não pode completar-se rapidamente. O Espírito, colhido de improviso, fica como que aturdido e sente, e pensa, e acredita-se vivo, prolongando-se esta ilusão até que compreenda a sua posição. Este estado intermediário entre a vida corporal e a espiritual é um dos mais interessantes para ser estudado, porque apresenta o espetáculo singular de um Espírito, que julga material o seu corpo fluídico, experimentando ao mesmo tempo todas as sensações da vida orgânica. [...].[11]

» Integrado à vida espiritual, o desencarnado prossegue a sua marcha evolutiva, desenvolvendo os aprendizados necessários, mantendo-se vinculado aos Espíritos que lhes são afins, os quais, por sua vez, fazem parte das diferentes organizações sociais (colônias, cidades, postos, organizações) existentes do além-túmulo. A desencarnação não opera mudanças bruscas, razão porque nas "[...] esferas mais próximas do planeta, as almas desencarnadas conservam as características que lhes eram mais agradáveis nas atividades da existência material [...]."[12]

Na verdade, aqui como no plano espiritual, o estado de felicidade e infelicidade encontra-se no próprio Espírito, em razão das suas escolhas, crenças e interesses. Assim, no plano espiritual há diferentes tipos de moradas, estabelecidas em decorrência das afinidades e simpatias espirituais dos seus habitantes. Os Espíritos moralmente esclarecidos têm trânsito livre nas diferentes organizações, onde atuam como instrumento de auxílio aos que sofrem.

Pondera Léon Denis que os "[...] Espíritos inferiores, sobrecarregados pela densidade de seus fluidos, ficam ligados ao mundo onde viveram, circulando em sua atmosfera ou envolvendo-se entre os seres humanos [encarnados]."[13] Argumenta, também, que:

> as alegrias e as percepções do Espírito não procedem do meio que ele ocupa, mas de suas disposições pessoais e dos progressos realizados. Embora com o perispírito opaco e envolto em trevas, o Espírito atrasado pode encontrar-se com a alma radiante cujo invólucro sutil se presta às delicadas sensações, às mais extensas vibrações. Cada um traz em si sua glória ou sua miséria. A condição do Espírito na vida de além-túmulo, sua elevação, sua felicidade, tudo depende da respectiva faculdade e sentir e de perceber, que é sempre proporcional ao seu grau evolutivo. [...] As almas colocam-se e agrupam-se no espaço segundo o grau de pureza do seu respectivo invólucro [perispiritual]; a condição do Espírito está em relação direta com a sua constituição fluídica, que é a própria obra, a resultante do seu passado e de todos os seus trabalhos. Determinando a sua própria situação, acham, depois, a recompensa que merecem. [...].[14]

Como a maioria dos Espíritos que integra o plano espiritual terrestre retornará à reencarnação, por inúmeras vezes, até que alcance o nível evolutivo de Espírito puro — patamar dos que só reencarnam na Terra se quiser — são classificados de *Espíritos Errantes*. A palavra "errante" —, utilizada por Kardec (*O livro dos espíritos*, questão 226) para designar o Espírito que ainda precisa reencarnar —, causa, às vezes, algumas dúvidas. Assim, importa considerar que errante, do francês *errant*, significa, neste contexto, o que não é fixo, o que vagueia. O estado de erraticidade cessa quando o Espírito atinge o estágio da Perfeição Moral, tornando-se Espírito puro. Nesta situação, ele não é mais considerado errante, pois não precisar reencarnar no planeta a que se encontra filiado, pois já alcançou o nível de conhecimento, moral e intelectual, que este mundo comporta. Poderá, então, renascer em outro orbe planetário, prosse-guindo em sua macha evolutiva.

A duração da erraticidade é extremamente variável, sendo mais ou menos prolongada conforme o nível evolutivo de cada Espírito. Sabe-se, porém, que os Espíritos imperfeitos renascem mais vezes.

Ante tais argumentações, um fato se destaca dos demais: a necessidade premente de nos prepararmos adequadamente para a desencarnação e para a experiência em outra dimensão da vida.

Eis como Emmanuel fecha essa questão da reintegração do Espírito na nova realidade, após a morte do veículo somático, com sabedoria e simplicidade:[15]

A alma desencarnada procura naturalmente as atividades que lhe eram prediletas nos círculos da vida material, obedecendo aos laços afins, tal qual se verifica nas so ciedades do vosso mundo. As vossas cidades não se encontram repletas de associações, de grêmios, de classes inteiras que se reúnem e se sindicalizam para determinados fins, conjugando idênticos interesses de vários indivíduos? Aí, não se abraçam os agiotas, os políticos, os comerciantes, os sacerdotes, objetivando cada grupo a defesa dos seus interesses próprios?

O homem desencarnado procura ansiosamente, no Espaço, as aglomerações afins com o seu pensamento, de modo a continuar o mesmo gênero de vida abandonado na Terra, mas, tratando-se de criaturas apaixonadas e viciosas, a sua mente reencontrará as obsessões de materialidade, quais as do dinheiro, do álcool, etc., obsessões que se tornam o seu martírio moral de cada hora, nas esferas mais próximas da Terra.

Daí a necessidade de encararmos todas as nossas atividades no mundo como tarefa de preparação para a vida espiritual, sendo indispensável à nossa felicidade, além do sepulcro, que tenhamos um coração sempre puro.

Referências

1. KARDEC, Allan. *O livro dos espíritos*. Tradução de Evandro Noleto Bezerra. 2. ed. Rio de Janeiro: FEB, 2008, questão 85, p. 120.
2. _____. *O evangelho segundo o espiritismo*. Tradução de Evandro Noleto Bezerra. 1. ed. Rio de Janeiro: FEB, 2008. Cap. XXIII, item 8, p. 419.
3. _____. *O céu e o inferno*. Tradução de Evandro Noleto Bezerra. 1. ed. Rio de Janeiro: FEB, 2009. Segunda parte. Cap. I, item 14, 227.
4. _____. *O evangelho segundo o espiritismo*. Op. Cit. Introdução, item XI, p. 50.
5. _____. Cap. XXVIII, item 62, p. 527-528.
6. _____. *O céu e o inferno*. Op. Cit. Segunda parte. Op. Cit. Cap. I, item 5, p. 221-222.
7. _____. Item 6, p. 222.
8. _____. p. 223.
9. _____. Item 8, p. 223.
10. _____. Item 9, p. 224.
11. _____. Item 12, p.225-226..
12. XAVIER, Francisco Cândido. *O consolador*. Pelo Espírito Emmanuel. 28. ed. especial. Rio de Janeiro: FEB, 2008, pergunta 160, p. 128.

13. DENIS, Léon. *Depois da morte:* exposição da doutrina dos espíritos. 1. ed. especial. Rio de Janeiro: FEB, 2008. Parte quarta, cap. XXXIII, p. 285.

14. _____. p. 285-287.

15. XAVIER, Francisco Cândido. *O consolador*. Op. Cit., pergunta 148, p. 119-120.

Orientações ao monitor

O monitor faz apresentação do expositor convidado, e informa aos participantes que após a exposição de aproximadamente 40 minutos, a turma disporá de 30 minutos para dirigir perguntas ao convidado.

Terminada a sessão de tira dúvidas, o monitor faz o fechamento do assunto, tendo como referência os conteúdos estudados e a mensagem de Emmanuel *A incógnita do Além*, inserida no anexo.

Observação: Indicar três participantes para, respectivamente, pesquisarem os itens que se seguem, cujos conteúdos serão apresentados na próxima aula (Roteiro 4: O espírito imortal).

Itens para serem pesquisados:

1. Sensações e percepções dos espíritos desencarnados.

2. Organização social no plano espiritual (características e tipos de comunidades espirituais existentes no além-túmulo).

3. Aspectos da vida no plano espiritual.

Anexo

A incógnita do Além *

Emmanuel

Meus amigos, Deus vos conceda muita paz espiritual no caminho diário.

Conheço a ansiedade com que muitos de vós outros batem às portas da revelação; sei de vossas aspirações e já experimentei vosso desejo infinito.

---

* XAVIER, Francisco Cândido. *Escrínio de luz*. Pelo Espírito Emmanuel. Matão [SP]: O Clarim, Rio 1973. Item: A incógnita do Além, p. 143-145.

O homem defrontará sempre a incógnita do além túmulo, tomado de indizíveis angústias, quando se distancia do alimento espiritual, matéria prima da vida externa. É o que ocorre no cenário de vosso século, repleto de acontecimentos de profunda significação científica e filosófica, cercados de realizações, da máquina e empolgados de ideologias políticas; permaneceis à beira de abismos que solapam os séculos laboriosos de realizações.

O homem moderno cresceu em suas realizações puramente intelectualísticas avançando no domínio das organizações materiais entretanto, por trás de muralhas de livros, ao longo de códigos pacientemente elaborados, à sombra de laboratórios, a inteligência da criatura se esconde para preferir a morte. A ciência que devassou desde o subsolo à estratosfera, manifesta a sua impossibilidade de dominar o vulcão mortífero. Vinte séculos de pensamento cristão não bastaram. Milhares de mensagens da Providência divina, convertidas em utilidades para a civilização de nossos tempos sopitaram os novos surtos de devastações e misérias. Não lamentamos porém. Apenas nos referimos à semelhante derrocada para exaltar a grandeza da experiência espiritual.

O homem econômico de nossas filosofias atuais não pode subsistir no quadro da evolução divina. O homem é espírito antes de tudo. A Terra é a nossa escola milenária, aguardando resignadamente a nossa madureza de sentimentos.

É por isto que acorrestes à presente reunião, em vossa maioria tangidos pelo desejo de auscultar o desconhecido. É por isso que esperáveis expressões fenomênicas que vos modificassem inteiramente. No fundo, meus amigos, desejais a Fé, quereis tocar a certeza. Entretanto, a curiosidade não pode substituir o trabalho perseverante e metódico. Nenhuma técnica profissional por mais singela pode se eximir de cultores da experiência sentida e vivida.

Alguns dentre vós formulais indagações mentais enquanto outros aguardam manifestações que firam as percepções externas. Todavia, apesar do desejo de vos atender particularmente, não seria possível quebrar a lei universal da iniciativa de cada um no campo do livre arbítrio que nos rege os destinos. A humanidade suplica expressões novas que lhe definam as diretrizes para o mais alto e vossos corações permanecem cansados do atrito despensivo. Sois, de modo geral, os viajores que extenuados do caminho árido começam a indagar as profundezas do céu, tendo sempre uma resposta para quantos o contemplam, convictos de que a vida é testemunho de trabalho, de realizações e de confiança. Nenhuma elevação se verificará sem o esforço próprio.

É por este motivo que as ideias religiosas antigas, embora respeitáveis pelas mais sublimes tradições, não mais satisfazem. Os templos de pedra deixam exalar ainda o incenso da poesia, mas as novas esperanças pedem esclarecimentos concretos e roteiros precisos.

Sim, nossa sede é justa.

A fonte, porém, ainda é aquela que o Mestre nos trouxe há dois mil anos.

Procurai esta água da vida eterna.

Não vos deixeis dominar tão somente pela ânsia que às vezes é doentia. Procurai de fato conhecer.

Não vos restrinjas ao campo limitado da curiosidade. Toda curiosidade é boa quando conduz ao trabalho.

Recebei, portanto, os serviços de Deus, em vós mesmos. Vosso coração e vossa inteligência constituem a grande oficina. Aí dentro operareis maravilhas desde que não condeneis vossas melhores ferramentas de observação e possibilidades de serviço à ferrugem do esquecimento.

Que a vossa curiosidade seja um marco útil na estrada da sabedoria.

Continuai no vosso esforço lembrando que se viestes hoje bater à porta do mais além, o mais além respondendo vem bater igualmente às vossas portas. Ansiedade palpita em todo Estudo.

EADE - LIVRO IV - MÓDULO II

A MORTE E SEUS MISTÉRIOS

Roteiro 4

O ESPÍRITO IMORTAL

Objetivos

» Analisar os principais aspectos que caracterizam a existência e a sobrevivência do Espírito.

Ideias principais

» É "[...] *chegada a época de reconhecermos que todos somos vivos na Criação Eterna. Em virtude de tardar semelhante conhecimento nos homens, é que se verificam grandes erros.* [...]". Emmanuel: *Pão nosso*. Cap. 42.

» *É ainda reduzido o número dos que despertam na luz espiritual plenamente cônscios da sua situação, porque diminuta é a percentagem de seres humanos que se preocupam sinceramente com as questões do seu aprimoramento moral. A maioria dos desencarnados, nos seus primeiros dias da vida além do túmulo, não encontram senão os reflexos dos seus péssimos hábitos e das suas paixões, que, nos ambientes diversos de outra vida, os aborrecem e deprimem. O corpo das suas impressões físicas prossegue perfeito, fazendo-lhes experimentar acerbas torturas e inenarráveis sofrimentos.* Emmanuel: *Emmanuel.* Cap. XXX, item: situação dos recém-libertos da carne.

» No além-túmulo, os Espíritos [...] *se evitam ou se aproximam, segundo a analogia ou antipatia de seus sentimentos, tal qual sucede entre vós. É*

todo um mundo, do qual o vosso é pálido reflexo. Os da mesma categoria se reúnem por uma espécie de afinidade e formam grupos ou famílias de Espíritos, unidos pelos laços da simpatia e pelos fins a que visam [...].
Allan Kardec: *O livro dos espíritos,* questão 278.

Subsídios

Esclarece o benfeitor Emmanuel que:[1]

A Doutrina dos Espíritos [...] veio desvendar ao homem o panorama da sua evolução, e esclarecê-lo no problema das suas responsabilidades, porque a vida não é privilégio da Terra obscura, mas a manifestação do Criador em todos os recantos do universo. Nós viveremos eternamente, através do Infinito, e o conhecimento da imortalidade expõe os nossos deveres de solidariedade para com todos os seres, em nosso caminho; por esta razão, a Doutrina Espiritista é uma síntese gloriosa de fraternidade e de amor. O seu grande objeto é esclarecer a inteligência humana. [...].

O apóstolo Paulo, por sua vez, apresenta admirável simbolismo, nos versículos que se seguem, ao argumentar que a verdadeira morte é o pecado e que a alma purificada no bem se torna incorruptível e vive eternamente: *Quando, pois, este ser corruptível tiver revestido a incorruptibilidade e este ser mortal tiver revestido a imortalidade, então cumprir-se-á a palavra da Escritura: A morte foi absorvida na vitória. Morte, onde está a tua vitória? Morte, onde está o teu aguilhão? O aguilhão da morte é o pecado e a força do pecado é a Lei* (I Coríntios, 15:54-56. Bíblia de Jerusalém).

Assim, ter consciência plena de que somos seres imortais, que a vida continua após a morte do corpo físico, que existem planos existenciais nos quais o Espírito continua a sua jornada evolutiva, na Terra e fora dela, implica aquisição de conhecimento e discernimento espirituais.

Conhecimento porque nem sempre a pessoa recebe, durante uma reencarnação, os corretos esclarecimentos sobre a imortalidade do Espírito no além-túmulo. A usual educação religiosa não fornece esclarecimentos mais aprofundados, mantendo o adepto em estado de dúvida, seja porque lhe falta leituras complementares sobre o assunto, seja por equívocos de interpretação dos textos sagrados.

Neste sentido, os indivíduos são cerceados "[...] pelas imensas barreiras que lhes levantam os dogmas e preconceitos de todos os matizes, nas escolas científicas e facções religiosas, militantes em todas as partes do globo."²

Muitos Espíritos, afeitos ao tradicionalismo intransigente e rotineiro, são incapazes de conceber a estrada ascensional do progresso, como de fato ela é, cheia de lições novas e crescentes resplendores; é assim que, completando as longas fileiras de retardatários, perturbam, às vezes, a paz dos que estudam devotamente no livro maravilhoso da Vida, com as suas opiniões disparatadas, prevalecendo-se de certas posições mundanas, abusando de prerrogativas transitórias que lhes são outorgadas pelas fortunas iníquas. Não conseguem, porém, mais do que estabelecer a confusão, sem que as suas mentes egoístas tragam algo de belo, de novo ou de verdadeiro, que aproveite ao progresso geral. [...].³

Ainda que a compreensão da imortalidade do Espírito se revele lógica e racional para o Espiritismo — e mais de acordo com a bondade e misericórdia divinas — não é aceita por escolas religiosas tradicionais e, somente na última década, tem merecido maior atenção da Ciência. A persistência em tais posições pode resultar desagregação social, sempre geradora de sofrimento porque, encontrando-se o homem desinformado a respeito de sua realidade espiritual para além das fronteiras do mundo físico, se apega em demasiado à vida material, dá pouca ou nenhuma importância à aquisição de valores morais que o transforma em pessoa de bem. Aceitando que a vida termina com a morte do corpo físico, comete uma série de desatinos contra si mesmo e contra o próximo.

Desalentadoras são as características da sociedade moderna, porque, se a coletividade se orgulha dos seus progressos físicos, o homem se encontra, moralmente, muito distanciado dessa evolução. Semelhante anomalia é a consequência inevitável da ignorância das criaturas, com respeito à sua própria natureza, desconhecimento deplorável que as incita a todos os desvios. Vivendo apenas entre as coisas relativas à matéria, submergem nas superficialidades prejudiciais ao seu avanço espiritual. Ignoram, quase que totalmente, o que sejam as suas forças latentes e as suas possibilidades infinitas, adormecendo ao canto embalador dos gozos falsos do eu pessoal, e apenas os sofrimentos e as dificuldades as obrigam a despertar para a existência espiritual, na qual reconhecem quanta alegria dimana do exercício do bem e da prática da virtude, entre as santas lições da verdadeira fraternidade.[4]

Por ainda se manter prisioneira dos limites das formas existentes plano de vida, onde estagiamos atualmente, somente agora é que a humanidade começa a se dar conta que a matéria se manifesta em outras dimensões, sempre a serviço da manifestação do Espírito. Cedo ou tarde a sociedade humana reconhecerá, a si mesma, como seres imortais, habitantes de diferentes planos vibracionais. Entenderá que além da existência física há uma realidade espiritual pulsante, socialmente organizada, constituída de seres humanos que não possuem corpo físico, mas que atuam no meio ambiente onde vivem, interagindo com outros habitantes, através de outro corpo, o perispírito.

Neste sentido, afirma Irmão Claudio, personagem que consta do livro *Nosso lar*:[5]

> [...] Chame-se a este mundo em que existimos, neste momento, "outra vida", "outro lado", 'região extrafísica" ou "esfera do Espírito", estamos num centro de atividade tão material quanto aquele em que se movimentam os homens, nossos irmãos ainda encarnados, condicionados ao tipo de impressões que ainda lhes governam, quase que de todo, os recursos sensoriais. O mundo terrestre [dos encarnados] é aquilo que o pensamento do homem faz dele. Aqui, é a mesma coisa. A matéria se resume a energia. Cá e lá [no plano físico] o que se vê é a projeção temporária de nossas criações mentais...

Como para a Doutrina Espírita não há dúvida sobre a imortalidade do Espírito e a organização social existente no plano extrafísico, apresentaremos, em seguida, alguns conteúdos doutrinários relacionados à temática.

1. Sensações e percepções dos espíritos desencarnados

A maioria dos Espíritos que aportam ao mundo espiritual não tem, de imediato, consciência da nova realidade da vida para onde foi transferido após a desencarnação. É o que esclarece Emmanuel:

> É ainda reduzido o número dos que despertam na luz espiritual plenamente cônscios da sua situação, porque diminuta é a percentagem de seres humanos que se preocupam sinceramente com as questões

do seu aprimoramento moral. A maioria dos desencarnados, nos seus primeiros dias da vida além do túmulo, não encontram senão os reflexos dos seus péssimos hábitos e das suas paixões, que, nos ambientes diversos de outra vida, os aborrecem e deprimem. O corpo das suas impressões físicas prossegue perfeito, fazendo-lhes experimentar acerbas torturas e inenarráveis sofrimentos.[6]

É equívoco supor que pelo fato de não possuir corpo físico, os desencarnados não têm sensações e percepções. O perispírito é o veículo de manifestação no novo plano vibratório cuja natureza semimaterial revela que as células, tecidos, órgãos, aparelhos e sistemas perispirituais são mais etéreas. Entretanto, verifica-se que os Espíritos mais atrasados possuem perispírito muito denso, guardando significativa semelhança com o corpo físico da última encarnação.

Assim, o estado de equilíbrio ou de desarmonia que o desencarnado carrega em si é fortemente impresso nesse veículo sutil. O sofrimento apresentado pelos Espíritos produz somatizações perispirituais, semelhantes às encontradas em reencarnados portadores de desarmonias psíquicas ou emocionais.

Mas, como os Espíritos captam sensações e percepções, na ausência do corpo físico? Eis como responderam a esta pergunta os Espíritos orientadores da Codificação:

[...] A alma tem a percepção da dor: essa percepção é o efeito. A lembrança que da dor a alma conserva pode ser muito penosa, mas não pode ter ação física. De fato, nem o frio, nem o calor são capazes de desorganizar os tecidos da alma; a alma não pode congelar-se, nem se queimar. [...] Todos sabem que as pessoas amputadas sentem dor no membro que não existe mais. Seguramente, não é nesse membro que está a sede ou o ponto de partida da dor; o cérebro é que guardou esta impressão, eis tudo. É lícito, pois admitir-se que coisa análoga ocorra nos sofrimentos do Espírito após a morte. [...] É preciso, porém, tomar cuidado para não se confundir as sensações do perispírito, que se tornou independente, com as do corpo; [...] Liberto do corpo, o Espírito pode sofrer, mas esse sofrimento não é corporal, embora não seja exclusivamente moral, como o remorso, já que ele se queixa de frio e calor. Também não sofre mais no inverno do que no verão: já os vimos atravessar chamas, sem nada experimentarem de penoso; a temperatura, pois, não lhes causa nenhuma impressão. Logo, a dor que sentem não é uma dor física propriamente dita: é um vago sentimento íntimo, que o próprio Espírito nem sempre compreende bem, precisamente porque a dor não está localizada e não é produzida por agentes exteriores; é mais uma reminiscência do que uma realidade, reminiscência, porém, igualmente penosa [...].[7]

Diferentemente do que acontece no corpo físico, no qual as sensações e percepções se concentram em determinada parte do corpo, em geral captadas pelos órgãos do sentido, nos desencarnados a sensações e percepções são sentidas em toda a extensão do perispírito. Por este motivo a dor, quando existe, é mais intensa, porque não é focal, mas atinge todos os recantos do veículo espiritual.

2. Organização social no plano espiritual

A desencarnação não opera mudanças bruscas, razão porque nas esferas espirituais mais próximas do planeta, as almas desencarnadas praticamente conservam características que lhes eram mais agradáveis nas atividades da existência material, buscando se relacionar com aqueles que lhes são afins. Nesse sentido, ensinam os orientadores da Codificação Espírita que as relações de simpatia representam a base da organização social no além-túmulo. "A simpatia que atrai um Espírito para outro resulta da perfeita concordância de seus pendores e instintos. [...]".[8]

[...] Eles se evitam ou se aproximam, segundo a analogia ou antipatia de seus sentimentos, tal qual sucede entre vós. É todo um mundo, do qual o vosso é pálido reflexo. Os da mesma categoria se reúnem por uma espécie de afinidade e formam grupos ou famílias de Espíritos, unidos pelos laços da simpatia e pelos fins a que visam: os bons, pelo desejo de fazerem o bem; os maus, pelo desejo de fazerem o mal, pela vergonha de suas faltas e pela necessidade de se acharem entre seres semelhantes a eles.[9]

As comunidades existentes no plano espiritual lembram, segundo palavras do Codificador do Espiritismo, "[...] uma grande cidade onde os homens de todas as classes e de todas as condições se veem e se encontram, sem se confundirem; onde as sociedades se formam pela analogia dos gostos; onde o vício e a virtude convivem lado a lado sem se falarem."[10]

Entretanto, nem todos os Espíritos têm acesso livre aos diferentes grupos ou sociedades: "Os bons vão a toda parte e assim deve ser, para que possam exercer sua influência sobre os maus. Mas as regiões habitadas pelos bons são interditadas aos Espíritos imperfeitos, a fim de não as perturbarem com suas paixões inferiores."[11]

O Espírito André Luiz fornece uma riqueza de informações a respeito da vida no plano espiritual que, realmente, merecem ser conhecidas. Esclarece, por exemplo, que a Sociedade Espiritual está organizada em níveis evolutivos, à semelhança de "[...] mundos sutis, dentro dos mundos grosseiros, maravilhosas esferas que se interpenetram. [...]".[12] Em seguida, registramos breves anotações a respeito dessas sociedades existentes no Além, em caráter de ilustração.

2.1. Comunidades abismais

São regiões inóspitas, de trevas, situadas abaixo da crosta planetária, conforme se encontram descritas pelo Espírito André Luiz em *Nosso Lar*,[13] capítulo 44 (As trevas) e em *Obreiros da vida eterna*,[14] capítulo 8 (Treva e sofrimento). Para esse Espírito a expressão trevas é o nome dado: "[...] às regiões mais inferiores que conhecemos. [...]".[15]

São localidades de grande sofrimento existentes no Além, onde vivem milhares de Espíritos que preferem "[...] caminhar às escuras, pela preocupação egoística que os absorve, costumam cair em precipícios, estacionando no fundo do abismo por tempo indeterminado [...]".[15]

2.2. Comunidades umbralinas

O Umbral é uma região que "[...] começa na crosta terrestre. É a zona obscura de quantos no mundo não se resolveram a atravessar as portas dos deveres sagrados, a fim de cumpri-los, demorando-se no vale da indecisão ou no pântano dos erros numerosos. [...]".[16]

Os habitantes do Umbral mantêm-se fortemente vinculados aos encarnados, acompanham-nos de perto, imiscuindo-se nas suas atividades e negócios. "[...] O Umbral funciona, portanto, como região destinada a esgotamento de resíduos mentais; uma espécie de zona purgatorial, onde se queima a prestações o material deteriorado das ilusões que a criatura adquiriu por atacado, menosprezando o sublime ensejo de uma existência terrena. [...]".[17]

2.3. Comunidades de transição

São comunidades fronteiriças, situadas acima do Umbral e abaixo das regiões superiores. Como exemplo ilustrativo, temos a Colônia Nosso Lar.[18]

Nela ainda existe sofrimento, mas os seus habitantes, de evolução mediana, são mais esclarecidos. Tal posição espiritual favorece a natureza, caracterizada por belezas e harmonias inexistentes nos planos inferiores. A Colônia possui várias avenidas enfeitadas de árvores frondosas. O ar ali é puro, e a atmosfera ambiental reflete profunda tranquilidade espiritual.

Não há, porém, qualquer sinal de inércia ou de ociosidade, visto que as vias públicas estão sempre repletas de entidades numerosas em constantes atividades, indo e vindo.

2.4. Comunidades superiores

São regiões espirituais consideradas verdadeiros paraísos, tendo em vista o nível de evolução moral e intelectual dos seus habitantes. Exprimem, na verdade, "[...] diferentes graus de purificação e, por conseguinte, de felicidade.[...]."[19]

Tal como acontece nas demais regiões citadas, há diferentes planos de superioridade nessas comunidades. Por exemplo, André Luiz nos informa da existência de elevada comunidade nos planos superiores, denominadas *redimidas*.

Os seus habitantes possuem entendimento "[...] muito acima de nossas noções de forma, em condições inapreciáveis à nossa atual conceituação da vida. Já perdeu todo o contacto direto com a Crosta Terrestre e só poderia fazer-se sentir, por lá, através de enviados e missionários de grande poder. [...]."[20]

3. Aspectos da vida no plano espiritual

Emmanuel pondera que é "[...] chegada a época de reconhecermos que todos somos vivos na Criação eterna. Em virtude de tardar semelhante conhecimento nos homens, é que se verificam grandes erros. [...]."[21]

Neste aspecto, é útil então recordar alguns ensinamentos espíritas que tratam diretamente do assunto, e que fazem parte do livro *Evolução em dois mundos*, transmitido pelo Espírito André Luiz.

3.1. Alimentação

O desencarnado comum, o que estava acostumado à ingestão de quantidades significativas de alimentos no plano físico, é encaminhado

"[...] aos centros de reeducação do plano espiritual [...]"[22], onde aprendem a alimentar-se com equilíbrio.

» [...] Abandonado o envoltório físico profundamente arraigado às sensações terrestres, sobrevém ao Espírito a necessidade inquietante de prosseguir atrelado ao mundo biológico que lhe é familiar, e, quando não a supera ao preço do próprio esforço, no autorreajustamento, provoca os fenômenos da simbiose psíquica, que o levam a conviver, temporariamente, no halo vital daqueles encarnados com os quais se afine, quando não promove a obsessão espetacular [...].[22]

» Ali, [...] encontram alimentação semelhante à da Terra, porém fluídica, recebendo-a em porções adequadas até que se adaptem aos sistemas de sustentação da Esfera Superior, em cujos círculos a tomada de substância é tanto menor e tanto mais leve quanto maior se evidencie o enobrecimento da alma porquanto, pela difusão cutânea, o corpo espiritual, através de sua extrema porosidade, nutre-se de produtos sutilizados ou sínteses quimio-eletromagnéticas, hauridas no reservatório da natureza e no intercâmbio de raios vitalizantes e reconstituintes do amor com que os seres se sustentam entre si [...].[23]

3.2. Linguagem

[...] Incontestavelmente, a linguagem do Espírito é, acima de tudo, a imagem que exterioriza de si próprio. [...] Círculos espirituais existem, em planos de grande sublimação, nos quais os desencarnados, sustentando consigo mais elevados recursos de riqueza interior, pela cultura e pela grandeza moral, conseguem plasmar, com as próprias ideias, quadros vivos que lhes confirmem a mensagem ou o ensinamento, seja em silêncio, seja com a despesa mínima de suprimento verbal, em livres circuitos mentais de arte e beleza, tanto quanto muitas Inteligências infelizes, treinadas na ciência da reflexão, conseguem formar telas aflitivas em circuitos mentais fechados e obsessivos, sobre as mentes que magneticamente jugulam.[24]

3.3. Locomoção

[...] após a transfiguração ocorrida na morte, a individualidade ressurge com naturais alterações na massa muscular e no sistema digestivo, mas sem maiores inovações na constituição geral, munindo-se de aquisições diferentes para o novo campo de equilíbrio a que se transfere, com possibilidades de condução e movimento efetivamente não sonhados, já que o pensamento contínuo e a atração, nessas circunstâncias, não mais encontram certas resistências peculiares ao envoltório físico [...].[25]

3.4. Linhas morfológicas e aparência

» [...] As linhas morfológicas das entidades desencarnadas, no conjunto social a que se integram, são comumente aquelas que trouxeram do mundo, a evoluírem, contudo, constantemente para melhor apresentação, toda vez que esse conjunto social se demore em esfera de sentimentos elevados. A forma individual em si obedece ao reflexo mental dominante, notadamente no que se reporta ao sexo, mantendo-se a criatura com os distintivos psicossomáticos de homem ou de mulher, segundo a vida íntima, através da qual se mostra com qualidades espirituais acentuadamente ativas ou passivas [...].[26]

» [...] Os Espíritos superiores, pelo domínio natural que exercem sobre as células psicossomáticas, podem adotar a apresentação que mais proveitosa se lhes afigure, com vistas à obra meritória que se propõem realizar. [...] É importante considerar, todavia, que os Espíritos desencarnados, mesmo os de classe inferior, guardam a faculdade de exteriorizar os fluídos plasticizantes que lhes são peculiares, espécie de aglutininas mentais com que envolvem a mente mediúnica encarnada, recursos esses nos quais plasmam, como lhes seja possível, as imagens que desejam expressar [...].[27]

Há, naturalmente, inúmeros outros aspectos que caracterizam a existência no além-túmulo. São mínimas as ideias apresentadas neste Roteiro de Estudo, mas trazem a finalidade de demonstrar que um estudo mais completo deve ser realizado, por todos os interessados em descortinar a realidade da vida no plano espiritual.

Referências

1. XAVIER, Francisco Cândido. Emmanuel. Pelo Espírito Emmanuel. 27. ed. Rio de Janeiro: FEB, 2008. Cap. XXVI, item: Nós viveremos eternamente, p. 185.
2. _____. Cap. XXVII, p. 187.
3. _____. Cap. XXVII, item: Ações perturbadoras, p. 187-188.
4. _____. Cap. XXVII, item: Características da sociedade moderna, p. 188-189.

5. _____. E a vida continua. Pelo Espírito André Luiz. 30. ed. Rio de Janeiro: FEB, 2004. Cap. 9, p. 82-83.

6. _____. Cap. XXX, item: A situação dos recém-libertos da carne, p. 206.

7. KARDEC, Allan. O livro dos espíritos. Tradução de Evandro Noleto Bezerra. 2. ed. Rio de Janeiro: FEB, 2008, questão. 257 – comentário, p. 222-223.

8. _____. Questão 301, p. 248.

9. _____. Questão 278, p. 241-242 .

10. _____. Questão 278 – comentário, p. 242 .

11. _____. Questão 279, p. 242.

12. XAVIER, Francisco Cândido. Os mensageiros. Pelo Espírito André Luiz. 42. ed. Rio de Janeiro: FEB, 2006. Cap. 15, p. 100.

13. _____. Nosso Lar. Pelo Espírito André Luiz. 59. ed. Rio de Janeiro: FEB, 2007. Cap. 44, p. 289-290.

14. _____. Obreiros da vida eterna. Pelo Espírito André Luiz. 31. ed. Rio de Janeiro: FEB, 2006. Cap. 8, p. 149.

15. _____. Nosso Lar. Op. Cit. Cap. 44, p. 291.

16. _____. Cap. 12, p. 79-80.

17. _____. Cap. 12, p. 81.

18. _____. Cap. 8, p. 55-59.

19. KARDEC, Allan. O livro dos espíritos. Op. Cit., questão 1017, p. 619.

20. XAVIER, Francisco Cândido. Obreiros da vida eterna. Op. Cit. Cap. 3, p. 60.

21. _____. Pão nosso. Pelo Espírito Emmanuel. 26. ed. Rio de Janeiro: FEB, 2005.Cap. 42, p. 95-96.

22. XAVIER, Francisco Cândido e VIEIRA, Waldo. Evolução em dois mundos. Pelo Espírito André Luiz. 23. ed. Rio de Janeiro: FEB, 2005. Cap. 1, p. 211.

23. _____. Cap. 1, p. 211-212.

24. _____. Cap. 2, p. 213.

25. _____. Cap. 3, p. 215-216.

26. _____. Cap. 4, p. 219.

27. _____. Cap. 5, p. 223-224.

Orientações ao monitor

O monitor pede aos três participantes — os que na reunião anterior, ficaram incumbidos de pesquisar conteúdos deste Roteiro de Estudo —, para apresentem o resultado da pesquisa realizada.

Os demais participantes, por sua vez, anotam perguntas ou comentários que gostariam de fazer, após as exposições.

Concluída as exposições, o monitor inicia a fase de perguntas ou de comentários, relativos aos assuntos que foram apresentados.

Em seguida, destaca a importância da pessoa preparar-se, desde a atual existência, para a desencarnação e para uma vida mais feliz no plano espiritual.

Retoma, ao final, o teor da mensagem de Emmanuel, *A incógnita do além*, inserida no anexo do Roteiro 3 (A continuidade da vida), estudado na semana passada, para reforçar o conjunto de ideias desenvolvido na reunião.

EADE LIVRO IV | MÓDULO III

OS VÍCIOS E AS VIRTUDES

OS VÍCIOS E AS VIRTUDES

Roteiro 1
O BEM E O MAL

Objetivos

» Conceituar bem e mal.
» Explicar o significado de bem e de mal, segundo as orientações espíritas.

Ideias principais

» Bem é [...] *aquilo que enseja as condições ideais ao equilíbrio, à manutenção, ao aprimoramento e ao progresso de uma pessoa ou de uma coletividade. Dicionário Houaiss da língua portuguesa, p.275.*

» Mal é tudo [...] *o que é prejudicial ou fere; o que concorre para o dano ou a ruína de alguém ou algo; o que é nocivo para a felicidade ou o bem-estar físico ou moral. Dicionário Houaiss da língua portuguesa, p.1219.*

» Para os Espíritos da Codificação Espírita, o [...] *bem é tudo o que é conforme à lei de Deus, e o mal é tudo o que dela se afasta. Assim, fazer o bem é proceder de acordo com a lei de Deus. Fazer o mal é infringir essa lei.* Allan Kardec: O livro dos espíritos. Questão 630.

» [...] *As circunstâncias dão relativa gravidade ao bem e ao mal. Muitas vezes o homem comete faltas que, embora decorrentes da posição em que a sociedade o colocou, não são menos repreensíveis. Mas a sua responsabilidade é proporcional aos meios de que ele dispõe para compreender o bem e o mal. É por isso que o homem esclarecido que comete uma simples injustiça é mais culpado aos olhos de Deus do que o selvagem ignorante que se entrega aos seus instintos.* Allan Kardec: O livro dos espíritos. Questão 637 – comentário.

Subsídios

O conceito de bem e de mal existe desde as épocas imemoriais, mas nem sempre delineado de forma precisa nas sociedades primitivas. Alguns filósofos antigos expressavam opiniões sobre o bem, como o fazia Aristóteles, mas foi somente com ideias do filósofo alemão Immanuel Kant (1724–1804), que o bem passou a ser reconhecido como um conjunto de valores imprescindíveis à melhoria do ser humano. Meta a ser alcançada, sempre atuando integrada com o intelecto, o sentimento e a vontade.

O conceito de mal está sempre correlacionado ao bem, seja no sentido de lhe fazer oposição, seja como aptidão negativa do ser humano.

Segundo o dicionário, bem "[...] é aquilo que enseja as condições ideais de equilíbrio, à manutenção, ao aprimoramento e ao progresso de uma pessoa ou de um empreendimento humano ou de uma coletividade."[1] Indica também "[...] conjunto de princípios fundamentais de determinada sociedade propícios ao desenvolvimento e ao aperfeiçoamento moral, quer dos indivíduos, quer da comunidade."[1]

Em outro sentido, mal é algo irregular; "[...] diversamente do que convém ou do que se desejaria; modo ruim [...]; de maneira imperfeita, incompleta; insuficientemente; de maneira insatisfatória, que não corresponde às expectativas; de modo incorreto; erradamente [...]; de modo pouco adequado; defeituosamente [...][2]"

1. Conceitos filosóficos de bem e de mal

Bem, segundo a Filosofia, expressa "[...] tudo o que possui valor, preço, dignidade, a qualquer título."[3] É uma palavra que traz o significado implícito de moralidade, significando, portanto, beleza de caráter ou virtude humana. O mal é tudo o que faz oposição ao bem, e representa característica dualista marcante do ser humano (ser e não ser mau). Mas o mal poderia subjetivamente ser considerado como uma aptidão negativa ou juízo negativo.[4]

Para os filósofos neoplatônicos, a presença do mal estimularia ações no bem, "[...] de tal modo que, p. ex., não haveria justiça se não houvesse ofensas, não haveria trabalho se não houvesse indolência, não haveria verdade se não houvesse mentira [...]".[4]

Para os filósofos cristãos, como Agostinho de Hipona (354–430), o mal não se identifica com o bem, pois nenhuma natureza é má e todas as coisas são boas.[4] A palavra "mal" refere-se, apenas, à privação do bem em dadas circunstâncias, afirma esse teólogo católico, mais conhecido como santo Agostinho, que participou mais tarde da plêiade dos instrutores da Codificação Espírita.

O outro sentido de mal, amplamente estudado pelos filósofos de diferentes épocas, consiste em considerá-lo como algo inerente à personalidade humana. Ou seja, o homem, encontra-se em permanente conflito consigo mesmo porque convive com duas forças antagônicas: o bem e o mal. Esta visão da dualidade foi (e é) amplamente defendida pelos metafísicos.[4]

2. Conceitos espíritas de bem e de mal

Os conceitos de bem e de mal existentes nas obras espíritas são muito claros. São de abrangência universal e atemporal, além de não produzirem dúvidas ou interpretações equivocadas, pois estão destinados a todas as pessoas, independentemente do nível evolutivo em que se encontram.

Para os Espíritos da Codificação Espírita, por exemplo, o "[...] bem é tudo o que é conforme à lei de Deus, e o mal é tudo o que dela se afasta. Assim, fazer o bem é proceder de acordo com a lei de Deus. Fazer o mal é infringir essa lei."[5]

Mas há outros conceitos, como os que se seguem

Por que o bem está relacionado à moral?

» "[...] A moral é a regra de bem proceder, isto é, de distinguir o bem do mal. Funda-se na observância da lei de Deus. O homem procede bem quando faz tudo pelo bem de todos, porque então cumpre a lei de Deus."[6]

» A prática do bem se resume no Amor: "O amor resume a doutrina de Jesus toda inteira, porque é o sentimento por excelência, e os sentimentos são os instintos elevados à altura do progresso feito. Em sua origem, o homem só tem instintos; quanto mais avançado e corrompido, só tem sensações; mais instruído e purificado, tem sentimentos. E o ponto delicado do sentimento é o amor, não o amor no sentido vulgar do termo, mas esse sol interior que condensa e reúne em seu ardente foco todas as aspirações e todas as revelações sobre-humanas. [...]."[7]

» O bem está relacionado à virtude: "A virtude, no mais alto grau, é o conjunto de todas as qualidades essenciais que constituem o homem de bem. Ser bom, caridoso, laborioso, sóbrio, modesto, são qualidades do homem virtuoso [...]."[8]

Porque existe o mal no mundo? O mal é necessário?

» "[...] os Espíritos foram criados simples e ignorantes. Deus deixa ao homem a escolha do caminho. Tanto pior para ele, se toma o mau caminho: sua peregrinação será mais longa. Se não existissem montanhas, o homem não compreenderia que se pode subir e descer; se não existissem rochas, não compreenderia que há corpos duros. É preciso que o Espírito adquira experiência e, para isso, é necessário que conheça o bem e o mal. Eis por que existe a união do Espírito e do corpo."[9] (Nesse contexto, recomenda-se também a leitura das perguntas 115 e 119 de "O livro dos espíritos").

» Disse Jesus: Ai do mundo por causa dos escândalos! É necessário que haja escândalos, mas ai do homem pelo qual o escândalo vem! (*Mateus*, 18:7. *Bíblia de Jerusalém*).

» "É preciso que haja escândalo no mundo, disse Jesus, porque os homens, em razão de sua imperfeição, se mostram inclinados a praticar o mal, e porque as más árvores dão maus frutos. Deve-se, pois, entender por essas palavras que o mal é uma consequência da imperfeição dos homens e não que haja, para estes, obrigação de praticá-lo."[10]

» É necessário que o escândalo venha, porque, estando em expiação na Terra, os homens se punem a si mesmos pelo contato de seus vícios, cujas primeiras vítimas são eles próprios e cujos inconvenientes acabam por compreender. Quando estiverem cansados de sofrer devido ao mal, buscarão o remédio no bem. A reação desses vícios serve, pois, ao mesmo tempo, de castigo para uns e de provas para outros. É assim que do mal Deus faz emergir o bem e que os próprios homens utilizam as coisas más ou sem valor."[11]

» "Mas, ai daquele por quem venha o escândalo. Quer dizer que o mal sendo sempre o mal, aquele que serviu, sem o saber, de instrumento à Justiça divina, aquele cujos maus instintos foram utilizados, nem por isso deixou de praticar o mal e de merecer punição [...]."[12]

Como fazer distinção entre o bem e o mal?

» "[...] Deus lhe deu a inteligência para distinguir um do outro."[13]

» "Jesus vos disse: vede o que gostaríeis que vos fizessem ou não vos fizessem. Tudo se resume nisso. Não vos enganareis."[14]

» "[...] Os efeitos da lei de amor são o melhoramento moral da raça humana e a felicidade durante a vida terrestre. Os mais rebeldes e os mais viciosos se reformarão, quando observarem os benefícios resultantes da prática desta sentença: Não façais aos outros o que não gostaríeis que os outros vos fizessem; fazei, ao contrário, todo o bem que puderdes fazer-lhes [...]."[15]

» "[...] À medida que a alma, comprometida no mau caminho, avança na vida espiritual, pouco a pouco se esclarece e se despoja de suas imperfeições, conforme a maior ou menor boa vontade que demonstre, em virtude do seu livre-arbítrio. Todo pensamento mau resulta, pois, da imperfeição da alma; mas, de acordo com o desejo que alimenta de depurar-se, mesmo esse mau pensamento se torna para ela uma ocasião de adiantar-se, porque o repele com energia. É indício de esforço por apagar uma mancha. Não cederá, caso se apresente ocasião de satisfazer a um mau desejo. Depois que haja resistido, sentir-se-á mais forte e contente com a sua vitória [...]."[16]

» "[...] Em resumo, naquele que nem sequer concebe a ideia do mal, já há progresso realizado; naquele em quem surge essa ideia, mas a repele, há progresso em vias de realizar-se; naquele, finalmente, que pensa no mal e nele se compraz, o mal ainda existe em toda a sua plenitude. Num, o trabalho está feito; no outro, está por fazer-se. Deus, que é justo, leva em conta todas essas gradações na responsabilidade dos atos e dos pensamentos do homem."[16]

Há quem não consiga fazer o bem?

» "Não há ninguém que não possa fazer o bem. Somente o egoísta nunca encontra oportunidade de o praticar. Basta que se esteja em relação com outros homens para se ter ocasião de fazer o bem, e cada dia da existência ofereça essa possibilidade a quem não estiver cego pelo egoísmo. Fazer o bem não consiste somente em ser caridoso, mas em ser útil, na medida do possível, toda vez que o auxílio se fizer necessário."[17]

» "[...] É um fato que muitas vezes pudestes constatar: por mais abjeto, vil e criminoso que possa ser, o homem dispensa, a um ser ou a um objeto qualquer, uma afeição viva e ardente, à prova de tudo quanto tendesse a diminuí-la, alcançando, muitas vezes, sublimes proporções [...]".[18]

Como proceder sempre de acordo com o bem?

» "Quando comeis em excesso, isso vos faz mal. Pois bem, é Deus quem vos dá a medida do que necessitais. Quando ultrapassais essa medida, sois punidos. Dá-se o mesmo em tudo. A lei natural traça para o homem o limite de suas necessidades; quando ele o ultrapassa, é punido pelo sofrimento. Se o homem sempre escutasse essa voz que lhe diz basta, evitaria a maior parte dos males, de que acusa a natureza."[19]

» "As condições de existência do homem mudam de acordo com os tempos e os lugares, resultando para ele necessidades diferentes e posições sociais apropriadas a essas necessidades. Já que essa diversidade está na ordem das coisas, ela é conforme à lei de Deus, lei que não deixa de ser una em seu princípio. Cabe à razão distinguir as necessidades reais das necessidades artificiais ou convencionais."[20]

» "As circunstâncias dão relativa gravidade ao bem e ao mal. Muitas vezes o homem comete faltas que, embora decorrentes da posição em que a sociedade o colocou, não são menos repreensíveis. Mas a sua responsabilidade é proporcional aos meios de que ele dispõe para compreender o bem e o mal. É por isso que o homem esclarecido que comete uma simples injustiça é mais culpado aos olhos de Deus do que o selvagem ignorante que se entrega aos seus instintos."[21]

» "[...] Aproveitar do mal é participar do mal. Talvez tivesse recuado diante da ação, mas, se tira partido do mal, por encontrá-lo realizado, é que o aprova e o teria praticado, se pudesse ou se tivesse ousado."[22]

» "[...] Deveis sempre ajudar os fracos, embora sabendo de antemão que aqueles a quem fizerdes o bem não vos agradecerão por isso. Ficai certos de que, se a pessoa a quem prestais um serviço o esquece, Deus o levará mais em conta do que se o beneficiado vos houvesse pago com a sua gratidão. Deus permite que às vezes sejais pagos com a ingratidão, para experimentar a vossa perseverança em praticar o bem [...]".[23]

Não fazer o mal é suficiente para o Espírito progredir?

» "Não; é preciso que faça o bem no limite de suas forças, pois cada um responderá por todo mal que haja resultado de não haver praticado o bem."[24]

» "O mérito do bem está na dificuldade em praticá-lo. Não há mérito algum em fazer o bem sem esforço e quando nada custa. Deus leva mais em conta o pobre que reparte seu único pedaço de pão, do que o rico que apenas dá do que lhe sobra. Jesus já disso isto a propósito do óbolo da viúva."[25]

» "Se alguém vem a mim, escuta minhas palavras e põe em prática, mostrar-vos-ei a quem é comparável. Assemelha-se ao homem que, ao construir uma casa, cavou, aprofundou e lançou o alicerce sobre a rocha. Veio a enchente, a torrente deu contra essa casa, mas não a pôde abalar, porque estava bem construída. Aquele, porém, que escutou e não pôs em pratica é semelhante ao homem que construiu sua casa ao rés do chão, sem alicerce. A torrente deu contra ela, e imediatamente desabou; e foi grande sua ruína!" (*Lucas*, 6:47-49. *Bíblia de Jerusalém*).

» "Todos os que reconhecem a missão de Jesus dizem: Senhor! Senhor! — Mas, de que serve lhe chamarem Mestre ou Senhor, se não seguem os seus preceitos? Serão cristãos os que o honram por meio de atos exteriores de devoção e, ao mesmo tempo, sacrificam ao orgulho, ao egoísmo, à cupidez e a todas as suas paixões? Serão seus discípulos os que passam os dias em oração e não se mostram nem melhores, nem mais caridosos, nem mais indulgentes para com seus semelhantes? Não, porque, assim como os fari-seus, eles têm a prece nos lábios e não no coração [...]"[26]

O ambiente no qual o Espírito renasceu, ou vive, influencia a prática do bem? O ambiente de vício exerce arrastamento irresistível ao homem?

» "Sim, mas ainda aí há uma prova que o Espírito escolheu, quando em liberdade. Ele quis se expor à tentação para ter o mérito da resistência."[27]

» "[...] Há virtude em resistir-se voluntariamente ao mal que se deseja praticar, sobretudo quando se tem a possibilidade de satisfazer a esse desejo. Se, porém, faltou apenas ocasião para isso, o homem é culpado."[28]

» "Larga é a porta da perdição, porque são numerosas as paixões más e porque o caminho do mal é frequentado pelo maior número. É estreita a da salvação, porque o homem que a queira transpor deve fazer grandes esforços sobre si mesmo para vencer suas más tendências, e poucos são os que se resignam com isso [...]"[29]

» "Arrastamento, sim; irresistível, não; porque, mesmo dentro dessa atmosfera viciosa podeis encontrar, algumas vezes, grandes virtudes. São Espíritos que tiveram a força de resistir e que, ao mesmo tempo, receberam a missão de exercer boa influência sobre os seus semelhantes."[30]

Referências

1. HOUAISS, Antônio. VILLAR, Mauro Salles e FRANCO, Francisco Melo. *Dicionário Houaiss da língua portuguesa* (com a nova ortografia). 1. ed. Rio de Janeiro: Objetiva, 2009, p. 275.

2. _____. p. 1219.

3. ABBAGNANO, Nicola. *Dicionário de filosofia*. Tradução de Alfredo Bosi e Ivone Castilho Benedetti. 4. ed. São Paulo: Martins Fontes, p. 107.

4. _____. p. 638.

5. KARDEC, Allan. *O livro dos espíritos*. Tradução de Evandro Noleto Bezerra. 2. ed. Rio de Janeiro: FEB, 2008. Questão 630, p. 406.

6. _____. Questão 629, p. 405.

7. KARDEC, Allan. *O evangelho segundo o espiritismo*. Tradução de Evandro Noleto Bezerra. 1.ed. Rio de Janeiro: FEB, 2008. Cap. 11, item 8, p. 223–224.

8. _____. Cap. 17, item 8, p. 344.

9. _____. *O livro dos espíritos*. Op. Cit. Questão 634, p. 407.

10. _____. *O evangelho segundo o espiritismo*. Op. Cit. Cap. 8, item 13, p. 184. 11.

11. _____. Item 14, p.184.

12. _____. Item 16, p. 185.

13. KARDEC, Allan. *O livro dos espíritos*. Op. Cit. Questão 631, p. 406. 14.

14. _____. Questão 632, p. 406.

15. _____. *O evangelho segundo o espiritismo*. Op. Cit. Cap. 11, item 9, p. 226. 16.

16. _____. Cap. 8, item 7, p. 179.

17. _____. *O livro dos espíritos*. Op. Cit. Questão 643, p. 410.

18. _____. *O evangelho segundo o espiritismo*. Op. Cit. Cap. 11, item 9, p. 225.

19. _____. *O livro dos espíritos*. Op. Cit. Questão 633, p. 406.

20. _____. Questão 635 – comentário, p. 407.

21. _____. Questão 637– comentário, p. 408.

22. _____. Questão 640, p. 409.

23. _____. *O evangelho segundo o espiritismo*. Op. Cit. Cap. 13, item 19, p. 281 – 282.

24. _____. *O livro dos espíritos*. Op. Cit. Questão 642, p. 409. 25.

25. _____. Questão 646, p. 410– 411.

26. _____. *O evangelho segundo o espiritismo*. Cap. 18, item 9, p. 360.

27. _____. *O livro dos espíritos*. Op. Cit. Questão 644, p. 410. 28.

28. _____. Questão 641, p. 409.

29. _____. *O evangelho segundo o espiritismo*. Op. Cit. Cap. 18, item 5, p. 358.

30. _____. *O livro dos espíritos*. Op. Cit. Questão 645 – comentário, p. 410.

EADE - Livro IV - Módulo III – Roteiro 1

Orientações ao monitor

» Após a prece inicial, pedir aos participantes que leiam e comentem o texto Convite ao bem, de Emmanuel, inserido em anexo.

» Realizar exposição dialogada, favorecendo a efetiva participação da turma, tendo como base as seguintes perguntas que devem ser dirigidas aos participantes ao longo da explanação.

    a) O bem está relacionado à moral?

    b) Por que existe o mal? O mal é necessário no mundo?

    c) É possível fazer distinção entre o bem e mal?

    d) Existe alguém que não pode fazer o bem?

    e) Como proceder sempre de acordo com o bem?

    f) Não fazer o mal é suficiente para o Espírito progredir?

    g) O ambiente no qual o Espírito renasceu ou vive influencia a prática do bem?

    h) O ambiente de vício exerce arrastamento irresistível ao homem?

Anexo

Convite ao Bem [*]

Emmanuel

Em todas as épocas, o bem constitui a fonte divina, suscetível de fornecer-nos valores imortais.

O homem de reflexão terá observado que todo o período infantil é conjunto de apelos ao sublime manancial.

---

[*] XAVIER, Francisco Cândido. *Pão nosso*. Pelo Espírito Emmanuel. 29. ed. Rio de Janeiro: FEB, 2007. Cap. 39, p. 93-94.

O convite sagrado é repetido, anos a fio. Vem através dos amorosos pais humanos, dos mentores escolares, da leitura salutar, do sentimento religioso, dos amigos comuns.

Entretanto, raras inteligências atingem a juventude, de atenção fixa no chamamento elevado. Quase toda gente ouve as requisições da natureza inferior, olvidando deveres preciosos.

Os apelos, todavia, continuam...

Aqui, é um livro amigo, revelando a verdade em silêncio; ali, é um companheiro generoso que insiste em favor das realidades luminosas da vida...

A rebeldia, porém, ainda mesmo em plena madureza do homem, costuma rir inconscientemente, passando, todavia, em marcha compulsória, na direção dos desencantos naturais, que lhe impõem mais equilibrados pensamentos.

No Evangelho de Jesus, o convite ao bem reveste-se de claridades eternas.

Atendendo-o, poderemos seguir ao encontro de Nosso Pai, sem hesitações.

Se o clarim cristão já te alcançou os ouvidos, aceita-lhe as claridades sem vacilar.

Não esperes pelo aguilhão da necessidade.

Sob a tormenta, é cada vez mais difícil a visão do porto.

A maioria dos nossos irmãos na Terra caminha para Deus, sob o ultimato das dores, mas não aguardes pelo açoite de sombras, quando podes seguir, calmamente, pelas estradas claras do amor.

EADE - LIVRO IV - MÓDULO III

OS VÍCIOS E AS VIRTUDES

Roteiro 2

OS VÍCIOS E AS PAIXÕES

Objetivos

» Conceituar vício e paixão.
» Esclarecer como prevenir e erradicar vícios e paixões.

Ideias principais

» [...] *Todas as virtudes e todos os vícios são inerentes ao Espírito. A não ser assim, onde estariam o mérito e a responsabilidade?* [...] *De outro modo, a lei do progresso não existiria para o homem.* Allan Kardec: *O evangelho segundo o espiritismo.* Cap. 9, item 10.

» [...] *A paixão propriamente dita é o exagero de uma necessidade ou de um sentimento; está no excesso e não na causa e este excesso se torna um mal, quando tem como consequência um mal qualquer. Toda paixão que aproxima o homem da natureza animal afasta-o da natureza espiritual. Todo sentimento que eleva o homem acima da natureza animal denota predominância do Espírito sobre a matéria e o aproxima da perfeição.* Allan Kardec: *O livro dos espíritos.* Questão 908 – comentário.

» No combate aos vícios e paixões é importante manter-se vigilante: [...] *Quando surge em nós um mau pensamento, podemos, pois, imaginar um Espírito malfazejo a nos atrair para o mal, mas a cuja atração somos totalmente livres para ceder ou resistir, como se tratasse das solicitações de uma pessoa viva. Devemos, ao mesmo tempo, imaginar que, por seu lado, o nosso anjo da guarda, ou Espírito protetor, combate em nós a má influência e espera com ansiedade a decisão que vamos tomar. A nossa hesitação em praticar o mal é a voz do Espírito bom, a se fazer ouvir pela nossa consciência.* [...] Allan Kardec: *O evangelho segundo o espiritismo.* Cap.28, item 20.

Subsídios

Os vícios e as paixões decorrem da nossa indigência espiritual. Demonstram o estado de ignorância espiritual que ainda vivemos, com o qual nos comprazemos, às vezes. Modificar para melhor exige esforço e dedicação, dia após dia, aprendendo agir com equilíbrio para que a felicidade não se transforme em um ideal inatingível.

É o que esclarece o Espírito Hahnemann: "Segundo a ideia muito falsa de que não lhe é possível reformar a sua própria natureza, o homem se julga dispensado de fazer esforços para se corrigir dos defeitos em que se compraz voluntariamente, ou que exigiriam muita perseverança para serem extirpados. [...]".[1]

Sabemos, contudo, que o Espírito pode libertar-se de todos os vícios e paixões que possua, caso realmente queira.

[...] Todas as virtudes e todos os vícios são inerentes ao Espírito. A não ser assim, onde estariam o mérito e a responsabilidade? O homem deformado não pode tornar-se direito, porque o Espírito não tem nenhuma ação sobre isso; mas, pode modificar o que é do Espírito, quando tem vontade firme para isso. A experiência não vos mostra, espíritas, até onde é capaz de ir o poder da vontade, pelas transformações verdadeiramente miraculosas que se operam aos vossos olhos? Dizei, pois, que o homem só se conserva vicioso, porque quer permanecer vicioso; que aquele que queira corrigir-se sempre o pode. De outro modo, a lei do progresso não existiria para o homem.[1]

Neste sentido, enfatiza Emmanuel que é necessário adquirir conhecimentos sobre as normas que regem "os usos" e "os abusos", permitindo, assim, que a criatura humana se situe plenamente dentro do processo de melhoria espiritual.[2]

O uso é o bom senso da vida e o metro da caridade. Vida sem abuso, consciência tranquila.

Uso é moderação em tudo. Abuso é desequilíbrio O uso exprime alegria. Do abuso nasce a dor.

Existem abusos de tempo, conhecimento e emoção. Por isso, muitas vezes, o uso chama-se "abstenção."

O uso cria a reminiscência confortadora. O abuso forja a lembrança infeliz. Saber fazer significa saber usar.

Todos os objetos ou aparelhos, atitudes ou circunstâncias exigem uso adequado, sem o que surge o erro.

Doença — abuso da saúde. Vício — abuso do hábito.

Supérfluo — abuso do necessário. Egoísmo — abuso do direito.

Todos os aspectos menos bons da existência constituem abusos. O uso é a lei que constrói.

O abuso é a exorbitância que desgasta.

Eis por que progredir é usar bem os empréstimos de Deus.

1. Vício

A palavra vício (do latim *vitium*, é "falha ou defeito") apresenta vários significados no dicionário, mas, no que diz respeito aos vícios humanos, podemos considerar como sendo: imperfeição grave; disposição natural para praticar o mal e cometer ações contrárias à moral;tendência ou conduta superficial, prejudicial ou censurável, capaz de realizar algo indecoroso, nocivo e/ou censurável.

O vício passa a ser encarado como problema quando associado a qualquer tipo de *dependência*, orgânica, psico-social ou mista.

A Filosofia conceitua vício como tudo que faz oposição às virtudes. Segundo o conceito aristotélico e dos estóicos* "[...] de virtude,

---

* Estoico, estoicismo: doutrina filosófica que afirma ser o universo governado por um Logos divino (ou razão universal) e que a alma está identificada com este princípio divino. O Logos ordena todas as coisas: tudo surge a partir dele e de acordo com ele, graças a ele o mundo é um kosmos (termo que em grego significa "harmonia").

como hábito racional de conduta, o vício é um hábito (ou uma disposição) irracional. [...]".³

> Neste caso, são vícios os *extremos* opostos cujo meio-termo é a virtude; p. ex., a abstinência e a intemperança diante da moderação, a covardia e a temeridade diante da coragem, etc. Neste sentido, a palavra vício só se aplica às virtudes éticas. Com relação às virtudes dianoéticas ou intelectivas, vício significa simplesmente a falta de delas: falta que, segundo Aristóteles, é vergonhosa somente como participação malograda nas coisas excelentes de que participam todos os outros, ou quase todos, ou pelo menos os que são semelhantes a nós, ou seja, os que têm a nossa idade ou que são da nossa cidade, família ou classe social.³

A Doutrina Espírita analisa a questão do vício de forma mais abrangente, considerando as aquisições do Espírito imortal, que existe, pré-existe e sobrevive à morte do corpo físico. Considera que as más tendências, citadas nos compêndios médicos e filosóficos, resultam de experiências infelizes vivenciadas pelo ser humano, na existência atual e nas passadas, e sempre decorrentes do seu nível de evolução, moral e intelectual.

Como Espírito evolui em cada experiência reencarnatória e no plano espiritual, as más tendências são substituídas pelas boas, de forma que o homem vicioso de hoje, será o virtuoso de amanhã.

Os Espíritos orientadores da Codificação Espírita analisam que uma sociedade só pode ser considerada, efetivamente, civilizada quando o seu desenvolvimento moral supera, ou no mínimo iguala, o progresso da inteligência, pois, como afirma Kardec, "[...] À medida que a civilização se aperfeiçoa, faz cessar alguns dos males que gerou, e esses males desaparecerão com o progresso moral. [...]".⁴

> [...] Credes que estais muito adiantados, porque fizestes grandes descobertas e invenções maravilhosas; porque vos alojais e vos vestis melhor do que os selvagens. Contudo, não tereis verdadeiramente o direito de dizer-vos civilizados, senão quando houverdes banido de vossa sociedade os vícios que a desonram e quando viverdes como irmãos, praticando a caridade cristã. Até então, sereis apenas povos esclarecidos, que só percorreram a primeira fase da civilização.⁵

O ideal seria que o crescimento intelectual acompanhasse o moral, mas parece que há uma tendência humana de, primeiro, progredir intelectualmente, e, só depois, ocorrer a transformação moral, com o desenvolvimento de virtudes. Kardec apresenta outras considerações a respeito desse assunto:[6]

> [...] De dois povos que tenham chegado ao mais alto grau da escala social, somente pode considerar-se o mais civilizado, na verdadeira acepção do termo, aquele onde exista menos egoísmo, menos cobiça e menos orgulho; onde os hábitos sejam mais intelectuais e morais do que materiais; onde a inteligência possa desenvolver-se com maior liberdade; onde haja mais bondade, boa-fé, benevolência e generosidade recíprocas; onde os preconceitos de casta e de nascimento sejam menos arraigados, porque tais preconceitos são incompatíveis com o verdadeiro amor do próximo; onde as leis não consagrem nenhum privilégio e sejam as mesmas para todos, tanto para o último, como para o primeiro; onde a justiça se exerça com menos parcialidade; onde o fraco encontre sempre amparo contra o forte; onde a vida do homem, suas crenças e opiniões sejam mais bem respeitadas; onde haja menos infelizes; enfim, onde todo homem de boa vontade esteja certo de não lhe faltar o necessário.

2. Paixão

Paixão é um sentimento intenso que ofusca a razão. A pessoa dominada pela paixão revela sinais físicos e psicológicos de tensão emocional, espécie de estado febril, que lhe oblitera parcial ou totalmente a autonomia ou escolhas racionais. Existindo controle das paixões, estas até funcionam como estímulo à melhoria moral e intelectual. Entretanto, em sentido oposto, se a razão não impõe sua vontade, é fácil o indivíduo perder o controle emocional, desarmonizando-se espiritualmente, situação que pode arrastá-lo aos vícios ou a comportamentos nocivos.

Ensinam os Espíritos iluminados que as "[...] paixões são como um cavalo, que só tem utilidade quando é governado e que se torna perigoso quando passa a governar. Reconhecei, pois, que uma paixão se torna perniciosa a partir do momento em que não mais conseguis dominá-la, resultando num prejuízo qualquer para vós mesmos ou para outros."[7]

As paixões são alavancas que decuplicam as forças do homem e o auxiliam na execução dos desígnios da Providência. Mas, se em vez de as dirigir, deixa que elas o dirijam, o homem cai nos excessos e a própria força, que em suas mãos poderia fazer o bem, recai sobre ele e o esmaga. Todas as paixões têm seu princípio num sentimento ou numa necessidade natural. O princípio das paixões não é, portanto, um mal, já que repousa sobre uma das condições providenciais da nossa existência. A paixão propriamente dita é o exagero de uma necessidade ou de um sentimento; está no excesso e não na causa e este excesso se torna um mal, quando tem como consequência um mal qualquer. Toda paixão que aproxima o homem da natureza animal afasta-o da natureza espiritual. Todo sentimento que eleva o homem acima da natureza animal denota predominância do Espírito sobre a matéria e o aproxima da perfeição.[8]

Para administrar os impulsos dominadores da paixão é imprescindível o uso da razão, que deve ser mantida sob o firme controle da vontade. Segundo Emmanuel, "[...] A vontade é a gerência esclarecida e vigilante, governando todos os setores da ação mental. A divina Providência concedeu-a por auréola luminosa à razão, depois da laboriosa e multimilenária viagem do ser pelas províncias do instinto. [...]."[9]

3. Prevenção e controle dos vícios e paixões inferiores

No combate aos vícios e paixões é importante manter-se vigilante, emitindo pensamentos relacionados ao bem, neutralizadores das consequências indesejáveis decorrentes dos processos viciosos, sérios obstáculos ao progresso intelectual e moral do Espírito. Para tanto, recomenda-se observar medidas de prevenção e controle.

3.1. Medidas de prevenção

Em qualquer processo educativo, a prevenção é sempre a melhor medida. Evitar o mal e incorporar hábitos saudáveis à existência é caminho seguro. Contudo, não basta desejar ser bom, é preciso trabalhar incessantemente para que o bem integre, definitivamente, o comportamento. Neste sentido, analisa Emmanuel:[10]

Há vícios de nutrição da alma, tanto quanto existem na alimentação do corpo. Muitas pessoas trocam a água pura pelas bebidas excitantes, qual ocorre a muita gente que prefere lidar com a ilusão perniciosa, em se tratando dos problemas espirituais. O alimento do coração, para ser efetivo na vida eterna, há de basear-se nas realidades simples do caminho evolutivo. É imprescindível estejamos fortificados com os valores iluminativos, sem atender aos deslumbramentos da fantasia que procede do exterior. [...] Quando um homem se coloca nessa posição íntima, fortifica-se realmente para a sublimação, porque reconhece tanto material de trabalho digno, em torno dos próprios passos, que qualquer sensação transitória, para ele, passa a localizar-se nos últimos degraus do caminho.

Perante a imperfeição que nos caracteriza, ainda, o Espírito, refletimos tendências instintivas malsucedidas, adquiridas em existências pretéritas, ou na presente reencarnação.

Daí os Espíritos superiores afirmarem: "[...] Os maus pendores naturais são resquícios das imperfeições de que o Espírito ainda não se despojou; são também indícios das faltas que cometeu, o verdadeiro *pecado original*. Em cada existência, tem ele que se lavar de algumas impurezas."[11]

Nessa situação, é preciso investir nos critérios educativos. Educação que começa no lar se estende na escola e se completa na vida em sociedade. Entretanto, para que a prevenção atinja seus verdadeiros fins, que é a melhoria do ser humano, é necessário que esteja fundamentada em orientações morais. A orientação correta, promovida pela educação, pouco vale se não existir a vontade sincera do ser humano em educar-se.

As afeições familiares, os laços consanguíneos, as simpatias naturais podem ser manifestações muito santas da alma, quando a criatura as eleva no altar do sentimento superior, contudo, é razoável que o espírito não venha a cair sob o peso das inclinações próprias. O equilíbrio é a posição ideal. Por demasia de cuidado, inúmeros pais prejudicam os filhos. Por excesso de preocupações, muitos cônjuges descem às cavernas do desespero, defrontados pelos insaciáveis monstros do ciúme que lhes aniquilam a felicidade. Em razão da invigilância, belas amizades terminam em abismo de sombra [...].[12]

É preciso que a pessoa se esforce, cotidianamente, para renovar a própria atitude mental, fixando em si mesmo comportamentos alinhados com o Bem.

[...] Os homens, contudo, demoram se largamente a distância da grande verdade. Habitualmente, preferem o convencionalismo a rigor e, somente a custo, abrem o entendimento às realidades da alma. Os costumes, efetivamente, são elementos poderosos e determinantes na evolução, todavia, apenas quando inspirados por princípios de ordem superior. É necessário, portanto, não asfixiarmos os germens da vida edificante que nascem, todos os dias, no coração, ao influxo do Pai misericordioso. Irmãos nossos existem que regressam da Terra pela mesma porta da ignorância e da indiferença pela qual entraram. Eis por que, no balanço das atividades de cada dia, os discípulos deverão interrogar a si mesmos: "Que fiz hoje? Acentuei os traços da criatura inferior que fui até ontem ou desenvolvi as qualidades elevadas do espírito que desejo reter amanhã?".[13]

3.2. Medidas de controle

As medidas de controle variam conforme a gravidade dos vícios e das paixões. Mas a utilização delas implicam sacrifício e disciplina por parte dos envolvidos. A perseverança na mudança de comportamento, para melhor, é de fundamental importância.

Nos casos mais simples a vontade firme e o apoio espiritual, no lar e no Centro Espírita, são suficientes. Na situações mais graves, é necessário associar assistência espiritual às intervenções médicas e/ou psicoterapêuticas.

Não adianta a transformação aparente da nossa personalidade na feição exterior. Mais títulos, mais recursos financeiros, mais possibilidades de conforto e maiores considerações sociais podem ser simples agravo de responsabilidade. Renovemo-nos por dentro. É preciso avançar no conhecimento superior, ainda mesmo que à marcha nos custe suor e lágrimas. Aceitar os problemas do mundo e superá-los, à força de nosso trabalho e de nossa serenidade, é a fórmula justa de aquisição do discernimento. Dor e sacrifício, aflição e amargura, são processos de sublimação que o Mundo maior nos oferece, a fim de que a nossa visão espiritual seja acrescentada. Facilidades materiais costumam estagnar-nos a mente, quando não sabemos vencer os perigos fascinantes das vantagens terrestres. Renovemos nossa alma, dia a dia, estudando as lições dos vanguardeiros do progresso e vivendo a nossa existência sob a inspiração do serviço incessante. Apliquemo-nos à construção da vida equilibrada, onde estivermos, mas não nos esqueçamos de que somente pela execução de nossos deveres, na concretização do bem, alcançaremos a compreensão da vida, e, com ela, o conhecimento da "perfeita vontade de Deus", a nosso respeito.[14]

Assim, é importante que a pessoa desenvolva um plano de combate às imperfeições, que, em geral, começa por evitar tentações, a fim de não se repetir comportamentos indesejáveis.

Em *O evangelho segundo o espiritismo* encontram-se as seguintes orientações:

> Qualquer pensamento mau pode ter duas fontes: a própria imperfeição de nossa alma, ou uma funesta influência que se exerça sobre ela. Neste último caso, há sempre indício de uma fraqueza que nos sujeita a receber essa influência e, por conseguinte, indício de uma alma imperfeita. [...] Quando surge em nós um mau pensamento, podemos, pois, imaginar um Espírito malfazejo a nos atrair para o mal, mas a cuja atração somos totalmente livres para ceder ou resistir, como se tratasse das solicitações de uma pessoa viva. Devemos, ao mesmo tempo, imaginar que, por seu lado, o nosso anjo da guarda, ou Espírito protetor, combate em nós a má influência e espera com ansiedade a decisão que vamos tomar. A nossa hesitação em praticar o mal é a voz do Espírito bom, a se fazer ouvir pela nossa consciência [...].[15]

Por outro lado, nem sempre é possível discernir o certo do errado. O que fazer em tal situação? Jesus oferece uma sábia orientação a respeito, conhecida como "regra de ouro": *Tudo aquilo, portanto, que quereis que os homens vos façam, fazei-o vós a eles, pois esta é a Lei e os Profetas. (Mateus, 7: 12. Bíblia de Jerusalém).*

Allan Kardec, por sua vez, orienta como reconhecer um pensamento mau:

> [...] Reconhece-se que um pensamento é mau, quando se afasta da caridade, que constitui a base da verdadeira moral, quando tem por princípio o orgulho, a vaidade ou o egoísmo; quando a sua realização pode causar qualquer prejuízo a outrem; quando, enfim, nos induz a fazer aos outros o que não gostaríamos que nos fizessem.[15]

Todo comportamento que produz sofrimento, a si ou a outrem, reflete, em princípio, conduta moral inferior. Existem, porém, algumas ações e atitudes humanas que resultam maiores prejuízos. Como não é possível enumerar todas, destacamos apenas algumas para ilustrar o estudo:

Interesse pessoal

[...] Muitas vezes, as qualidades morais se assemelham, como num objeto de cobre, à douração que não resiste à pedra de toque. Um homem pode possuir qualidades reais que levem o mundo a considerá-lo homem de bem. Mas essas qualidades, embora assinalem um progresso, nem sempre suportam certas provas, bastando algumas vezes que se fira a corda do interesse pessoal para que o fundo fique a descoberto. O verdadeiro desinteresse é coisa tão rara na Terra que quando é admirado como fenômeno quando se manifesta. O apego às coisas materiais constitui sinal notório de inferioridade, porque, quanto mais o homem se prende aos bens deste mundo, tanto menos compreende o seu destino. Pelo desinteresse, ao contrário, ele prova que vê o futuro de um ponto de vista mais elevado.[16]

Prodigalidade excessiva

[...] Se o desinteresse [aos bens materiais] é uma virtude, a prodigalidade irrefletida constitui sempre, quando menos, falta de juízo. A fortuna não é dada a uns para ser lançada ao vento, nem a outros para ser enterrada num cofre-forte. É um depósito de que terão de prestar contas, porque responderão por todo o bem que podiam fazer e não fizeram, por todas as lágrimas que podiam ter enxugado com o dinheiro que deram aos que dele não precisavam.[17]

Criticar e divulgar as imperfeições do próximo

Se for para os criticar e divulgar, incorrerá em grande culpa, porque será faltar com a caridade. [...] Não se deve esquecer, porém, de que a indulgência para com os defeitos alheios é uma das virtudes que fazem parte da caridade. Antes de censurardes as imperfeições dos outros, vede se não poderão dizer o mesmo a vosso respeito. Tratai, pois, de possuir as qualidades opostas aos defeitos que criticais nos semelhantes; esse é o meio de vos tornardes superiores a eles. [...].[18]

Não exemplificar o que ensina:

A moral sem as ações é como a semente sem o trabalho. De que vos serve a semente, se não a fazeis dar frutos que vos alimentem?" [...].[19]

Fraqueza em permitir o avanço do mal:

> [...] Os maus são intrigantes e audaciosos; os bons são tímidos. Quando estes o quiserem, haverão de preponderar.[20]

Não se esforçar para vencer as imperfeições:

> O mérito do bem está na dificuldade em praticá-lo. Não há mérito algum em fazer o bem sem esforço e quando nada custa.[...].[21]

Manter-se invigilante quanto às influências dos Espíritos moralmente atrasados

> Embora as paixões não existam materialmente, ainda persistem no pensamento dos Espíritos atrasados. Os maus entretêm esses pensamentos, conduzindo suas vítimas a lugares que ofereçam o espetáculo daquelas paixões e de tudo que as possa excitar.[22]
>
> Mas, de que servem essas paixões, já que não têm objeto real? 'E justamente nisso que consiste o seu suplício: o avarento vê o ouro que não pode possuir; o devasso, as orgias de que não pode participar; o orgulhoso, as honras que lhe causam inveja e de que não pode gozar.[23]

Acreditar que o ambiente vicioso tem apelo inexorável

> Quando o homem se acha, de certo modo, mergulhado na atmosfera do vício, o mal não se torna para ele um arrastamento quase irresistível? Arrastamento, sim; irresistível, não; porque, mesmo dentro da atmosfera do viciosa podeis encontrar, algumas vezes, grandes virtudes. São Espíritos que tiveram a força de resistir e que, ao mesmo tempo, receberam a missão de exercer boa influência sobre os seus semelhantes.[24]

Referências

1. KARDEC, Allan. *O evangelho segundo o espiritismo*. Tradução de Evandro Noleto Bezerra. 1.ed. Rio de Janeiro: FEB, 2008. Cap. 9, item 10, p.198.
2. XAVIER, Francisco Cândido. *Estude e viva*. Pelos Espíritos Emmanuel e André Luiz. 12. ed. Rio de Janeiro: FEB, 2006. Cap. 7, item: Uso e abuso, p.51-52.

EADE - Livro IV - Módulo III – Roteiro 2

3. ABBAGNANO, Nicola. *Dicionário de filosofia*. Tradução de Alfredo Bosi e Ivone Castilho Benedetti. 4. ed. São Paulo: Martins Fontes, p. 1000.

4. KARDEC, Allan. *O livro dos espíritos*. Tradução de Evandro Noleto Bezerra. 2. ed. Rio de Janeiro: FEB, 2008, questão 793 – comentário, p. 482.

5. _____. Questão 793, p. 482.

6. _____. Questão 793 – comentário, p. 482-483.

7. _____. Questão 908, p. 543.

8. _____. Questão 908 – comentário, p. 543.

9. XAVIER, Francisco Cândido. *Pensamento e vida*. Pelo Espírito Emmanuel. ed. Rio de Janeiro: FEB, 2008. Cap. 2. p. 13-14.

10. _____. *Pão nosso*. Pelo Espírito Emmanuel. 27. ed. Rio de Janeiro: FEB, 2006. Cap. 134, p. 283-284.

11. KARDEC, Allan. *O espiritismo na sua expressão mais simples e outros opúsculos de Kardec*. Tradução de Evandro Noleto Bezerra. Rio de Janeiro: FEB, 2006. Cap. 1, item 21, p. 44.

12. XAVIER, Francisco Cândido. *Pão nosso*. Op. Cit. Cap. 141, p. 297.

13. _____. Cap. 135, p. 285-286.

14. XAVIER, Francisco Cândido. *Fonte viva*. Pelo Espírito Emmanuel. ed. especial. Rio de Janeiro: FEB, 2005. Cap. 107, p. 277-278.

15. KARDEC, Allan. *O evangelho segundo o espiritismo*. Op. Cit. Cap. 28, item 20, p. 500.

16. _____. *O livro dos espíritos*. Op. Cit. Questão 895, p. 536-537.

17. _____. Questão 896, p. 537.

18. _____. Questão 903, p. 540-541.

19. _____. Questão 905, p. 542.

20. _____. Questão 932, p. 563.

21. _____. Questão 646, p. 410.

22. _____. Questão 972, p. 589.

23. _____. Questão 972-a, p. 589.

24. _____. Questão 645, p. 410.

Orientações ao monitor

Analisar as ideias desenvolvidas no Roteiro por meio da técnica de discussão circular. Para tanto, elaborar previamente um questionário cujas perguntas considerem todos os conteúdos desenvolvidos neste estudo.

Fazer o fechamento da reunião com base no texto em anexo (Hábitos infelizes), do Espírito André Luiz.

Anexo

Hábitos Infelizes*

André Luiz

Usar pornografia ou palavrões, ainda que estejam supostamente na moda.

Pespegar tapinhas ou cutucões a quem se dirija a palavra.

Comentar desfavoravelmente a situação de qualquer pessoa.

Estender boatos e entretecer conversações negativas.

Falar aos gritos.

Rir descontroladamente.

Aplicar franqueza impiedosa a pretexto de honorificar a verdade.

Escavar o passado alheio, prejudicando ou ferindo os outros.

Comparar comunidades e pessoas, espalhando pessimismo e desprestígio.

Fugir da limpeza.

Queixar-se, por sistema, a propósito de tudo e de todos.

Ignorar conveniências e direitos alheios.

Fixar intencionalmente defeitos e cicatrizes do próximo.

Irritar-se por bagatelas.

Indagar de situações e ligações, cujo sentido não possamos penetrar.

Desrespeitar as pessoas com perguntas desnecessárias.

Contar piadas suscetíveis de machucar os sentimentos de quem ouve.

Zombar dos circunstantes ou chicotear os ausentes.

---

* XAVIER, Francisco Cândido. *Sinal verde*. Pelo Espírito André Luiz. 37 ed. São Paulo: Petit, 2004. Cap. 33, p.93-97.

Analisar os problemas sexuais seja de quem seja.

Deitar conhecimentos fora de lugar e condição, pelo prazer de exibir cultura e competência.

Desprestigiar compromissos e horários.

Viver sem método.

Agitar-se a todo instante, comprometendo o serviço alheio e dificultando a execução dos deveres próprios.

Contar vantagens, sob a desculpa de ser melhor que os demais.

Gastar mais do que se dispõe.

Aguardar honrarias e privilégios.

Não querer sofrer.

Exigir o bem sem trabalho.

Não saber aguentar injúrias ou críticas.

Não procurar dominar-se, explodindo nos menores contratempos.

Desacreditar serviços e instituições.

Fugir de estudar.

Deixar sempre para amanhã a obrigação que se pode cumprir hoje.

Dramatizar doenças e dissabores.

Discutir sem racionar.

Desprezar adversários e endeusar amigos.

Reclamar dos outros aquilo que nós próprios ainda não conseguimos fazer.

Pedir apoio sem dar cooperação.

Condenar os que não possam pensar por nossa cabeça.

Aceitar deveres e largá-los sem consideração nos ombros alheios.

OS VÍCIOS E AS VIRTUDES

Roteiro 3

SOFRIMENTOS HUMANOS: ORIGEM E CAUSAS

Objetivos

» Explicar o que caracteriza a aflição.
» Analisar a origem e as causas do sofrimento humano, sob a ótica do espiritismo.

Ideias principais

» *A Aflição é tribulação que se caracteriza por profundo sofrimento. Por persistente sentimento de dor física ou moral. Dicionário Houaiss da língua portuguesa, p. 62.*

» Na visão espírita, as aflições podem ser consideradas como oportunidades de reajustes perante a lei de Deus, sendo necessário compreendê-las e saber aproveitá-las como preciosa lição, conforme asseverou Jesus: *Felizes os aflitos, porque serão consolados* (Mateus, 5:5. Bíblia de Jerusalém).

» *O homem sofre sempre a consequência de suas faltas; não há uma só infração à lei de Deus que não acarrete a sua punição. [...] Assim, o homem é constantemente o árbitro da sua própria sorte; pode abreviar ou prolongar indefinidamente o seu suplício; a sua felicidade ou a sua desventura dependem da vontade que tenha de praticar o bem.* Allan Kardec. *O evangelho segundo o espiritismo.* Cap. XXVII, item 21.

Subsídios

A aflição pode ser representada por simples mal-estar, traduzido na forma de dor ou sofrimento, até intensa preocupação, real ou fictícia, física ou moral, causada por algo que pode, inclusive, por em risco a própria existência. O grau de aceitação da aflição varia conforme o estágio evolutivo da pessoa.

Existem, porém, aflições que podem produzir maiores desarmonias, como as que provocam depressões ou são indutivas de atitudes extremas, como o suicídio. Entretanto, tudo está mais ou menos relacionado às disposições íntimas de cada um: há indivíduos que revelam grande resistência ao sofrimento, não se subjugando a eles. Outros, já se desestruturam perante as menores dificuldades.

O Espiritismo considera, entretanto, que as aflições são, em geral, oportunidades de reajustes perante a lei de Deus, sendo necessário compreendê-las e aproveitá-las como preciosa lição, conforme, asseverou Jesus: *Felizes os aflitos, porque serão consolados (Mateus, 5:5. Bíblia de Jerusalém).*

Pondera, a respeito, o Espírito Camilo Chaves: "[...] Cada criatura traz, em si, traiçoeira região de ciladas e armadilhas. Ao atravessá-las sob justos impositivos da evolução, vê onde pisas, como te exprimes e pensas. [...] Aflição, na essência, é reflexo intangível do mal forjado pela criatura que a experimenta [...]".[1]

O conceito espírita de aflição é explicado por Emmanuel, assim:[2]

Examina a própria aflição para que não se converta a tua inquietude em arrasadora tempestade emotiva. Todas as aflições se caracterizam por tipos e nomes especiais.

A aflição do egoísmo chama-se egolatria. A aflição do vício chama-se delinquência. A aflição da agressividade chama-se cólera. A aflição do crime chama-se remorso. A aflição do fanatismo chama-se intolerância. A aflição da fuga chama-se covardia. A aflição da inveja chama-se despeito. A aflição da leviandade chama-se insensatez. A aflição da indisciplina chama-se desordem. A aflição da brutalidade chama-se violência. A aflição da preguiça chama-se rebeldia. A aflição da vaidade chama-se loucura. A aflição do relaxamento chama-se evasiva. A aflição da indiferença chama-se desânimo. A aflição da inutilidade chama-se queixa. A aflição do ciúme chama-se desespero. A aflição da impaciência chama-se intemperança. A aflição da sovinice chama-se miséria. A aflição da injustiça chama-se crueldade. Cada criatura tem a aflição que lhe é própria. A aflição do reino doméstico e da esfera profissional, do raciocínio e do sentimento... Os corações unidos ao Sumo Bem, contudo, sabem que suportar as aflições menores da estrada é evitar as aflições maiores da vida e, por isso, apenas eles, anônimos heróis da luta cotidiana, conseguem receber e acumular em si mesmos os talentos de amor e paz reservados por Jesus aos sofredores da Terra, quando pronunciou no monte a divina promessa: "Bem-aventurados os aflitos!".

1. Origem do sofrimento humano

O sofrimento humano tem origem nos atos cometidos pelo Espírito no passado, em outras encarnações, ou na atual existência. É resultado da própria imperfeição humana, que não sabe utilizar adequadamente a liberdade de escolha. À medida que o ser evolui, porém, a imperfeição atenua, e o sofrimento resultante de suas más escolhas, vai desaparecendo, até cessar de vez.

Portanto, para a Doutrina Espírita, o "[...] sofrimento é consequência inelutável da incompreensão e dos transviamentos da Lei que rege a evolução humana."[3]

Sendo Deus soberanamente bom e justo, não haveria de permitir que fôssemos excrucia-dos, salvo por uma boa razão ou causa justa; assim, sofremos é porque, por ignorância ou rebeldia, ficamos em débito com a Lei, seja nesta ou em anteriores encarnações. Criados para a felicidade completa, só a conheceremos, entretanto, quando formos perfeitos; qualquer jaça ou falha de caráter interdita-nos a entrada nos mundos venturosos e, pois, através das existências sucessivas, neste e em outros planetas, que nos vamos purificando e engrandecendo, pondo-nos em condições de fruir a deleitável companhia das almas santificadas.[3]

Por medida de bom senso, é importante avaliarmos, de forma mais reflexiva, para onde estamos caminhando, que escolhas estamos realizando e que resultados elas podem produzir. Se já existe o propósito de seguir o bem, a despeito das imperfeições que ainda possuímos, este esforço será recompensado, cedo ou tarde. Entretanto, se a nossa felicidade se concentra apenas no mundanismo, estaremos semeando um futuro de aflições.

O reinado de Jesus, que pela inferioridade moral dos seres terrenos ainda não pertence a este mundo, não deve ser confundido, pois, com os reinados da Terra, onde o homem apropria-se do ouro, dos títulos, dos territórios e do temporário poder, desencarnando pobre e odiado por todos. Se a felicidade do homem terreno, por se respaldar no orgulho e no egoísmo, consiste no elevado patamar social que o situa acima do seu semelhante, o mesmo não acontece com os Espíritos superiores, que procuram ocultar sua superioridade espiritual para não ferir os seres que assistem.[4]

A origem das nossas aflições está, pois, diretamente relacionada ao mau uso do livre arbítrio. Todavia, a despeito dos nossos equívocos, a Bondade divina sempre nos concede oportunidades para "[...] resgatar nossos compromissos, de há muito vencidos nos refolhos da Lei [...]."[5]

Todos temos, portanto, no trabalho do bem, nosso grande remédio. Se caíste, surgirá ele como apoio em que te levantes. Se amargurado, ser-te-á reconforto. Se erraste, dar-te-á corrigenda. Se ignoras, abençoar-te-á por lição. Deus sabe que todos nós, encarnados e desencarnados em serviço na Terra, somos ainda Espíritos imperfeitos, mas concedeu-nos o trabalho do bem, que podemos desenvolver desenvolver e sublimar, segundo a nossa vontade, para que a nossa vida se aperfeiçoe.[6]

2. Tipos de aflições

O sofrimento humano é antigo e acompanha o homem desde as suas origens, no começo de sua caminhada evolutiva, a partir do momento em que começou a se desviar das Leis divinas. Assim, esclarece o Codificador da Doutrina Espírita:

» As vicissitudes da vida são de duas espécies, ou, se quisermos, têm duas fontes bem diferentes, que importa distinguir. Umas têm sua causa na vida presente; outras, fora desta vida. Remontando-se à origem dos males terrestres, reconhecer-se-á que muitos são consequência natural do caráter e da conduta dos que os suportam. Quantos homens caem por sua própria culpa! Quantos são vítimas de sua imprevidência, de seu orgulho e de sua ambição! Quantos se arruínam por falta de ordem, de perseverança, pelo mau proceder, ou por não terem sabido limitar seus desejos! Quantas uniões infelizes, porque resultaram de um cálculo de interesse ou de vaidade, e nas quais o coração não tomou parte alguma! Quantas dissensões e disputas funestas se teriam evitado com mais moderação e menos suscetibilidade! Quantas doenças e enfermidades decorrem da intemperança e dos excessos de todo gênero! Quantos pais são infelizes com seus filhos, porque não lhes combateram as más tendências desde o princípio! [...].[7]

» Mas se há males nesta vida, de que o homem é a causa principal, há outros para os quais ele é, pelo menos na aparência, completamente estranho e que parecem atingi-lo como que por fatalidade. Tal, por exemplo, a perda de entes queridos e a dos que são o amparo da família. Tais, ainda, os acidentes que nenhuma previdência poderia impedir; os reveses da fortuna, que frustram todas as medidas de prudência; os flagelos naturais, as enfermidades de nascença, sobretudo as que tiram a tantos infelizes os meios de ganhar a vida pelo trabalho; as deformidades, a idiotia, o cretinismo, etc. [...] Todavia, em virtude do axioma segundo o qual todo efeito tem uma causa, tais misérias são efeitos que devem ter uma causa e, desde que se admita um Deus justo, essa causa também deve ser justa. Ora, como a causa sempre precede o efeito, se a causa não se encontrar na vida atual, há de ser anterior a essa vida, isto é, deve estar numa existência precedente. Por outro lado, não podendo Deus punir alguém pelo bem que fez, nem pelo mal que não fez, se somos punidos, é que fizemos o mal; se não fizemos esse mal na presente vida, é que o fizemos em outra. É uma alternativa a que ninguém pode escapar e em que a lógica decide de que lado está a justiça de Deus [...].[8]

» O homem sofre sempre a consequência de suas faltas; não há uma só infração à lei de Deus que não acarrete a sua punição. [...] Assim, o homem é constantemente o árbitro da sua própria sorte; pode abreviar ou prolongar indefinidamente o seu suplício; a sua felicidade ou a sua desventura dependem da vontade que tenha de praticar o bem [...].[9]

Ainda que as aflições físicas, por doenças ou dificuldades materiais, produzam sofrimento ao homem são as "[...] angústias morais, que o torturam mais dolorosamente do que os sofrimentos físicos",[10] propriamente ditos, mesmo que, muitas vezes, o sofredor nem se dê conta desta situação. Por isto nos esclarecem os Orientadores da Vida Maior:[11]

> É inegável que em vosso aprendizado terrestre atravessareis dias de inverno ríspido, em que será indispensável recorrer às provisões armazenadas no intimo, nas colheitas dos dias de equilíbrio e abundância. Contemplareis o mundo, na desilusão de amigos muito amados, como templo em ruínas, sob os embates de tormenta cruel. As esperanças feneceram distantes, os sonhos permanecem pisados pelos ingratos. Os afeiçoados desapareceram, uns pela indiferença, outros porque preferiram a integração no quadro dos interesses fugitivos do plano material. Quando surgir um dia assim em vossos horizontes, compelindo-vos à inquietação e à amargura, certo não vos será proibido chorar. Entretanto, é necessário não esquecerdes a divina companhia do Senhor Jesus. Supondes, acaso, que o Mestre dos mestres habita uma esfera inacessível ao pensa-mento dos homens? Julgais, porventura, não receba o Salvador ingratidões e ápodos, por parte das criaturas humanas, diariamente? Antes de conhecermos o alheio mal que nos aflige, Ele conhecia o nosso e sofria pelos nossos erros. Não olvidemos, portanto, que, nas aflições, é imprescindível tomar-lhe a sublime companhia e prosseguir avante com a sua serenidade e seu bom ânimo.

3. Consequências do sofrimento humano

O sofrimento está diretamente relacionado às escolhas que o Espírito faz ao longo de sua jornada evolutiva. Se bem utilizou o seu livre arbítrio sofre menos, ou não sofre. Se as suas escolhas foram insensatas, irá responder por elas, de acordo com a gravidade dos atos executados. As condições em que vivemos, felizes ou infelizes, guardam sempre relação com os atos cometidos. Nesse sentido, asseveram as orientações espíritas:

> A lei humana atinge certas faltas e as pune. O condenado pode então dizer que sofre a consequência do que fez. Mas a lei não alcança, nem pode alcançar todas as faltas; incide especialmente sobre as que trazem prejuízo à sociedade e não sobre as que só prejudicam os que as cometem. Deus, porém, quer que todas as suas criaturas progridam e, portanto, não deixa impune qualquer desvio do caminho reto. Não há uma só falta, por mais leve que seja, nenhuma infração da sua lei, que

não acarrete consequências forçosas e inevitáveis. Daí se segue que, nas pequenas coisas, como nas grandes, o homem é sempre punido por aquilo em que pecou. Os sofrimentos que decorrem do pecado são-lhe uma advertência de que procedeu mal. Dão-lhe experiência, fazem-lhe sentir a diferença entre o bem e o mal e a necessidade de se melhorar, a fim de evitar, futuramente, o que redundou para ele numa fonte de amarguras; se não fosse assim, não haveria motivo algum para que se emendasse. [...].[12]

Vemos, assim, que o sofrimento pode ser perfeitamente suportável, até mesmo ter sido deliberadamente escolhido pelo Espírito que já possui certo nível de entendimento. As aflições podem, então, resultar sacrifícios à pessoa, que os acata com a finalidade libertar-se do seu passado de erros e de escolhas insensatas.

É bem verdade que, quando a alma está reencarnada, as tribulações da vida representam um sofrimento para ela; mas, só o corpo sofre materialmente. "Muitas vezes, falando de alguém que morreu, dizeis que ele deixou de sofrer. Nem sempre isto é verdade. Como Espírito, não sofre mais dores físicas, embora esteja sujeito, conforme as faltas que cometeu, a dores morais mais agudas; pode mesmo vir a ser ainda mais infeliz em nova existência. O mau rico pedirá esmola e estará sujeito a todas as privações da miséria; o orgulhoso, a todas as humilhações; o que abusa de sua autoridade e trata com desprezo e crueldade os seus subordinados se verá forçado a obedecer a um patrão mais duro do que ele o foi. Todas as penas e tribulações da vida são expiação das faltas de outra existência, quando não resultam de faltas da vida atual. [...] O homem que se considera feliz na Terra, porque pode satisfazer às suas paixões, é o que emprega menos esforços para se melhorar. Se muitas vezes ele começa a expiar essa felicidade efêmera já nesta vida, com certeza a expiará em outra existência tão material quanto aquela."[13]

As almas fortes, que trazem o caráter temperado nas lutas, não se deixam abater ou não se declaram vencidas pelas aflições que sofrem. Diante das lutas existenciais não se deixa arrastar pelo torvelinho do sofrimento, mas fogem das inquietações que geram perturbações destrutivas.

Buscam conforto na prece e na fé, recebendo dos benfeitores espirituais doses extras de coragem e de bom ânimo, com as quais enfrentam, dia após dia, os desafios que a vida lhe determina, de cabeça erguida, sem temores exagerados.

Não é, pois, novidade saber que a imperfeição do Espírito gera sofrimento e representa a raiz do seu atraso espiritual. Neste particular, surgem, então algumas questões fundamentais:

Como lidar com a imperfeição? Como proceder para erradicá-la? Como conviver com as ações intempestivas, próprias e alheias, que causam sofrimento? Como administrar conflitos íntimos que nos impelem à realização ações infelizes, decorrentes das tendências inferiores que ainda possuímos? Como não se vincular às mentes enfermiças que nos rodeiam?

A resposta a esta e a outras indagações guarda relação com a força da von-tade e do esforço desenvolvido por cada indivíduo em superar as dificuldades. Não resta dúvida, porém, que a solução definitiva está no trabalho incansável do bem, que transforma o ser para melhor.

Nesse sentido, Emmanuel nos convida à seguinte reflexão.[14]

Que somos Espíritos endividados perante as Leis divinas, em nos reportando a nós outros, os companheiros em evolução na Terra, não padece dúvida. Urge, porém, saber como facear construtivamente as necessidades e problemas do mundo íntimo. Reconhecemo-nos falhos, em nos referindo aos valores da alma, ante a Vida superior, mas abstenhamo-nos de chorar inutilmente no beco da autopiedade. Ao invés disso, trabalhemos na edificação do bem de todos. [...] Observemos o que estamos realizando com o tesouro das horas e de que espécie são as nossas ações, a benefício dos semelhantes. E, procurando aceitar-nos como somos, sem subterfúgios ou escapatórias, evitemos estragar-nos com queixas e autocondenação, diligenciando buscar, isto sim, agir, servir e melhorar-nos sempre. Em tudo o que sentirmos, pensarmos, falarmos ou fizermos, doemos aos outros o melhor de nós, reconhecendo que, se as árvores são valorizadas pelos próprios frutos, cada árvore recebe e receberá invariavelmente atenção e auxílio do pomicultor, conforme os frutos que venha a produzir.

Por último, vale destacar que o "[...] sofrimento não é um inimigo, como se acredita. É um companheiro que não sabe mentir. [...]".[15] Temos nele "[...] a grande escola dos indivíduos e dos povos. Quando eles se afastam do caminho reto e resvalam para a sensualidade e para a decomposição moral, ele, com seu aguilhão, os faz retomar o verdadeiro caminho [...]."[16]

As dores "[...] são capazes de produzir frutos excelentes de experiência e compreensão. São processos reparadores visando ao reajustamento da criatura nos seus transvios, no curso da evolução."[17]

Referências

1. VIEIRA, Waldo. *Seareiros de volta*. Por vários Espíritos. 7. ed. Rio de Janeiro: FEB, 2007. Item: Sê um reflexo do Cristo (mensagem do Espírito Camilo Chaves), p.73.

2. XAVIER, Francisco Cândido. *Religião dos espíritos*. 21. ed. Rio de Janeiro:FEB, 2008. Capítulo: Examina a própria aflição, p. 41-43.

3. CALLIGARIS, Rodolfo. *O sermão da montanha*. 18. ed. Rio de Janeiro: FEB, 2010. Capítulo: Bem aventurados os que choram ..., p.18.

4. MOUTINHO, João de Jesus. *Notícias do reino*. 1. ed. Rio de Janeiro: FEB, 2009. Cap. 46 – A conquista do reino. p. 140.

5. MARCUS, João (pseudônimo de Hermínio C. Miranda). *Candeias na noite escura*. ed. Rio de Janeiro: FEB, 2005. Cap. 6. p. 32.

6. XAVIER, Francisco Cândido. *Seara dos médiuns*. 19. ed. Rio de Janeiro: FEB, 2008. Cap. Imperfeições. p. 111.

7. KARDEC, Allan. *O evangelho segundo o espiritismo*. Tradução de Evandro Noleto Bezerra. 1.ed. Rio de Janeiro: FEB, 2008. Cap. 5, item 4, p.111-112.

8. _____. Cap. 5, item 6, p. 114-115.

9. _____. Cap. 27, item 21, p. 469.

10. _____. *O livro dos espíritos*. Tradução de Evandro Noleto Bezerra. 2. ed. Rio de Janeiro: FEB, 2008. Questão 255, p. 222.

11. XAVIER, Francisco Cândido. *Caminho, verdade e vida*. Pelo Espírito Emmanuel. 28. ed. Rio de Janeiro: FEB, 2009. Cap. 83, p.181-182.

12. KARDEC, Allan. *O evangelho segundo o espiritismo*. Op. Cit. Cap. 5, item 5, p. 113.

13. _____. *O livro dos espíritos*. Op. Cit. Questão 983, p. 596.

14. _____. *Rumo certo*. Pelo Espírito Emmanuel. 11. ed. Rio de Janeiro: FEB, 2008. Cap. 23, p. 88-89.

15. DEJEAN, Georges. *A nova luz*. Trad. de Guillon Ribeiro. 4. ed. Rio de Janeiro: FEB, 2005. Utilidade dos livros de Maeterlinck -Palavras de Lyssargo acerca do sofrimento. p. 90.

16. SOARES, Sílvio Brito. *Páginas de Léon Dennis*. 3. ed. Rio de Janeiro: FEB, 1991. Cap. Espiritismo e a guerra. p. 113.

17. SOUZA, Juvanir Borges de. *Tempo de renovação*. Rio de Janeiro: FEB, 2002. Cap. 5. p. 51.

Orientações ao monitor

Realizar breve introdução do assunto, fazendo análise do conceito de aflição, registrado por Mateus no capítulo cinco, versículo 5, do Evangelho.

Em seguida, dividir a turma em três grupos para que estudem, troquem ideias e elaborem resumo de um dos itens que se seguem, desenvolvidos neste Roteiro:

Grupo 1: A origem do sofrimento humano.

Grupo 2: Tipos de aflições

Grupo 3: Consequências do sofrimento humano

Após a apresentação dos resumos pelos re-latores indicados por cada grupo, pedir aos participantes que apresentem exemplos de situações em que o sofrimento foi bem administrado ou superado.

Esclarecer possíveis dúvidas, ao final da reunião.

EADE - LIVRO IV - MÓDULO III

OS VÍCIOS E AS VIRTUDES

Roteiro 4

NECESSIDADE DE TRANSFORMAÇÃO MORAL

Objetivos

» Destacar a importância da transformação moral.

» Identificar atitudes que concorrem para a melhoria evolutiva do ser humano.

Ideias principais

» [...] *o trabalho de purificar não é tão simples quanto parece. Será muito fácil ao homem confessar a aceitação de verdades religiosas, operar a adesão verbal a ideologias edificantes... Outra coisa, porém, é realizar a obra da elevação de si mesmo, valendo-se da autodisciplina, da compreensão fraternal e do espírito de sacrifício* [...]. Emmanuel: *Caminho, verdade e vida.* Cap. 18.

» Um meio prático que o homem pode adotar para se transformar moralmente é seguir a recomendação de santo Agostinho: *Fazei o que eu fazia quando vivi na Terra: ao fim do dia, interrogava a minha consciência, passava em revista o que havia feito e perguntava a mim mesmo se não faltara a algum dever, se ninguém tivera motivo para se queixar de mim. Foi assim que cheguei a me conhecer e a ver o que em mim precisava de reforma.* [...]". Allan Kardec: *O livro dos espíritos.* Questão 919-a.

Subsídios

As imperfeições morais conduzem o homem ao cometimento de faltas contra a Lei de Deus, que podem resultar desequilíbrios, alguns graves, causadores de grandes perturbações espirituais. Nas condições em que se encontram, essas almas acumulam inimizades e antipatias e, por isso, muitas vezes, vivem isoladas, sem desfrutar das singelas manifestações das verdadeiras amizades.

Em situação oposta, o homem que tudo faz para vivenciar a Lei de Amor, trabalhando diuturnamente pela sua melhoria espiritual, encontra-se envolvido em saudável atmosfera psíquica mantenedora da harmonia espiritual.

> A calma e a resignação adquiridas na maneira de considerar a vida terrestre e a confiança no futuro dão ao Espírito uma serenidade que é o melhor preservativo contra a loucura e o suicídio. Com efeito, é certo que a maioria desses casos de loucura se deve à comoção produzida pelas vicissitudes que o homem não tem coragem de suportar. Se, portanto, pela maneira com que o Espiritismo o faz encarar as coisas deste mundo, o homem recebe com indiferença, mesmo com alegria, os reveses e as decepções que o teriam desesperado em outras circunstâncias, é evidente que essa força, que o coloca acima dos acontecimentos, preserva-lhe a razão dos abalos, que, se não fora isso, a teriam perturbado.[1]

Em geral, o homem se mantém desatento quanto aos imperativos da sua melhoria espiritual: ignora os chamamentos que as provações proporcionam; valoriza excessivamente a si próprio; impõe vontades, ações, opiniões e caprichos às pessoas mais próximas. Age como se fosse um ente superior aos demais — alheio à pequenez espiritual em que vive e se compraz —, porque possui mais bens materiais, mais cultura ou mais poder. O seu roteiro de vida está centrado no "eu quero", "eu preciso".

> [...] entre os povos mais adiantados do Planeta avançam duas calamidades morais do materialismo corrompendo-lhe as forças: o suicídio e a loucura, ou, mais propriamente, a angústia e a obsessão. [...]. Para suportar os atritos necessários à evolução e aos conflitos resultantes da luta regenerativa, precisa alimentar-se com recursos da alma e apoiar-se neles. [...].[2]

1. Importância da melhoria moral

Raras são as pessoas que não admitem o valor da melhoria espiritual pelo desenvolvimento moral. Entre o desejo e a ação, porém, há grande distância, pois o "querer" nem sempre se traduz como o "fazer". Mas como bem assinala Emmanuel, "[...] o trabalho de purificar não é tão simples quanto parece. Será muito fácil ao homem confessar a aceitação de verdades religiosas, operar a adesão verbal a ideologias edificantes... Outra coisa, porém, é realizar a obra da elevação de si mesmo, valendo-se da autodisciplina, da compreensão fraternal e do espírito de sacrifício [...]."[3]

Neste aspecto, lembra o apóstolo Tiago aos discípulos ainda presos às imperfeições: *Purificai vossas mãos, pecadores, e santificai vossos corações dúbios. (Tiago, 4:8. Bíblia de Jerusalém).*

[...] O apóstolo Tiago entendia perfeitamente a gravidade do assunto e aconselhava aos discípulos que limpassem as mãos, isto é, retificassem as atividades do plano exterior, renovassem suas ações ao olhar de todos, apelando para que se efetuasse, igualmente, a purificação do sentimento, no recinto sagrado da consciência, apenas conhecido pelo aprendiz, na soledade indevassável de seus pensamentos. O companheiro valoroso do Cristo, contudo, não se esqueceu de afirmar que isso é trabalho para os de duplo ânimo, porque semelhante renovação jamais se fará tão-somente à custa de palavras brilhantes.[3]

A importância da transformação moral surge quando a criatura humana constata que os prazeres da vida material já não lhe satisfazem. Trata-se do primeiro estágio da evolução espiritual. Diz-se, então, que o Espírito inicia a sua jornada para cima, em direção ao supremo Bem, afastando-se, aos poucos, da caminhada horizontal, nitidamente assinalada pelas ordenações da subsistência biológica: alimentação, reprodução, controle do outro, desenvolvimento exclusivo das faculdades intelectivas etc. Percebe-se, nessa fase da evolução, que a vontade é vacilante, marcada por conflitos: "querer e não querer", "fazer e não fazer". O indivíduo revela dificuldades em administrar as suas imperfeições, as suas más tendências, os seus condicionamentos comportamentais. Agrada e desagrada, pois se há os que aplaudem as suas atitudes de mudança, outros fazem críticas graves, desaprovando ou duvidando.

[...] Como vencer os nossos conflitos interiores? De que modo eliminar as tendências menos construtivas que ainda nos caracterizam a individualidade? — indagamo-nos. De que modo esparzir a luz se muitas vezes ainda nos afinamos com a sombra? E perdemos tempo longo na introspecção sem proveito, da qual nos afastamos insatisfeitos ou tristes. [...] Felicitemo-nos pelo fato de já conhecer as nossas fraquezas e defini-las. Isso constitui um passo muito importante no Progresso Espiritual, porque, com isso, já não mais ignoramos onde e como atuar em auxílio da própria cura e burilamento. Que somos espíritos endividados perante as Leis divinas, em nos reportando a nós outros, os companheiros em evolução na Terra, não padece dúvida. Urge, porém, saber como facear construtivamente as necessidades e problemas do mundo íntimo. Reconhecemo-nos falhos, em nos referindo aos valores da alma, ante a Vida Superior, mas abstenhamo-nos de chorar inutilmente no beco da autopiedade. Ao invés disso, trabalhemos na edificação do bem de todos. [...].[4]

É processo amargo, não resta dúvida, não receber apoio de quem gostaríamos, de pessoas que representam, para nós, modelo de conduta moral (familiares, amigos, líderes religiosos, terapeutas etc.). Natural que surjam, portanto, decepções e desconfianças no relacionamento com essas pessoas, principalmente quando, ao se lhes revelar fragilidades e imperfeições, não contamos com o devido auxílio.

Por outro lado, à medida que nos transformamos para melhor, identificamos não só as imperfeições próprias como as dos que nos compartilham a jornada evolutiva. Em algum momento, esta constatação pode nos causar desconfortos e decepção, as quais devem ser superadas. É provável, também, que reconheçamos, no processo, Espíritos mais adiantados caminhando junto conosco, sem que nunca lhes tenhamos dado o devido valor ou consideração. São almas bondosas que nos socorrem, despretensiosamente, nestes momentos:

> Quando a espiritualidade sublime te clareou por dentro, passaste a mentalizar perfeição nas atitudes alheias. Entretanto, buscando, aqui e ali, padrões ideais de comportamento, nada mais recolheste que necessidades e negações. Irmãos que te pareciam sustentáculos da coragem tombaram no desânimo, em dificuldades nascentes; criaturas que supunhas destinadas à missão da bênção, pela música de carinho que lhes vibrava na boca, amaldiçoaram leves espinhos que lhes roçaram a vestimenta; se afiguravam troncos na fé resvalaram

facilmente nos atoleiros da dúvida, e almas que julgavas modelos de fidelidade e ternura abandonaram-te o clima de esperança, nas primeiras horas da luta incerta. Sofres, exiges, indagas, desarvoras-te... Trilhando o caminho da renovação que te eleva, solicitas circunstâncias e companhias em que te escores para seguir adiante; contudo, se estivesses no plano dos amigos perfeitos, não respirarias na escola do burilamento moral [...].[5]

No estágio seguinte, depois de superadas as vacilações iniciais, a pessoa desenvolve a conscientização de que é preciso permanecer firme no programa de melhoria espiritual, em atendimento a uma necessidade íntima, esforçando-se para combater as imperfeições e em desenvolver virtudes. Nestas condições, o Espírito compreende que é preciso abrir mão de certos comportamentos e atitudes, sacrificando-se, ainda que sob o peso de provações ou de graves desafios. A vontade funciona, então, como "[...] a gerência esclarecida e vigilante, governando todos os setores da ação mental [...]."[6]

Quando atinge esse estágio de compreensão, o indivíduo torna-se mais tolerante em relação às falhas dos outros; aprende perdoar ofensas; revela-se mais solidário e fraterno; vigia mais a si mesmo que o outro, atento ao preceito evangélico: *Por que olhas o cisco no olho de teu irmão, e não percebes a trave que há no teu? (Lucas, 6: 41. Bíblia de Jerusalém)*.

Sofre pelas lutas que têm de enfrentar, mas, sem alarde, empenha-se em libertar do mal, mesmo que intimamente esteja aflito, como aconselha o apóstolo Tiago: *Entristecei-vos, cobri-vos de luto e chorai. Transforme-se vosso riso em luto e vossa alegria em desalento. Humilhai-vos diante do Senhor e ele vos exaltará. (Tiago, 4:9-10. Bíblia de Jerusalém)*.

2. O empenho da transformação moral

A ação incessante de transformação moral é trabalho de todo dia, de toda hora. Não dá tréguas. A vigilância deve ser permanente, a fim de evitar tropeços e quedas. Mesmo não sendo possível fugir das recaídas, é essencial não se deixar levar por excessivos sentimentos de culpa. É importante, sim, conservar uma atitude positiva, de vigilância mental e emocional.

[...] Jesus, o Mestre dos mestres, apresenta uma chave simples para que se lhe identifiquem os legítimos seguidores: "conhecê-los-eis pelos frutos". Observemos o que estamos realizando com o tesouro das horas e de que espécie são as nossas ações, a benefício dos semelhantes. E, procurando aceitar-nos como somos, sem subterfúgios ou escapatórias, evitemos estragar-nos com queixas e autocondenação, diligenciando buscar, isto sim, agir, servir e melhorar-nos sempre. Em tudo o que sentirmos, pensarmos, falarmos ou fizermos, doemos aos outros o melhor de nós, reconhecendo que, se as árvores são valorizadas pelos próprios frutos, cada árvore recebe e receberá invariavelmente atenção e auxílio do pomicultor, conforme os frutos que venha a produzir.[7]

É quase impossível melhorar-se moralmente sem sacrifícios ou renúncias. Estes são experiências educativas que favorecem o desenvolvimento da capacidade de discernir entre o bem e o mal. Dessa forma, o Espírito aprende fazer escolhas mais sensatas, conquistar amizades preciosas que lhe auxiliam no propósito da mudança. Entende, finalmente, que não é possível evoluir sem a sincera manifestação de amor ao semelhante, de acordo com esta conhecida instrução evangélica:

[...] Amarás ao Senhor teu Deus de todo o teu coração, de toda a tua alma e de todo o teu espírito. Esse é o maior e o primeiro mandamento. O segundo é semelhante a esse: Amarás o teu próximo como a ti mesmo. (Mateus, 22: 37-39. Bíblia de Jerusalém).

A transformação para melhor, segundo Emmanuel, está simbolicamente representada em duas asas que "[...] conduzirão o espírito humano à presença de Deus. Uma chama-se amor; a outra, sabedoria [...]".[8] Vale à pena ampliar este conceito, anunciado por esse orientador espiritual:

[...] Pelo amor, que, acima de tudo, é serviço aos semelhantes, a criatura se ilumina e aformoseia por dentro, emitindo, em favor dos outros, o reflexo de suas próprias virtudes; e pela sabedoria, que começa na aquisição do conhecimento, recolhe a influência dos vanguardeiros do progresso, que lhe comunicam os reflexos da própria grandeza, impelindo-a para o Alto. Através do amor valorizamo-nos para a vida. Através da sabedoria somos pela vida valorizados. Daí o imperativo de marcharem juntas a inteligência e a bondade. Bondade que ignora é assim como o poço amigo em plena sombra, a dessedentar o viajor sem ensinar-lhe o caminho. Inteligência que não ama pode ser comparada a valioso poste de aviso, que traça ao peregrino informes de rumo certo, deixando-o sucumbir ao tormento da sede. Todos temos necessidade de instrução e de amor. Estudar e servir são rotas inevitáveis na obra de elevação [...].[8]

A Doutrina Espírita representa, neste contexto, poderoso meio de auxílio, pois orienta que, a despeito de termos sido criados "simples e ignorantes", estamos destinados à felicidade que, cedo ou tarde, alcançaremos por meio do esforço próprio. Eis algumas práticas que favorecem o esforço de melhoria espiritual:

2.1. O conhecimento de si mesmo

No diálogo que se segue, ocorrido entre Kardec e santo Agostinho, e que constitui as perguntas 919 e 919-a, de *O livro dos espíritos*, encontramos sábia orientação, relacionada ao autoconhecimento:[9]

919. Qual o meio prático mais eficaz que tem o homem de se melhorar nesta vida e de resistir ao arrastamento do mal?

Resposta: "Um sábio da Antiguidade vos disse: Conhece-te a ti mesmo".[9]

919-a. Compreendemos toda a sabedoria desta máxima, mas a dificul-dade está precisamente em cada um conhecer-se a si mesmo. Qual o meio de consegui-lo?[10]

Resposta: "Fazei o que eu fazia quando vivi na Terra: ao fim do dia, interrogava a minha consciência, passava em revista o que havia feito e perguntava a mim mesmo se não faltara a algum dever, se ninguém tivera motivo para se queixar de mim. Foi assim que cheguei a me conhecer e a ver o que em mim precisava de reforma [...]".[9]

2.2. O caminho reto

"O Espírito prova a sua elevação quando todos os atos de sua vida corporal representam a prática da lei de Deus e quando compreende antecipadamente a vida espiritual."[11]

O verdadeiro homem de bem é o que pratica a lei de justiça, amor e caridade, na sua maior pureza. Se interroga a própria consciência sobre os atos que praticou, perguntará se não violou essa lei, se não fez o mal, se fez todo o bem que podia, se ninguém tem motivos para se queixar dele, enfim, se fez aos outros tudo quanto queria que os outros lhe fizessem. Imbuído do sentimento de caridade e de amor ao próximo, faz o bem pelo bem, sem esperar recompensa, e sacrifica seus interesses à justiça. É bondoso, humanitário e benevolente para com todos, porque vê irmãos em todos os homens, sem distinção de raças, nem de crenças [...].[12]

2.3. Combate as más inclinações e maus hábitos

[...] Enquanto puderes escutar ou perceber a palavra Hoje, com a audição ou com a reflexão, no campo fisiológico, vale-te do tempo para registrar as sugestões divinas e concretizá-las em tua marcha. [...] Todos os pequenos maus hábitos, aparentemente inexpressivos, devem ser muito bem extirpados pelos seus portadores que, desde a Terra, já disponham de algum conhecimento da vida espiritual [...].[13]

2.4. O cultivo de laços de amizade e de simpatia

Os laços de amizade extrapolam aos da família consanguínea, como ensina Jesus:

Quem é minha mãe e quem são meus irmãos? E apontando para os discípulos com a mão, disse: Aqui estão a minha mãe e meus irmãos, porque aquele que fizer a vontade de meu Pai que está nos Céus, esse é meu irmão, irmã e mãe. (Mateus, 12:48-50. Bíblia de Jerusalém).

[...] Há, pois, duas espécies de famílias: as famílias pelos laços espirituais e as famílias pelos laços corpóreos. As primeiras são duráveis e se fortalecem pela purificação, perpetuando-se no mundo dos Espíritos, através das várias migrações da alma; [...].[14]

2.5. Fortalecimento espiritual por meio da oração

Pela prece o homem atrai o concurso dos Espíritos bons, que vêm sustentá-lo em suas boas resoluções e inspirar-lhe bons pensamentos. Ele adquire, desse modo, a força moral necessária para vencer as dificuldades e voltar ao caminho reto, se deste se afastou [...].[15]

2.6. Trabalho incessante

É pela bênção do trabalho que podemos esquecer os pensamentos que nos perturbam, olvidar os assuntos amargos, servindo ao próximo, no enriquecimento de nós mesmos. Com o trabalho, melhoramos nossa casa e engrandecemos o trecho de terra onde a Providência divina nos situou. Ocupando a mente, o coração e os braços nas tarefas do bem, exemplificamos a verdadeira fraternidade e adquirimos o tesouro da simpatia, com o qual angariaremos o respeito e a cooperação dos outros. Quem não sabe ser útil não corresponde à Bondade do Céu, não atende aos seus justos deveres para com a humanidade e nem retribui a dignidade da pátria amorosa que lhe serve de Mãe. O trabalho é uma instituição de Deus.[16]

Referências

1. KARDEC, Allan. *O evangelho segundo o espiritismo*. Tradução de Evandro Noleto Bezerra. 1.ed. Rio de Janeiro: FEB, 2008. Cap. 5, item 14, p. 122-123.

2. XAVIER, Francisco Cândido. *Segue-me*. Pelo Espírito Emmanuel. Matão: O Clarim, 1973. Cap. Esta noite!..., p. 29.

3. XAVIER, Francisco Cândido. *Caminho, verdade e vida*. Pelo Espírito Emmanuel. 28. ed. Rio de Janeiro: FEB, 2009. Cap. 18, p. 52.

4. _____. *Rumo certo*. Pelo Espírito Emmanuel. 11. ed. Rio de Janeiro: FEB, 2008. Cap. 23, Autoaprimoramento, p. 86-88.

5. _____. *Seara dos médiuns*. Pelo Espírito Emmanuel. 18. ed. Rio de Janeiro:FEB, 2008. Item: Reforma íntima, p. 231-232.0

6. _____. *Pensamento e vida*. Pelo Espírito Emmanuel. 18. ed. Rio de Janeiro:FEB, 2008. Cap. 2, Vontade, p. 13.

7. _____. *Rumo certo*. Pelo Espírito Emmanuel. Op. Cit. Cap. 23, Autoaprimoramento, p. 89.

8. _____. *Pensamento e vida*. Pelo Espírito Emmanuel. Op. Cit. Cap. 4, Instrução, p. 21-22.

9. KARDEC, Allan. *O livro dos espíritos*. Tradução de Evandro Noleto Bezerra. 2. ed. Rio de Janeiro: FEB, 2008. Questão 919.

10. _____. 919-a, p. 551.

11. _____. Questão 918, p. 550.

12. _____. Questão 918-comentário, p. 550.

13. XAVIER, Francisco Cândido. *Vinha de luz*. Pelo Espírito Emmanuel. 24. ed. Rio de Janeiro: FEB, 2006. Cap. 169, p. 376.

14. KARDEC, Allan. *O evangelho segundo o espiritismo*. Op. Cit. Cap. 14, item 8, p. 291.

15. _____. Cap. 27, item 11, p. 461.

16. XAVIER, Francisco Cândido. *Pai nosso*. Pelo Espírito Meimei. 26. ed. Rio de Janeiro: FEB, 2004. p. 90.

Orientações ao monitor

Dividir a turma em dois grupos: um estuda, troca ideias e faz resumo do item um do Roteiro (Importância da melhoria moral); o outro grupo faz a mesma coisa, mas em relação ao item dois (O empenho da transformação moral).

Pedir aos grupos que anotem em folha de cartolina as ideias-chave dos conteúdos estudados, cujas conclusões devem ser apresentadas, em plenário, por representantes de cada grupo.

Fazer o fechamento da reunião, destacando pontos principais necessários à melhoria moral do indivíduo, principalmente os que foram analisados pelo Espírito Emmanuel e que constam das referências bibliográficas deste Roteiro.

Observação: pedir a três participantes que anotem relatos de histórias que sugerem benefícios alcançados por meio da prece. Informar-lhes que tais relatos servirão de base para o desenvolvimento do estudo da próxima reunião, os quais serão analisados na forma de estudo de caso.

EADE - LIVRO IV - MÓDULO III

OS VÍCIOS E AS VIRTUDES

Roteiro 5

O PODER TRANSFORMADOR DA PRECE

Objetivos

» Destacar a importância e benefícios da prece.
» Identificar as características da prece.

Ideias principais

» *Pela prece o homem atrai o concurso dos Espíritos bons, que vêm sustentá-lo em suas boas resoluções e inspirar-lhe bons pensamentos. Ele adquire, desse modo, a força moral necessária para vencer as dificuldades e voltar ao caminho reto, se deste se afastou. Por esse meio, pode também desviar de si os males que atrairia pelas suas próprias faltas. [...]. Allan Kardec: O evangelho segundo o espiritismo. Cap. 27, item 11.*

» Segundo o Codificador, [...] *a principal qualidade da prece é ser clara, simples e concisa, sem fraseologia inútil, nem luxo de epítetos, que são apenas enfeites de lantejoulas. Cada palavra deve ter seu alcance próprio, despertar uma ideia, mover uma fibra. Numa palavra: deve fazer refletir. Somente sob essa condição a prece pode alcançar o seu objetivo; de outro modo, não passa de ruído.* [...]. Allan Kardec: O evangelho segundo o espiritismo. Cap. 28, item 1.

» *No entanto, temos de orar sempre. Não devemos subestimar o valor da nossa comunicação com Deus. Teremos de atravessar épocas difíceis? Estamos deprimidos? Continuemos a orar. A prece é luz e orientação em nossos próprios pensamentos.* Espírito Anderson: *Entre irmãos de outras terras.* Cap. 39.

Subsídios

A oração pode ser entendida como uma aproximação com Deus, por meio de palavras ou do pensamento, realizada em particular ou em público. Inclui um ato de louvor ou adoração, um agradecimento ou um pedido: "[...] A prece é um ato de adoração. Orar a Deus é pensar nele; é aproximar-se dele; é pôr-se em comunicação com Ele. Pela prece podemos fazer três coisas: louvar, pedir e agradecer."[1]

Percebe-se que, à medida que o Espírito evolui, este se contenta mais em louvar ou agradecer a Deus, a Jesus ou aos Espíritos protetores, do que endereçar-lhes petitórios, uma vez que já consegue identificar as inúmeras bênçãos que a bondade e misericórdia divinas cumulam sobre a sua existência, todos os dias.

Entretanto, independentemente das características da prece (louvar, agradecer, pedir): "O poder da prece está no pensamento. Não depende de palavras, nem de lugar, nem do momento em que seja feita. Pode-se, portanto, orar em toda parte, e a qualquer hora, a sós ou em comum. A influência do lugar e do tempo só se faz sentir nas circunstâncias que favoreçam o recolhimento [...]."[2]

1. A importância da prece

A prece é um ato muito importante de ligação com os planos mais elevados da vida. Infelizmente, ainda não é inteiramente compreendida (ou exercitada) pela maioria dos que oram, mesmo por pessoas que possuem maiores esclarecimentos a respeito da ação dos fluidos magnéticos e da proteção espiritual.

Pela prece o homem atrai o concurso dos Espíritos bons, que vêm sustentá-lo em suas boas resoluções e inspirar-lhe bons pensamentos. Ele adquire, desse modo, a força moral necessária para vencer as dificuldades e voltar ao caminho reto, se deste se afastou. Por esse meio, pode também desviar de si os males que atrairia pelas suas próprias faltas. Um homem, por exemplo, vê sua saúde arruinada pelos excessos que cometeu, e arrasta, até o fim de seus dias, uma vida de sofrimento; terá o direito de queixar-se, se não obtiver a cura que deseja? Não, porque poderia ter encontrado na prece a força de resistir às tentações.[3]

Reforçando mais ainda a importância da prece, o Codificador destaca que:

> Seria ilógico concluir desta máxima: "Seja o que for que peçais na prece, crede que vos será concedido", que basta pedir para obter, como seria injusto acusar a Providência se não atender a toda súplica que lhe é feita, uma vez que ela sabe, melhor do que nós, o que é para o nosso bem. É assim que procede um pai criterioso que recusa ao filho o que seja contrário aos seus interesses. O homem, em geral, só vê o presente. Ora, se o sofrimento é útil à sua felicidade futura, Deus o deixará sofrer, como o cirurgião deixa que o doente sofra as dores de uma operação que lhe trará a cura. O que Deus concederá ao homem, se ele lhe pedir com confiança, é a coragem, a paciência e a resignação. Também lhe concederá os meios de se lhe livrar por si mesmo das dificuldades, mediante ideias que fará que os Espíritos bons lhe sugiram, deixando-lhe dessa forma o mérito da ação. Ele assiste os que se ajudam a si mesmos, conforme esta máxima: "Ajuda-te, que o Céu te ajudará" [...].[4]

2. Característica da prece

Segundo Kardec, "a principal qualidade da prece é ser clara, simples e concisa, sem fraseologia inútil, nem luxo de epítetos, que são apenas enfeites de lantejoulas. Cada palavra deve ter seu alcance próprio, despertar uma ideia, mover uma fibra. Numa palavra: *deve fazer refletir*. Somente sob essa condição a prece pode alcançar o seu objetivo; de outro modo, não passa de ruído. [...]."[5] Além disso, "uma condição essencial da prece, segundo São Paulo (O *evangelho segundo o espiritismo*, cap. 27, item 16), é que seja inteligível, a fim de que nos possa falar ao espírito. [...]."[5]

2.1. Maneira correta de orar

Os Espíritos sempre disseram, a respeito, que:

A forma nada vale, o pensamento é tudo. Ore, pois, cada um, segundo suas convicções e da maneira que mais o toque. Um bom pensamento vale mais do que grande número de palavras com as quais o coração em nada tome parte." Os Espíritos jamais prescreveram qualquer fórmula absoluta de preces. Quando dão alguma, é apenas para fixar as ideias e, sobretudo, para chamar a atenção sobre certos princípios da Doutrina Espírita. Fazem-no também com o fim de auxiliar os que sentem embaraço para externar suas ideias, pois algumas pessoas não acreditariam ter orado realmente, desde que não formulassem seus pensamentos [...].[6]

Um exemplo de prece:

Senhor, ensina-nos a oferecer-te o coração puro e o pensamento elevado na oração. Ajuda-nos a pedir, em Teu Nome, para que a força de nossos desejos não perturbe a execução de teus desígnios. Ampara-nos, a fim de que o nosso sentimento se harmonize com a tua vontade e que possamos, cada dia, ser instrumentos vivos e operosos da paz e do amor, do aperfeiçoamento e da alegria, de acordo com a tua Lei. Assim seja.[7]

Todas as preces fervorosas são boas:

» O Espiritismo reconhece como boas as preces de todos os cultos, quando ditas de coração e não de lábios. Não impõe nem reprova nenhuma. Deus, segundo ele, é grande demais para repelir a voz que lhe implora ou lhe entoa louvores, porque o faz de um modo e não de outro. Quem quer que lance anátema às preces que não estejam no seu formulário provará que desconhece a grandeza de Deus. Crer que Deus se atenha a uma fórmula é emprestar-lhe a pequenez e as paixões da humanidade [...].[8]

» A sincera atitude da alma na prece não obedece aos movimentos mecânicos vulgares. Nas operações da luta comum, a criatura atende, invariavelmente, aos automatismos da experiência material que se modifica de maneira imperceptível, nos círculos do tempo; todavia, quando se volta a alma aos santuários divinos do plano superior, através da oração, põe-se a consciência em contato com o sentido eterno e criador da vida infinita.[9]

2.2. A prece não nos isenta das provações

» Se é do interesse do aflito que a sua prova siga o seu curso, ela não será abreviada a nosso pedido. Mas seria ato de impiedade desanimarmos por não ter sido satisfeita a nossa súplica. Aliás, em falta de cessação da prova, podemos esperar alguma outra consolação que lhe suavize o amargor. O que de mais precisa aquele que se acha aflito é a resignação, a coragem, sem as quais não lhe será possível sofrê-la com proveito para si, porque terá de recomeçar a prova. É, pois, sobretudo para esse objetivo que se deve dirigir os esforços, quer pedindo que os Espíritos bons lhe venham em auxílio, quer levantando-lhe o moral por meio de conselhos e encorajamentos, quer, enfim, assistindo-o materialmente, se for possível. A prece, neste caso, pode também ter efeito direto, dirigindo, sobre a pessoa por quem é feita, uma corrente fluídica com vistas a lhe fortalecer o moral.[10]

» Diante da prova, orar, envidando meios de transformá-la em experiência benéfica. Diante da penúria, orar, desenvolvendo serviço que a desfaça. Diante da ignorância, orar, acendendo luz que lhe dissipe a sombra. Diante da enfermidade, orar, procurando medicação que lhe afaste os prejuízos. Diante do desastre, orar, empreendendo ações que lhe anulem os efeitos. Diante da dificuldade, orar, aproveitando a lição dos obstáculos de modo a evitá-los futuramente. Diante do sofrimento, orar, construindo caminhos para a devida libertação. Diante da discórdia, orar, edificando recursos para o estabelecimento da paz. Orar sempre, mas agir cada vez mais para que se realize o melhor. Disse-nos o Senhor: vigiai e orai para que não entreis em tentação... e, realmente, acima de tudo vigiam e oram aqueles que ativamente se esforçam para que, em tudo, se faça o bem que nos cabe fazer.[11]

2.3. A prece não dispensa esforço para superar os desafios da vida

» No versículo sétimo do capítulo sete dos apontamentos do apóstolo Mateus, no Evangelho, diz-nos Jesus: "Pedi e dar-se-vos-á; buscai e achareis; batei e abrir-se-vos-á." Em linguagem de todos os tempos, isto quer dizer; desejai ardentemente e as oportunidades aparecerão; empenhai-vos a encontrar o objeto de vossos anseios e tê-lo-eis à vista; todavia é preciso combater o bom combate, trabalhar, agir e servir, para que se vos descerrem os horizontes e as realizações que demandais. Semelhantes princípios regem as leis da prece. A oração ampara sempre; no entanto, se o interessado em proteção e socorro não lhe prestigia a influência, ajudando-lhe a ação, a benefício dos seus próprios efeitos, de certo que não funciona.[12]

» Na floresta mental em que avança, o homem frequentemente se vê defrontado por vibrações subalternas que o golpeiam de rijo, compelindo-o à fadiga e à irritação, sejam elas provenientes de ondas enfermiças, par-tidas dos desencarnados em posição de angústia e que lhe partilham o clima psíquico, ou de oscilações desorientadas dos próprios companheiros terrestres desequilibrados a lhe respirarem o ambiente. Todavia, tão logo se envolva nas vibrações balsâmicas da prece, ergue-se-lhe o pensamento aos planos sublimados, de onde recolhe as ideias transformadoras dos Espíritos benevolentes e amigos, convertidos em vanguardeiros de seus passos, na evolução.[13]

2.4. Ponderar sobre o que pedir na oração

> Orar constitui a fórmula básica da renovação íntima, pela qual divino entendimento desce do Coração da Vida para a vida do coração. Semelhante atitude da alma, porém, não deve, em tempo algum, resumir-se a simplesmente pedir algo ao Suprimento divino, mas pedir acima de tudo, a compreensão quanto ao plano da Sabedoria infinita, traçado para o seu próprio aperfeiçoamento, de maneira a aproveitar o ensejo de trabalho e serviço no bem de todos, que vem a ser o bem de si mesma.[13]

3. O poder transformador da prece

> Na construção de simples casa de pedra, há que despender longo esforço para ajustar ambiente próprio, removendo óbices, eliminando asperezas e melhorando a passagem. [...] Assim também na esfera de cogitações de ordem espiritual. Na edificação da paz doméstica, na realização dos ideais generosos, no desdobramento de serviços edificantes, urge providenciar recursos ao entendimento geral, com vistas à cooperação, à responsabilidade, ao processo de ação imprescindível. E, sem dúvida, a prece representa a indispensável alavanca renovadora, demovendo obstáculos no terreno duro da incompreensão. A oração é divina voz do espírito no grande silêncio. Nem sempre se caracteriza por sons articulados na conceituação verbal, mas, invariavelmente, é prodigioso poder espiritual comunicando emoções e pensamentos, imagens e ideias, desfazendo empecilhos, limpando estradas, reformando concepções e melhorando o quadro mental em que nos cabe cumprir a tarefa a que o Pai nos convoca. [...] A prece tecida de inquietação e angústia não pode distanciar-se dos gritos desordenados de quem prefere a aflição e se entrega à imprudência, mas a oração tecida de harmonia e confiança é força imprimindo direção à bússola da fé viva, recompondo a paisagem em que vivemos e traçando rumos novos para a vida superior.[14]

» [...] De essência divina, a prece será sempre o reflexo positivamente sublime do Espírito, em qualquer posição, por obrigá-lo a despedir de si mesmo os elementos mais puros de que possa dispor. No reconhecimento ou na petição, na diligência ou no êxtase, na alegria ou na dor, na tranquilidade ou na aflição, ei-la exteriorizando a consciência que a formula, em efusões indescritíveis, sobre as quais as ondulações do Céu corrigem o magnetismo torturado da criatura, insulada no sofrimento educativo da Terra, recompondo-lhe as faculdades profundas. A mente centralizada na oração pode ser comparada a uma flor estelar, aberta ante o Infinito, absorvendo-lhe o orvalho nutriente de vida e luz. Aliada à higiene do espírito, a prece representa o comutador das correntes mentais, arrojando-as à sublimação.[15]

» Examine cada aprendiz as sensações que experimenta em se colocando na posição de rogativa ao Alto, compreendendo que se lhe faz indispensável a manutenção da paz interna perante as criaturas e quadros circunstanciais do caminho. A mente que ora, permanece em movimentação na esfera invisível [...].[16]

» No entanto, temos de orar sempre. Não devemos subestimar o valor da nossa comunicação com Deus. Teremos de atravessar épocas difíceis? Estamos deprimidos? Continuemos a orar. A prece é luz e orientação em nossos próprios pensamentos.[17]

» Como poderá alguém manter a própria consciência tranquila sem intenções sinceras? De igual modo, poderemos indagar: Como sustentar o coração sereno durante a prece, sem análise real de si mesmo? A oração para surtir resultados essenciais de conforto exige enfrentemos a consciência em todas as circunstâncias. [...] A coexistência do mal e do bem no íntimo do ser impossibilita o estabelecimento da paz. Sentimentos odiosos e vindicativos impedem a floração da espiritualidade superior. A Deus não se ilude. E a oração exterioriza a nossa emoção real [...].[18]

> Abraça o trabalho e a prece, como sendo a embarcação e a bússola do caminho. Rochedos de incompreensão escondem-se, traiçoeiros, sob a crista das ondas, ameaçando-te a rota. No entanto, ora e serve. A prece ilumina. O trabalho liberta. Monstros do precipício surgem a tona, inclinado-te a perturbação e ao soçobro. Contudo, ora e serve. A prece guia. O trabalho defende. Tempestades de aflição que aparecem de chofre, vergastando-te o refúgio. Entretanto, ora e serve. A prece reanima. O trabalho restaura. Companheiros queridos que te suavizavam

as agruras da marcha desembarcam nas ilhas de enganoso descanso, deixando-te as mãos sob multiplicados encargos. Todavia, ora e serve. A prece consola. O trabalho sustenta. Em todos os problemas e circunstâncias que te pareçam superar o quadro das próprias forças, ora e serve. A prece é silêncio que inspira. O trabalho é atividade que aperfeiçoa. O viajor mais importante da Terra também passou pelo oceano do suor e das lágrimas, orando e servindo. Tão escabrosa lhe foi a peregrinação, entre os homens, que não sobrou amigo algum para compartilhar-lhe espontaneamente os júbilos da chegada pelo escaler em forma de cruz. Tão alto, porém, acendeu ele a flama da prece, que pôde compreender e desculpar os próprios algozes, e tão devotadamente se consagrou ao trabalho, que conseguiu vencer os abismos da morte e voltar aos braços dos amigos vacilantes, como a repetir-lhes em regozijo e vitória: "Tende bom animo! Eu estou aqui".[19]

Referências

1. KARDEC, Allan. *O livro dos espíritos*. Tradução de Evandro Noleto Bezerra. 2. ed. Rio de Janeiro: FEB, 2008. Questão 659, p. 417.

2. _____. *O evangelho segundo o espiritismo*. Tradução de Evandro Noleto Bezerra. 1. ed. Rio de Janeiro: FEB, 2008. Cap. 27, item 15, p. 465.

3. _____. item 11, p. 461-462.

4. _____. item 7, p. 458-459.

5. _____. Cap. 28, Preâmbulo, item 1, p. 477.

6. _____. P. 475, 476.

7. XAVIER, Francisco Cândido. *Pai nosso*. Pelo Espírito Meimei. 26. ed. Rio de Janeiro: FEB, 2004. Cap. Prece, p. 103.

8. KARDEC, Allan. *O evangelho segundo o espiritismo*. Op. Cit. Cap. 28, item 1, p. 476.

9. XAVIER, Francisco Cândido. *Pão nosso*. Pelo Emmanuel. 26. ed. Rio de Janeiro: FEB, 2005. Cap. 45, p. 105.

10. KARDEC, Allan. *O evangelho segundo o espiritismo*. Op. Cit. Cap. 28, item 42, p. 512-513.

11. XAVIER, Francisco Cândido. *Bênção de paz*. Pelo Espírito Emmanuel. 7. ed. São Bernardo do Campo: GEEM, 1981. Cap. 59, p.145-146.

12. _____. *Segue-me*. Pelo Espírito Emmanuel. Matão: O Clarim, 1973. Cap. Ação e prece, p.163-164.

13. XAVIER, Francisco Cândido e VIEIRA, Waldo. *Mecanismos da mediunidade*. Pelo Espírito André Luiz. 23. ed. Rio de Janeiro: FEB, 2004. Cap. 25 (Oração), item: Prece e renovação, p.197.

14. XAVIER, Francisco Cândido. *Vinha de luz*. Pelo Espírito Emmanuel. Rio de Janeiro: FEB, 2005. Cap. 98, p. .

15. XAVIER, Francisco Cândido e VIEIRA, Waldo. *Mecanismos da mediunidade*. Pelo Espírito André Luiz. 23. ed. Rio de Janeiro: FEB, 2004. Cap. 25. Item: Grandeza da oração. p.195.

16. XAVIER, Francisco Cândido. *Pão nosso*. Pelo Espírito Emmanuel. 26. ed. Rio de Janeiro: FEB, 2005. Cap. 45, p. 105.

17. XAVIER, Francisco Cândido Xavier e VIEIRA, Waldo. *Entre irmãos de outras terras*. Pelo Espírito Anderson. 8. ed. Rio de Janeiro: FEB, 2004. Cap. 39, p.135.

18. _____. *Ideal espírita*. Diversos Espíritos. 7. ed. Uberaba: CEC. Cap. 90 (Orar e perdoar, mensagem do Espírito Emmanuel), p. 213-214.

19. XAVIER, Francisco Cândido. *Justiça divina*. Pelo Espírito Emmanuel. 13. ed. Rio de Janeiro: FEB, 2008. Cap. Ora e serve, p.131-133.

Orientações ao monitor

» Fazer breve explanação sobre a importância e as características da prece.

» Em seguida, pedir aos três participantes, convidados na reunião anterior, que apresentem para os colegas relatos sobre os benefícios da prece.

» Concluídas as apresentações, fazer, em conjunto com a turma, análise dos relatos, estudando detalhes dos casos: circunstâncias que marcaram a história, pessoas envolvidas, ocorrências de situações inusitadas ou especiais, aprendizados evidenciados e benefícios decorrentes, entre outros.

» Destacar a importância do trabalho e do esforço pessoal que devem ser conjugados à prece, enquanto se aguarda as respostas do Alto.

EADE - LIVRO IV - MÓDULO III

OS VÍCIOS E AS VIRTUDES

Roteiro 6

VIRTUDES: CONCEITO E CLASSIFICAÇÃO

Objetivos

» Citar o conceito espírita e não espírita de virtude.
» Analisar a classificação das virtudes.

Ideias principais

» *Virtude é qualidade do que se conforma com o considerado correto e desejável do ponto de vista da moral, da religião, do comportamento social.* Dicionário Houaiss da Língua Portuguesa, p.1951.

» Para o Cristianismo, assim como para a Filosofia, as virtudes são qualidades efetivadas pelo hábito, tendo como base a atuação simultânea da inteligência e da vontade. São as virtudes que regulam os atos humanos, ordenam suas paixões e guiam sua conduta, segundo a razão e a fé. Entretanto, os teólogos cristãos consideravam as virtudes como uma *concessão divina*, jamais uma conquista evolutiva do Espírito.

» Na visão Espírita, *a virtude, no mais alto grau, é o conjunto de todas as qualidades essenciais que constituem o homem de bem.* Allan Kardec: *O evangelho segundo o espiritismo.* Cap. 17, item 8.

> As [...] *virtudes têm seu mérito, porque todas são sinais de progresso no caminho do bem.* [...] *A mais meritória é a que se baseia na mais desinteressada caridade.* Allan Kardec: *O livro dos espíritos.* Questão 893.

Subsídios

Virtude (do latim *virtus*) é a [...] disposição constante de praticar o bem e evitar o mal; [...] qualidade própria para produzir certos efeitos [...]."[1] É mais do que uma simples potencialidade ou uma inclinação para a realização de uma determinada ação considerada nobre, mas uma verdadeira disposição que se manifesta sempre em benefício do outro.

O significado é genérico quando aplicado a tudo o que é considerado correto e desejável em relação à moral, à ética, à vida em sociedade, às práticas educacionais, científicas e tecnológicas, assim como à eficácia na execução de uma atividade. Em sentido específico o conceito se restringe a duas capacidades humanas: conduta moral no bem e habilidade para fazer algo corretamente.[2]

1. Conceitos filosóficos de virtudes

Os primeiros registros sobre a virtude aparecem nos tempos da Grécia de Homero com a palavra *areté*, que etimologicamente, significa *excelência*. O pensamento da época, contudo, não empregava a palavra areté unida à concepção de moralidade que, em geral, faz parte da concepção atual de virtude. Nos poemas homéricos, ela era utilizada para "definir a excelência de qualquer tipo: o corredor veloz exibe a *areté* dos pés e o filho supera os pais em todos os tipos de *areté* — como atleta, soldado e intelectualmente."[3]

A palavra grega *areté* foi, mais tarde, traduzida para o latim como *virtus*, dando origem à forma atualmente usada em nossa língua e nas outras línguas latinas.

É possível que a sistematização dos estudos sobre a virtude comece, efetivamente, com Sócrates (470–399 a.C), filósofo grego da Antiguidade, para o qual a virtude se identificava com o bem (aspecto moral) e representava o fim da atividade humana (aspecto funcional ou operacional). Pelo aspecto moral, o homem virtuoso sabe discernir o bem e o mal. Pelo sentido funcional, ou fim da atividade humana, a virtude é a capacidade de bem realizar uma tarefa.

Para Sócrates (470–399 a.C.) "[...] o homem é uma *alma encarnada*. Antes da sua encarnação, existia unida aos tipos primordiais, às ideias do verdadeiro, do bem e do belo; [...]."[4] Além disso, segundo a doutrina Socrática "[...] a virtude não pode ser ensinada; vem por dom de Deus aos que a possuem. [...]."[5] Nesta concepção, se o homem é a própria alma, então a sua *areté* é tudo que lhe engrandece a alma, que depende do maior ou menor conhecimento adquirido pelo homem.[6] Com tais pensamentos vemos que Sócrates associava a *areté* aos bens intrínsecos da alma e não às qualidades exteriores, adquiridas por educação ou prática, conceituação admitida à época de Homero.

> Seja como for, e como reconhece o próprio Aristóteles, a doutrina da virtude-ciência — que supõe [...] resolvido o problema da aquisição da virtude pelo sábio — ao estabelecer a necessidade da razão para a prática da virtude, inaugura a história da Ética como ciência do ethos, e essa será a marca indelével de sua origem socrática.[7]

Segundo o filósofo grego Aristóteles (384–322 a.C.), discípulo de Platão, a virtude seria entendida como uma "pré" disposição ou qualidade inata para o bem, que pode ser adquirida e aperfeiçoada pelo hábito, através da força da vontade. Ensinava também que a repetição dos bons hábitos gerava os bons costumes, daí serem as virtudes tão socialmente valorizadas.

Aristóteles considerava, todavia, que os atos impostos pela vontade, no sentido do desenvolver de virtudes, deveriam ser praticados na medida justa, nem mais nem menos, a fim de que o indivíduo não se sentisse pressionado em se transformar, de uma hora para outra, em alguém que ainda não tinha ainda condições de ser.

Percebemos, então, que o conceito de virtude para os filósofos da Antiguidade abrangia duas ordens de ideias: um dom inato que, pela prática ou educação, poderia ser desenvolvido.

Outros filósofos, surgidos ao longo da história humana, aceitaram parcialmente as ideias de Sócrates, Platão e, em especial, as de Aristóteles. Porém, acrescentaram que a virtude poderia representar também qualquer tipo de habilidade humana e não apenas as relacionadas à moralidade que se destaca independentemente dos resultados que produz. Immanuel Kant (1724–1804), por exemplo, a despeito de ser considerado um dos mais notáveis filósofos da Idade Moderna, não utilizava, em seus ensinos, a palavra virtude como uma qualidade moral, substituindo-a por moralidade. A palavra virtude era empregada apenas no sentido de cumprimento do dever porque este poderia ser definido e controlado pela razão.[8]

2. Conceitos cristãos de virtudes

Ainda que a noção de virtude encontra-se presente em algumas tradições orientais, vinte séculos antes de Cristo, só adquiriu significativa importância com o advento das ideias cristãs. Alguns teólogos e filósofos cristãos entendiam que as virtudes são qualidades efetivadas pelo hábito, tendo como base a atuação simultânea da inteligência e da vontade. Assim, seriam as virtudes que regulariam os atos humanos, que ordenariam as paixões e guiariam a conduta, segundo a razão e a fé.

Por outro lado, importa considerar que a maioria dos teólogos cristãos considerava as virtudes como uma concessão, ou graça, divina. Para o pensamento de muitos a concessão divina estaria apenas em estado embrionária em alguns indivíduos, ou plenamente desenvolvida, em outros. A concessão de virtudes era critério determinado por Deus. Jamais cogitaram, contudo, que a aquisição de virtudes poderia ser conquista evolutiva do Espírito.

Em resposta à pergunta se a "virtude é concessão de Deus, ou é aquisição da criatura",[9] Emmanuel responde:

> A dor, a luta e a experiência constituem uma oportunidade sagrada concedida por Deus às suas criaturas, em todos os tempos; todavia, a virtude é sempre sublime e imorredoura aquisição do espírito nas estradas da vida, incorporada eternamente aos seus valores, conquistados pelo trabalho no esforço próprio.[9]

Os orientadores da Codificação Espírita esclarecem, inclusive, que há "[...] virtude sempre que há resistência voluntária ao arrastamento dos maus pendores. Mas a sublimidade da virtude consiste no sacrifício do interesse pessoal, pelo bem do próximo, sem segundas intenções. A mais meritória é a que se baseia na mais desinteressada caridade.[10] Neste aspecto, ensina Emmanuel:

> Cada qual de nós, no internato da reencarnação, é examinado nas tendências inferiores que trazemos das existências passadas, a fim de aprendermos que somente nos será possível conquistar o bem, vencendo o mal que nos procure, tantas vezes quantas necessárias, mesmo além do débito pago ou da sombra extinta. Fácil, pois, observar que sem a presença da tentação, a virtude não aparece e assim será sempre para que a inocência não seja uma flor estéril e para que as grandes teorias de elevação não se façam sementes frustras no campo da humanidade.[11]

3. Classificação das virtudes

Para Sócrates existem quatro virtudes fundamentais, também denominadas virtudes cardeais, que se encontram explicadas no livro *A República*, escrito por Platão. São virtudes consideradas essenciais porque representam a chave para a conquista das demais.

Tendo como base as virtudes cardeais socráticas, Aristóteles (384–322 a.C) "[...] classificou as virtudes em dois grupos, quanto à natureza, classificação aceita nos dias atuais: *virtudes éticas* ou *do caráter* — indicam todas as qualidades ético-morais, inclusive o dever, as quais nem sempre são submetidas à razão; *virtudes dianoéticas* ou *do pensamento* — abrangem as competências intelectuais (inteligência, discernimento, conhecimento científico, aptidões técnicas), controladas pela razão."[2]

> As primeiras são desenvolvidas pela educação e pela prática que conduz ao hábito. Filósofos, do passado e do presente, defendem a ideia de que as virtudes ético-morais são dons inatos, desenvolvidos por seres humanos especiais. Diferentes interpretações religiosas pregam que essas virtudes somente ocorrem por graça ou concessão divinas. As segundas, as virtudes dianoéticas ou do pensamento, podem ser ensinadas por meio da instrução, daí serem muito valorizadas pelas ciências humanas, sobretudo as educacionais.[2]

Com o Cristianismo, as virtudes cardeais sofreram acréscimos teológicos, sobretudo no período que constituiu a Idade

Média (Agostinho e Tomás de Aquino são os teólogos católicos que mais forneceram contribuições). Alguns desses acréscimos foram bons, outros não.

Na visão Espírita, a virtude, no mais alto grau, é o conjunto de todas as qualidades essenciais que constituem o homem de bem.

3.1. Classificação filosófica das virtudes

Virtudes cardeais (Sócrates/Platão)[12]

» Prudência, também conhecida como sabedoria. "É a virtude do conhecimento superior, das coisas excelentes. O grau mais elevado do conhecimento."[13]

» Fortaleza, entendida como coragem. É a "opinião reta e conforme a lei sobre o que se deve e o que não se deve temer."[14] É a virtude do entusiasmo (thymoiedés), a que administra os impulsos da sensibilidade, dos sentimentos e do afeto.

» Temperança, vista como autodomínio, medida, moderação. É a "amizade e a concordância das partes da alma, existentes quando a parte que comanda e as que obedecem concordam com a opinião do que cabe ao princípio racional governar, e assim não se lhe opõem."[15] Neste sentido, a temperança aplica-se tanto ao indivíduo como ao Estado.

» Justiça estabelece discernimento entre o bem e o mal. "Pode estabelecer dois significados principais: 1º) Justiça como conformidade da conduta a uma norma; 2º) Justiça como eficiência de uma norma (ou sistema de normas), entendendo-se por eficiência de uma norma certa capacidade de possibilitar as relações entre os homens." É a virtude que conduz à equidade, ao saber considerar e respeitar o direito do outro, a valorizar ações e coisas que garantem o funcionamento harmonioso da vida, individual e coletiva.[16]

Virtudes éticas (Aristóteles)[17]

São em número de sete, e estão relacionadas à moralidade.

1. Coragem – é "o justo meio entre o medo e a temeridade. É a virtude da firmeza de propósitos."[14]

2. Temperança – esta virtude age sobre os impulsos do instinto, colocando freios nos prazeres e paixões corporais. "Consiste

no justo uso dos prazeres físicos"[14], sobretudo os prazeres "que derivam da alimentação, da bebida e do sexo."[15]

3. liberalidade – qualidade da pessoa generosa ou pródiga. Mais tarde, com o Cristianismo, este conceito aristotélico evolui para o de caridade.[18]

4. Magnanimidade – qualidade da pessoa indulgente e tolerante, que sabe perdoar ofensas. "Segundo Aristóteles, a virtude que consiste em desejar grandes honras e ser digno delas. [...] Esta virtude acompanha e "engrandece" todas as outras. Quem é digno de pequenas coisas e se considera digno delas é moderado, mas não magnânimo, a Magnanimidade é inseparável da grandeza."[19] Este conceito, modificado por Descartes, é o aceito atualmente: "[...] identifica-se com a virtude de avaliar-se de acordo com seu próprio valor e não sentir ciúme ou inveja".[19]

5. Mansidão – é a brandura de índole, de forma de agir ou de expressar.

6. Franqueza – a virtude expressa no sentido de "dizer a verdade", de ser sincero, não de ser rude.

7. Justiça – "é a virtude integral e perfeita: integral porque compreende todas as outras, perfeita porque quem a possui pode utilizá-la não só em relação a si mesmo, mas também em relação aos outros", sendo esta última considerada pelo filósofo como a maior de todas as virtudes éticas.[16]

Virtudes dianoéticas (Aristóteles)[20]

São em número de cinco. Todas apresentam natureza intelectual e são governadas pela razão.

1. Arte ou "hábito, acompanhado pela razão, de produzir algumas coisa" – não se refere, necessariamente, à concepção atual obra artística, mas de qualquer produção humana que tem significado.[21]

2. Ciência – conhecimento que se demonstra ou comprova, não é uma mera opinião.[22]

3. Sabedoria ou " o mais perfeito dos saberes", afirmava Aristóteles se "a sabedoria pode ser chamada ao mesmo tempo de

intelecto e ciência, encabeçando todas as ciência será a ciência das coisas excelentes"[23]

4. Sapiência – é a virtude dos sábios, dos que possuem sabedoria, a que se expressa em " grau mais elevado do conhecimento, ou seja, o mais sólido e completo. Por ter como objetivo as coisas elevadas e sublimes, que são as coisas divinas."[23]

5. Intelecto – termo utilizado pelos filósofos com dois sentidos: "1º) genérico, como faculdade de pensar em geral; 2º)específico, como uma atividade ou técnica particular de pensar."[24] Aristóteles, e também Platão, admitia o primeiro conceito, pois o intelecto, definido como capacidade de pensar, "confere limites, ordem e medidas às coisas." 2[4]

É importante fazer distinção entre duas virtudes que fazem parte dessa classificação aristotélica: sabedoria faz referência à pessoa que possui muito conhecimento, mas nem sempre possui moralidade compatível. A *sapiência* significa erudição sempre associada à moral.

Em *O livro dos espíritos*, item Escala Espírita, essas duas virtudes aristotélicas (sabedoria e sapiência) apresentam, igualmente, diferenças, assim especificadas quando são caracterizadas três classes dos Bons Espíritos, entre as cinco que compõe a ordem.

Quarta classe. ESPÍRITOS DE CIÊNCIA – Distinguem-se especialmente pela amplitude de seus conhecimentos. Preocupam-se menos com as questões morais do que com as científicas, para as quais têm maior aptidão; entretanto, só encaram a Ciência do ponto de vista da utilidade e jamais dominados pelas paixões peculiares aos Espíritos imperfeitos.[25]

Terceira classe. ESPÍRITOS DE SABEDORIA – As qualidades morais da ordem mais elevada constituem o seu caráter distintivo. Sem possuírem conhecimentos ilimitados, são dotados de uma capacidade intelectual que lhes faculta juízo reto sobre os homens e as coisas.[26]

Segunda classe. ESPÍRITOS SUPERIORES – Reúnem em si a ciência, a sabedoria e a bondade. Sua linguagem, que só transpira a benevolência, é constantemente digna, elevada e, muitas vezes, sublime. Sua superioridade os torna mais aptos do que os outros a nos darem as mais justas noções sobre as coisas do mundo incorpóreo, dentro dos limites do que é permitido ao homem saber. [...] Quando, por exceção, encarnam na Terra, é para cumprir missão de progresso e então nos oferecem o tipo da perfeição a que a humanidade pode aspirar neste mundo.[27]

3.2. Classificação teológica das virtudes[28]

A teologia católica e a protestante consideram que há três tipos de virtudes, denominadas *teologais*, ou essenciais, e, outras, as secundárias, que decorrem das primeiras. O grande equívoco da interpretação teológica é supor que as virtudes, sobretudo as teologais, são concedidas ao homem por graça ou favor divinos.

Por esta interpretação, não se admite que o ser humano possa pelo próprio esforço, atingir o estado de plenitude espiritual ou de bem-aventurança, pelo esforço de adquirir e desenvolver virtudes. Sendo assim, as pessoas que possuem tais virtudes, as receberam por concessão divina. É um privilégio que Deus lhes concedeu.

As virtudes teologais passaram, então, a apresentar um caráter sobrenatural, em razão desse conceito de intervenção divina. Não deixa, porém, de ser ensino teológico restritivo, pois ignora os esforços individuais, o trabalho de livre arbítrio, entre outros, ainda que, a *priori*, todas as bênçãos vêm de Deus.

As virtudes teologais são:

1. Fé – em termos filosóficos significa crença religiosa entendida "como confiança na palavra revelada. Enquanto a crença, em geral, é o compromisso com uma noção qualquer, Fé é o compromisso com uma noção que se considera revelada ou testemunhada pela divindade."[29]

Em relação à teologia, a palavra fé é sinônima de fidelidade (o hebraico *emun/emunah*) no Velho Testamento, isto é, fidelidade a Deus. O vocábulo pode ser interpretado também como ato de "crer", de "confiar" ou de "esperar".[30] No Novo Testamento a palavra fé é muito comum, aparecendo mais de 240 vezes.[31] Esta é a interpretação teológica:

> A fé é atitude mediante a qual o homem abandona toda confiança em seus próprios esforços para obter salvação, que sejam eles ações de piedade, da bondade ética, ou seja lá o que for. É atitude de completa

confiança em Cristo, de dependência exclusiva dele, a respeito de tudo quanto está envolvido na salvação.[31]

Para o Espiritismo, não há dúvida de que devemos depositar irrestrita confiança em Jesus, mas ensina que cabe ao homem fazer a sua parte, para evoluir.

Assim, segundo a Doutrina Espírita, no

[...] homem, a fé é o sentimento inato de seus destinos futuros: é a consciência que ele tem das faculdades imensas depositadas em gérmen no seu íntimo, a princípio em estado latente, e que lhe cumpre fazer que desabrochem e cresçam pela ação de sua vontade. [...] O homem de gênio, que se lança à realização de algum grande empreendimento, triunfa, se tem fé, porque sente em si que pode e há de chegar ao objetivo que tem em vista, e essa certeza lhe dá uma força imensa. O homem de bem, crente em seu futuro celeste, deseja preencher a sua existência de belas e nobre ações, haure na sua fé, na certeza da felicidade que o espera, a força necessária, e ainda aí se operam milagres da caridade, de devotamento e de abnegação. Enfim, com a fé, não há maus pendores que se não consiga vencer.[32]

Em síntese: *"[...] Fé inabalável é somente a que pode encarar a razão face a face, em todas as* épocas *da humanidade."*[33]

2. Esperança – que é vista mais como uma emoção, a mais fundamental delas, segundo a Filosofia, do que conceito virtude, em seu amplo significado.[34]

Para as religiões cristãs tradicionais, esperança é a capacidade de entregar-se nas mãos do Cristo, aguardando o futuro sem medo e temor, pois onde "[...] existe a crença no Deus vivo, que age e intervém na vida humana, e no qual pode confiar de que porá em vigor as suas promessas, a esperança, no sentido especificamente bíblico, se torna possível."[35]

Não devemos abandonar a esperança, em qualquer situação.

Não [...] te deixes arrasar elas aflições transitórias que te visitam com fins regenerativos ou edificantes. [...] Não importa, entretanto, o problema, embora sempre nos pesem as responsabilidades assumidas, quaisquer que sejam. Desliga-te, porém, do pessimismo e do desânimo, recordando que a vida, — mesmo na vida que desfrutas, — em suas origens profundas, não é obra de tuas mãos. Recordemos isso e seja de que espécie for a provação que te amargue a alma, continue trabalhando na sustentação do bem geral, porquanto [...] reconhecerás, para logo, que o amor é um sol a brilhar para todos e que ninguém existe sem esperança e sem Deus.[35]

3. Caridade – é " a virtude cristã fundamental porque consiste na realização do preceito cristão fundamental: "Ama o próximo como a si mesmo."[18]

Em relação à caridade, recomenda o Espiritismo:

Sede bons e caridosos, pois essa é a chave dos céus, chave que tendes em vossa mãos. Toda a eterna felicidade se acha contido neste preceito: Amais-vos uns aos outros. A alma não pode elevar-se às altas regiões espirituais, senão elo devotamento ao próximo e só encontra consolação e ventura nos arroubos da caridade [...]. A caridade é a virtude fundamental que há de sustentar todo o edifício das virtudes terrestres. Sem a caridade não há esperança de melhor sorte, não há interesse moral que nos guie; sem a caridade não há fé, pois a fé não passa de um raio muito puro que torna brilhante a alma caridosa. A caridade é, em todos os mundos, a eterna âncora de salvação: é a mais pura emanação do Criador: é a sua própria virtude, dada por Ele à criatura [...].[36]

Referências

1. KOOGAN-HOUAISS. *Enciclopédia e dicionário ilustrado*. 4. ed. Rio de Janeiro: Seifer, 2000, p. 1666.

2. MOURA, Marta Antunes. *As virtudes essenciais*. Rio de Janeiro: FEB, Revista *Reformador*. Janeiro de 2009. Ano 127. N.º 2.158, p. 26.

3. MACINTYRE, Alasdair. *Depois da Virtude*. Trad. Jussara Simões. Bauru: EDUSC, 2001, p. 211.

4. KARDEC, Allan. *O evangelho segundo o espiritismo*. Tradução Evandro Noleto Bezerra. 1. ed. Rio de Janeiro: FEB, 2008. Introdução IV, p. 44.

5. _____.p. 52.

6. REALE, Giovanni. *História da Filosofia Antiga I: Das origens a Sócrates*. Tradução de Marcelo Perini. São Paulo: Editora Loyola, 1999. p. 267-268.

7. VAZ, Henrique C. de Lima. *Escritos de Filosofia IV: Introdução à Ética Filosófica*. São Paulo: Edições Loyola, 2002, p. 97.

8. ABBAGNANO, Nicola. *Dicionário de filosofia*. Tradução de Alfredo Bosi e Ivone Castilho Benedetti. 4. ed. São Paulo, Martins Fontes, 2003. Item: Moralidade, p. 683.

9. XAVIER, Francisco Cândido. *O consolador*. Pelo Espírito Emmanuel. 28. ed. Rio de Janeiro: FEB, 2008, pergunta 253, p. 206.

10. KARDEC, Allan. *O livro dos espíritos*. Tradução de Evandro Noleto Bezerra. 2. ed. Rio de Janeiro: FEB, 2008. Questão 893, p. 535.

11. XAVIER, Francisco Cândido. *Alma e coração*. Pelo Espírito Emmanuel. São Paulo: Pensamento, 2006. Cap. 59, p. 128.

12. ABBAGNANO, Nicola. *Dicionário de filosofia*. Op. Cit. Item: Virtudes cardeais, p. 117.

13. _____. Item: Sabedoria, p. 864.

14. _____. Item Coragem, p. 210.

15. _____. Temperança, p. 944.

16. _____. Item: Justiça, p. 594.

17. _____. Item: Virtudes éticas, p.387.

18. _____. Item: Caridade, p. 118.

19. _____. Item: Magnanimidade, p. 637.

20. _____. Item: Dianoético, p. 275.

21. _____. Item: Arte, p. 81.

22. _____. Item: Ciência, p. 136.

23. _____. Item: Sabedoria, p. 864.

24. _____. Item: Intelecto, p. 571.

25. KARDEC, Allan. *O livro dos espíritos*. Op. Cit. Questão 109, p. 134. 26.

26. _____. Questão 110, p. 134.

27. _____. Questão 111, p. 134.

28. ABBAGNANO, Nicola. *Dicionário de filosofia*. Op. Cit. Item: Virtudes teologais, p. 949.

29. _____. Item: Fé, p. 431.

30. DOUGLAS, J. D (organizador). *O novo dicionário da Bíblia*. Tradução de João Bentes. 3. ed. São Paulo: Vida Nova, 2006. Item: Fé, p.496.

31. _____. p.497.

32. KARDEC, Allan. *O evangelho segundo o espiritismo*. Op. Cit. Cap. XIX, item 12, p. 377-378.

33. _____. Item 7, p. 374.

34. ABBAGNANO, Nicola. *Dicionário de filosofia*. Op. Cit. Item: Esperança, p. 354.

35. XAVIER, Francisco Cândido. *Mãos unidas*. Pelo espírito Emmanuel. 24. ed. Araras [SP]: IDE, 2008. Cap.4, p. 22-23.

36. KARDEC, Allan. *O evangelho segundo o espiritismo*. Op. Cit. Cap. XIII, item 12, p. 270-271.

Orientações ao monitor

» Fazer breve exposição dos conceitos e da classificação de virtude, de acordo com a Filosofia e a Religião Cristã.

» Em seguida, dividir a turma em quatro grupos para discutir e apresentar uma análise sobre os seguintes temas:

    a) Conceitos de virtude: espírita e não espírita.

    b) Virtudes cardeais.

    c) Virtudes éticas e dianoéticas.

    d) Virtudes teologais.

» Ao final dos debates, o monitor deve fazer uma síntese do estudo, procurando esclarecer possíveis dúvidas, fortalecendo o entendimento do assunto.

OS VÍCIOS E AS VIRTUDES

Roteiro 7

CONQUISTA E DESENVOLVIMENTO DE VIRTUDES

Objetivos

» Explicar como adquirir e desenvolver virtudes, segundo a orientação espírita.

Ideias principais

» As virtudes se adquirem, em geral, por meio de provações e repetidos aprendizados, nas sucessivas experiências reencarnatórias, pois a [...] *dor, a luta e a experiência constituem uma oportunidade sagrada concedida por Deus às suas criaturas, em todos os tempos; todavia, a virtude é sempre sublime e imorredoura aquisição do espírito nas estradas da vida, incorporada eternamente aos seus valores, conquistados pelo trabalho no esforço próprio.* Emmanuel: *O consolador*, pergunta 253.

» *A virtude, no mais alto grau, é o conjunto de todas as qualidades essenciais que constituem o homem de bem* [...]. Allan Kardec: *O evangelho segundo o espiritismo.* Cap. XVII, item 8.

» [...] *Mais vale pouca virtude com modéstia, do que muita com orgulho.* Allan Kardec: *O evangelho segundo o espiritismo.* Cap. XVII, item 8.

Subsídios

Vimos no Roteiro anterior que a aquisição e o desenvolvimento de virtudes exigem esforços e firmeza de propósitos. Que as virtudes não são concessões divinas, um dom ou graça fornecidos por Deus a alguns Espíritos. São conquistas individuais, alcançadas por meio de provações e repetidos aprendizados, em sucessivas experiências reencarnatórias. Emmanuel assevera que a

> [...] dor, a luta e a experiência constituem uma oportunidade sagrada concedida por Deus às suas criaturas, em todos os tempos; todavia, a virtude é sempre sublime e imorredoura aquisição do espírito nas estradas da vida, incorporada eternamente aos seus valores, conquistados pelo trabalho no esforço próprio.[1]

Para o Espiritismo, todas

> [...] as virtudes têm seu mérito, porque todas são sinais de progresso no caminho do bem. Há virtude sempre que há resistência voluntária no arrastamento dos maus pendores. Mas a sublimidade da virtude consiste no sacrifício do interesse pessoal, pelo bem do próximo, sem segundas intenções. A mais meritória é a que se baseia na mais desinteressada caridade.[2]

A aquisição de virtudes exige, pois, empenho e persistência. Não é algo que se consegue de um dia para outro, nem é obtido por meio de graça ou concessão divina. Neste sentido, os ensinamentos espíritas são claros, "[...] dizendo que aquele que possui virtude a adquiriu por seus esforços, em existências sucessivas, despojando-se pouco a pouco de suas imperfeições. A graça é a força que Deus concede a todo homem de boa vontade para se livrar do mal e fazer o bem.[3]

1. Aquisição de virtudes

Importa considerar, contudo, que há pessoas que não fazem muito esforço para desenvolver virtudes, praticando-as naturalmente, enquanto que, em outras, o processo é sacrificial. Uma vez que não há concessão divina, como ensina o Espiritismo, o que se passa, então?

Eis o que os Espíritos da Codificação responderam a Kardec, quanto este lhes fez pergunta semelhante:[4]

> As [pessoas] que não têm que lutar são aquelas em quem o progresso já está realizado; lutaram outrora e triunfaram. É por isso que os bons sentimentos não lhes custam nenhum esforço e suas ações lhes parecem muito naturais; para elas o bem se tornou um hábito. Deve-se, pois, honrá-las como a velhos guerreiros, pela posição elevada que conquistaram. Como ainda estais longe da perfeição, esses exemplos vos espantam pelo contraste e os admirais tanto mais, quanto mais raros são. Ficai sabendo, porém, que nos mundos mais adiantados do que o vosso, o que entre vós constitui exceção, lá é a regra [...]. Assim se dará na Terra, quando a humanidade se houver transformado e quando compreender e praticar a caridade na sua verdadeira acepção.

Para nós, Espíritos imperfeitos, mas que desejam melhorar-se, é preciso aproveitar as oportunidades que Deus nos oferece, cotidianamente, ainda que revestidas na forma de provações, a fim de que possamos desenvolver virtudes.

Neste sentido, ouçamos o conselho do apóstolo Pedro, tão a propósito:

Por isso mesmo, aplicai toda a diligência em juntar a vossa fé a virtude, à virtude o conhecimento, ao conhecimento o autodomínio, ao autodomínio a perseverança, à perseverança a piedade, à piedade o amor fraterno e amor fraterno a caridade. (II Pedro, 1:5-7. Bíblia de Jerusalém).

A recomendação de Pedro nos faz refletir que o desenvolvimento de virtudes envolve a melhoria integral do ser humano, independentemente do contexto em que este se situe: no lar, no ambiente profissional, no templo religioso, nos locais de lazer, etc. A mensagem demonstra que a aquisição de um valor moral, ou virtude, leva à conquista de outro, e, assim, sucessivamente, até que o indivíduo se transforme em pessoa de bem.

Assinala o apóstolo que o primeiro desses valores é a fé. Assim, é preciso acreditar, firmemente, que a bondade e a misericórdia divinas nos amparam em qualquer situação. O segundo refere-se ao conhecimento que, por iluminar a consciência, ensina fazer o que é certo perante os diferentes desafios da vida. Por sua vez, sabendo o que fazer, o conhecimento produz o autodomínio, que nada mais é do que a vontade inteligentemente administrada. O terceiro valor, resultante da fé e do conhecimento, é a prática da perseverança que, por oferecer fortaleza moral, tempera o caráter, tornando-o mais forte, ainda que a pessoa esteja submetida a grandes dificuldades. O quarto valor é a piedade, ou seja, a capacidade de ter misericórdia para com o sofrimento do próximo. A pessoa piedosa amplia a sua capacidade de empatia, procurando, em qualquer situação, colocar-se no lugar do outro. Aprende, então, a não julgar as ações do próximo, condição necessária para a aquisição e desenvolvimento do amor fraterno, que é a base da prática da caridade, a última virtude, e que coroa as demais.

Emmanuel analisa mais o assunto, tendo como base a mesma citação de Pedro, mas traduzida por João Ferreira de Almeida, que consta assim: [...] *E à ciência temperança, e à temperança paciência e à paciência piedade (II Pedro, 1:6).*

> Aprender sempre, instruir-nos, abrilhantar o pensamento, burilar a palavra, analisar a verdade e procurá-la são atitudes de que, efetivamente, não podemos prescindir, se aspirarmos à obtenção do conhecimento elevado; entretanto, milhões de talentosos obreiros da evolução terrestre, nos séculos que se foram, esposaram a cultura intelectual, em sentido único, e fomentaram opressões que culminaram em pavorosas guerras de extermínio. Incapazes de controlar apetites e paixões, desvairaram-se na corrida ao poder, encharcando a terra com o sangue e o pranto de quantos lhes foram vítimas das ambições desregradas. Toda grandeza de inteligência exige moderação e equilíbrio para não desbordar-se em devassidão e loucura. Ainda assim, a temperança e a paciência, por si só, não chegam para enaltecer o lustre do cérebro. [...] O apontamento do Evangelho, no entanto, é claro e preciso. Não vale a ciência sem temperança e toda temperança pede paciência para ser proveitosa, mas para que esse trio de forças se levante no campo da alma, descerrando-lhe o suspirado acesso aos mundos superiores, é necessário que o amor esteja presente, a enobrecer-lhes o impulso, de vez que só o amor dispõe de luz bastante para clarear o presente a santificar o porvir.[5]

Em outra oportunidade, o benfeitor espiritual assinala, fazendo o fechamento do tema:

> [...] É forçoso coroar a fé e a bondade com a luz do conhecimento edificante. Todos necessitamos esperar no infinito Amor, todavia, será

justo aprender "como"; todos devemos ser bons, contudo, é indispensável saber "para quê". Eis a razão pela qual se nos impõe o estudo em todos os lances da vida, porquanto, confiar realizando o melhor e auxiliar na extensão do eterno bem, realmente demanda discernir.[6]

2. O desenvolvimento de virtudes

Sem sombra de dúvida, as virtudes são qualidades desenvolvidas pelo Espírito ao longo de suas vivências reencarnatórias e em suas estadias no plano espiritual. Como o Espírito jamais retrograda, sempre que ele retorna ao plano físico, traz consigo o produto de suas conquistas, tanto no plano intelectual como no moral. Como o processo evolutivo é contínuo, desenvolve aprendizados que ainda necessitam de burilamento. É assim que, retornando à encarnação, passa pela fase de infância que lhe oferece melhores condições para adquirir e/ou desenvolver virtudes.

[...] Os Espíritos só entram na vida corporal para se aperfeiçoarem, para se melhorarem. A fragilidade dos primeiros anos os torna brandos, acessíveis aos conselhos da experiência e dos que devam fazê-los progredir. É quando se pode reformar o seu caráter e reprimir seus maus pendores. Esse é o dever que Deus confiou aos pais, missão sagrada pela qual terão de responder. [...].[7]

Se a criança recebe boa educação no lar, sobretudo a moral, seu Espírito é fortificado e a sua conduta se revela de acordo com os princípios do bem, principalmente se já ocorreu aprendizado anterior, refletidas em suas boas tendências. A repetição dos bons atos, em nova reencarnação, tem o poder de fixar não só competências intelectuais, mas em desenvolver valores morais, embrionários ou não.

A importância da educação dos sentimentos nas crianças, que resulta a aquisição de virtudes, é destacada pelo confrade Jason de Camargo quando afirma: "[...] as crianças aprendem aquilo que vivem."[8]

Se uma criança vive com críticas, ela aprende a condenar. Se uma criança vive com zombarias e ridículo, ela aprende a ser tímida. Se uma criança vive com vergonha e humilhação, ela aprende a se sentir culpada. Se uma criança vive com incentivo e estímulo, ela aprende a ter e sentir confiança. Se uma criança vive com retidão e imparcialidade, ela aprende a conhecer a justiça e a ser justa. Se uma criança vive com aceitação, amizade e amor, ela aprende que o mundo é um ótimo lugar para se viver.[8]

Importa considerar que nem sempre é suficiente a pessoa ter nascido com a inclinação para o bem: é preciso que a sua vontade em se transformar em pessoa melhor seja exercitada constantemente, de forma que o desejo de ser bom se evidencie em ações concretas: "A virtude não é veste de gala para ser envergada em dias e horas solenes. Ela deve ser o nosso traje habitual A virtude precisa fazer parte da nossa vida, como alimento que ingerimos cotidianamente, como o ar que respiramos a todo instante."[9]

A virtude não é para a ostentação: é para uso comum. É falsa a virtude que aparece para os de fora, e não se verifica para os familiares. Quem não é virtuoso dentro do seu lar, não o será na vida pública, embora assim aparente. Ser delicado e afável na sociedade, deixando de manter esses predicados em família, não é ser virtuoso, mas hipócrita. A virtude não tem duas faces, uma interna, outra externa: ela é integral, é perfeita sob todos os aspectos e prismas. Não há virtude privada e virtude pública: a virtude é uma e a mesma, em toda parte. O hábito da virtude, quando real, reflete-se em todos os nossos atos, do mais simples ao mais complexo, como o sangue que circula por todo corpo. As conjunturas difíceis, as emergências perigosas, não alteram a virtude quando ela já constitui o nosso modo habitual de vida. [...].[9]

Ainda segundo Jason de Camargo, a técnica para solidificar qualquer virtude é "[...] aprendê-la, analisá-la e repeti-la nas atividades práticas do cotidiano. [...] Quanto mais vão sendo repetidos os atos relativos à mesma perfeição, tanto mais fácil será praticá-los com esforço cada vez menor, até a liberação ou dispensa de qualquer energia consciente [...]."[10]

[...] O hábito da virtude é fruto de porfiada conquista. Possuí-la é suave e doce. Praticá-la é fonte perene de infinitos prazeres. A dificuldade não está no exercício da virtude, mas na oposição que lhe faz o vício., que com ela contrasta. É necessário destronar um elemento, para que o outro impere. O vício não cede lugar sem luta. A virtude nos diz: eis-me aqui, recebei-me, dai-me guarida em vosso coração; mas lembrai-vos de que, entre mim e o vício, existe absoluta incompatibilidade. Não podeis servir a dois senhores.[11]

O desenvolvimento de virtudes representa significativo desafio na superação das próprias imperfeições e dos impulsos dominadores das paixões inferiores. Nessa situação, o homem deve usar a razão, mantendo-a sob o seguro controle da vontade, para que um roteiro de melhoria espiritual seja planejado e seguido.

Segundo Emmanuel, a vontade exerce fundamental papel, considerando que a "[...] vontade é gerência esclarecida e vigilante, governando todos os se-tores da ação mental. A divina Providência concedeu-a por auréola luminosa à razão, depois da laboriosa e multimilenária viagem do ser pelas províncias obscuras do instinto. [...]."[12]

Ser virtuoso significa desenvolver bons hábitos, ter senso de dever e pautar as ações de acordo com o bem. Esta é a regra, e não há como fugir dela: "[...] Virtude sem proveito é brilhante no deserto. Inteligência sem boas obras é tesouro enterrado. [...] Em qualquer parte a vida te conhece pelo que és, mas apenas te valoriza pelo que fazes de ti."[13]

O Espírito André Luiz nos lembra que a virtude "[...] não é flor ornamental. É fruto abençoado do esforço próprio que você deve usar e engrandecer no momento oportuno."[14]

Acrescenta, por fim, Emmanuel:

> Virtude, quanto acontece à pedra preciosa lapidada, não surgirá no mostruário de nossas realizações sem burilamento e sem sacrifício. Se desejamos construí-la, em nossos corações, é imprescindível não nos acovardemos diante das oportunidades que o mundo nos oferece. [...] Recordemos que o trabalho e a luta são os escultores de Deus, criando em nós as obras-primas da vida. Quem pretende, porém, a fuga e o repouso indébitos, certamente desistirá, por tempo indefinido, do esforço de aprimoramento, transformando-se em sombra entre as sombras da estagnação e da morte.[15]

Referências

1. XAVIER, Francisco Cândido. *O consolador*. 28. ed. Rio de Janeiro: FEB, 2008, pergunta 253, p. 206.
2. KARDEC, Allan. *O livro dos espíritos*. Tradução de Evandro Noleto Bezerra. 2. ed. Rio de Janeiro: FEB, 2008. Questão 893, p. 535.
3. _____. *O evangelho segundo o espiritismo*. Tradução de Evandro Noleto Bezerra. 1. ed. Rio de Janeiro: FEB, 2008. Introdução IV, item XVII, p. 52.

4. _____. *O livro dos espíritos*. Op. Cit. Questão 894, p. 536.

5. XAVIER, Francisco Cândido. *Palavras de vida eterna*. Pelo Espírito Emmanuel. 33. ed. Uberaba [MG]: CEC, 2005. Cap. 121, p. 258-259.

6. _____. Cap. 122, p. 261.

7. KARDEC, Allan. *O livro dos espíritos*. Op. Cit. Questão 385, p. 281.

8. CAMARGO, Jason de. *Educação dos sentimentos*. Porto Alegre: Letras de Luz, 2001. Capítulo: A psicologia aplicada, p. 102.

9. VINÍCIUS. *Nas pegadas do mestre*. 12. ed. Rio de Janeiro: FEB, 2009. Capítulo: A virtude, p. 21.

10. CAMARGO, Jason de. *Educação dos sentimentos*. Op. Cit. Cap. 15, p. 178.

11. VINÍCIUS. *Nas pegadas do mestre*. Op. Cit., p. 22.

12. XAVIER, Francisco Cândido. *Pensamento e vida*. Pelo Espírito Emmanuel. 18. ed. Rio de Janeiro: FEB, 2008. Cap. 2, p. 13-14.

13. _____. *Bênção de paz*. Pelo Espírito Emmanuel. 7. ed. São Bernardo do Campo: GEEM, 1981. Cap. 54, p. 135.

14. _____. *Agenda Cristã*. Pelo Espírito André Luiz. 43. ed. Rio de Janeiro: FEB, 2005, Cap. 29, p. 95.

15. _____. *Correio fraterno*. Por Espíritos Diversos. 5. ed. Rio de Janeiro: FEB, 1998. Cap. 56 (Virtude, mensagem do Espírito Emmanuel), p. 129-130.

Orientações ao monitor

Pedir à turma que faça leitura silenciosa do Roteiro de Estudo, assinalando pontos considerados importantes. Após a leitura, orientá-los a emitir opiniões, em plenário, sobre os destaques selecionados.

Fazer breve explanação, focalizando as principais ideias desenvolvidas em todo o Roteiro.

Em seguida, dividir a turma em pequenos grupos, entregando a cada, duas perguntas relacionadas à aquisição e/ou desenvolvimento de virtudes. As perguntas devem ser lidas e analisadas pelos participantes, e respondidas com base nos conteúdos no Roteiro.

Ouvir as conclusões, esclarecendo pontos, se necessário.

Fazer o fechamento do estudo destacando ideias desenvolvidas pelo Irmão X (Espírito Humberto de Campos) no texto *Nos limites do céu*, inserido em anexo.

Observação: informar aos participantes que o assunto da próxima reunião será desenvolvido por um expositor, especialmente convidado. Recomendar-lhe leitura reflexiva prévia do assunto (As virtudes segundo o espiritismo), a fim de que as perguntas ou dúvidas que serão apresentadas ao palestrante revelem entendimento doutrinário.

Anexo

Nos limites do Céu*

Irmão X

No extremo limite da Terra com o Céu, aportou um peregrino envolto em nevado manto. Irradiava pureza e brandura. A fronte denunciava-lhe a nobreza pelos raios diamantinos que emitia em todas as direções. Extenso halo de luz assinalava-lhe a presença.

Recebido pela entidade angélica, que presidia à importante passagem, apresentou sua aspiração máxima: ingressar definitivamente no paraíso, gozar-lhe o descanso beatífico.

O divino funcionário, embora admirado e reverente perante Espírito tão puro, esboçou o gesto de quem notava alguma falha menos visível ao olhar inexperiente e considerou:

— Meu irmão, rendo homenagem à alvura de tuas vestes, entretanto, vejamos se já adquiriste a virtude perfeita.

Sorridente, feliz, o viajor vitorioso pôs-se à escuta.

— Conseguiste entesourar o amor sublime? — perguntou o anjo, respeitoso.

— Graças a Deus! — informou o interpelado.

— Edificaste a humildade?

— Sim.

— Guardaste a esperança fiel?

— Todos os dias.

— Seguiste o bem?

---

* XAVIER, Francisco Cândido. *Luz acima*. Pelo Espírito Irmão X (Humberto de Campos). 9. ed. Rio de Janeiro: FEB, 2004. Cap. 4.

— Invariavelmente.

— Cultivaste e pureza?

— Com zelo extremado.

— Exemplificaste o trabalho construtivo?

— Diariamente.

— Sustentaste a fé?

— Confiei no divino Poder, acima de tudo.

— Ensinaste a verdade e testemunhaste-a?

— Com todas as minhas forças.

— Conservaste a paciência?

— Sem perdê-la jamais.

— Combateste os vícios em ti mesmo, tais como a vaidade e o orgulho, o egoísmo e o ciúme, a teimosia e a discórdia?

— Esmeradamente.

— Guerreaste os males que assolam a vida, como sejam o ódio e a perversidade, a insensatez e a ignorância, a brutalidade e a estupidez?

— Sempre.

O anjo interrompeu-se, refletiu longos minutos, como se estivesse em face de grave enigma, e indagou:

— Meu amigo, já trabalhaste no inferno?

— Ah! isto não! — respondeu o peregrino, escandalizado. — Como haveria de ser?

O fiscal da celeste alfândega sorriu, a seu turno, e observou:

— Falta-te semelhante realização para subir mais alto.

— Oh! que contrassenso! — aventurou o interessado —, Como servir entre gênios satânicos, de olhos conturbados pela permanente malícia, de ouvidos atormentado pela gritaria, de mãos atadas pelos impedimentos do mal soberano, de pés cambaleantes sobre o terreno inseguro, com todas as potências da alma perturbadas pelas tentações?

— Sim, meu amigo — acentuou o preposto divino —, o bem é para salvar o mal, o amor foi criado para que amemos, a sabedoria se destina em primeiro lugar, ao ignorante. A maior missão da virtude é eliminar o vício e amparar o viciado. Por isto mesmo, o Céu não perde o inferno de vista...

E, perante o assombro do ouvinte, rematou:

— Torna à Terra, desce ao inferno que o homem criou e serve ao Senhor supremo, voltando depois... Então, cogitaremos da travessia. Lembra-te de que o Sol, situado cerca de cento e cinquenta milhões de quilômetros além do teu mundo, lança raios luminosos e salvadores ao mais profundo abismo planetário...

Em seguida, o controlador da Porta celestial cerrou a passagem ligeiramente entreaberta e o peregrino, de capa lirial, espantadiço e desapontado, sentou-se um pouco, a fim de meditar sobre as conquistas que havia feito.

EADE - LIVRO IV - MÓDULO III

OS VÍCIOS E AS VIRTUDES

Roteiro 8

AS VIRTUDES SEGUNDO O ESPIRITISMO

Objetivos

» Caracterizar as virtudes segundo o Espiritismo.

» Explicar porque a caridade é a mais meritória das virtudes.

Ideias principais

» Para a Doutrina Espírita todas as virtudes têm seu valor e devem ser cultivadas pelo homem. Mas, tendo como base o Evangelho, importa considerar que toda [...] *a moral de Jesus se resume na caridade e na humildade, isto é, nas duas virtudes contrárias ao egoísmo e ao orgulho. Em todos os seus ensinos, Ele aponta essas duas virtudes como sendo as que conduzem à eterna felicidade* [...]. Allan Kardec: O evangelho segundo o espiritismo. Cap. 15, item 3.

» *Meus filhos, na máxima: Fora da caridade não há salvação, estão contidos os destinos dos homens, na Terra e no céu; na Terra, porque à sombra dessa bandeira eles viverão em paz; no céu, porque os que a tiverem praticado acharão graça diante do Senhor* [...]. Allan Kardec: O evangelho segundo o espiritismo. Cap. 15, item 10.

» *Qual o verdadeiro sentido da palavra caridade, tal como Jesus a entendia? "Benevolência para com todos, indulgência para as imperfeições dos outros, perdão das ofensas".* Allan Kardec: *O livro dos espíritos.* Questão 886.

Subsídios

Nos estudos anteriores vimos que todas as virtudes são importantes, e o Espírito que as possui revela melhoria espiritual. Mas as orientações espíritas deixam claro que a caridade é a mais meritória de todas as virtudes: Todas as virtudes têm seu mérito, porque todas são sinais de progresso no caminho do bem. "[...] Mas a sublimidade consiste no sacrifício do interesse pessoal, pelo bem do próximo, sem segundas intenções. A mais meritória é a que se baseia na mais desinteressada caridade."[1]

O materialismo presente na sociedade moderna, associado aos desregramentos morais, produz efeitos infelizes na mente e nos sentimentos das pessoas que aspiram a um mundo melhor. Entretanto, a humanidade está sempre amparada pela Providência divina que permite o renascimento de Espíritos mais esclarecidos, em bondade e em conhecimento, a fim de impulsionar o desenvolvimento da sociedade humana. Esclarecem os benfeitores espirituais, a respeito:

> [...] a virtude não está inteiramente banida da Terra, como pensam certos pessimistas. Sem dúvida nela o mal ainda domina, mas quando se procura na sombra, percebe-se que, sob a erva daninha, há mais violetas, isto é, maior número de almas boas do que se pensa. Se elas surgem a intervalos tão espaçados, é que a verdadeira virtude não se põe em evidência, porque é humilde; contenta-se com os prazeres do coração e a aprovação da consciência, ao passo que o vício se manifesta afrontosamente, em plena luz; faz barulho, porque é orgulhoso. O orgulho e a humildade são os dois pólos do coração humano: um atrai todo o bem; o outro, todo o mal; um tem calma; o outro, tempestade; a consciência é a bússola que indica a rota conducente a cada um deles [...].[2]

1. As virtudes segundo o Espiritismo

Sabemos que as pessoas virtuosas desenvolveram virtudes ao longo das experiências reencarnatórias. São Espíritos que fazem o bem de forma natural, e, mesmo se colocadas perante condições adversas, demonstram conquistas adquiridas anteriormente, que "[...] lutaram outrora e triunfaram. É por isso é que os bons sentimentos não lhes custam nenhum esforço e suas ações lhes parecem muito naturais; para elas o bem se tornou um hábito. [...]".[3]

A mensagem do Espírito Francois-Nicolas-Madeleine,[4] que faz parte de *O evangelho segundo o espiritismo*, pode ser considerada uma síntese dos ensinamentos espíritas relacionados à virtude, cujas principais ideias são apresentadas, em seguida:[4]

» A virtude, no mais alto grau, é o conjunto de todas as qualidades essenciais que constituem o homem de bem. Ser bom, caridoso, laborioso, sóbrio, modesto, são qualidades do homem virtuoso.

» Infelizmente, elas são quase sempre acompanhadas de pequenas enfermidades morais, que lhes tiram o encanto e as atenuam.

» Aquele que faz ostentação não é virtuoso, visto que lhe falta a qualidade principal: a modéstia, e tem o vício que mais se lhe opõe: o orgulho.

» A virtude, verdadeiramente digna desse nome, não gosta de exibir-se.

» Adivinham-na; ela, porém, se oculta na obscuridade e foge à admiração das multidões.

» S. Vicente de Paulo era virtuoso; eram virtuosos o digno Cura d'Ars e muitos outros quase desconhecidos do mundo, mas conhecidos de Deus. Todos esses homens de bem ignoravam que fossem virtuosos; deixavam-se ir ao sabor de suas santas inspirações e praticavam o bem com desinteresse completo e inteiro esquecimento de si mesmos.

» É à virtude assim compreendida e praticada que vos convido, meus filhos; é a essa virtude verdadeiramente cristã e verdadeiramente espírita que vos incito a consagrar-vos.

» Afastai, porém, de vossos corações tudo o que seja orgulho, vaidade, amor-próprio, que sempre tiram o encanto das mais belas qualidades.

» Não imiteis o homem que se apresenta como modelo e faz alarde, ele próprio, das suas qualidades a todos os ouvidos complacentes. A virtude que assim se ostenta esconde muitas vezes uma porção de pequenas torpezas *e de odiosas covardias* [...].

As ideias espíritas favorecem o desenvolvimento de fé inabalável na bondade e na misericórdia de Deus, condição que nos faz acreditar no advento de um mundo de paz e felicidade. Pelo Espiritismo vemos, também, que as dificuldades atuais são temporárias, indicativas de que a humanidade está vivenciando um período de transformação por força da lei do progresso.

Verificamos, igualmente, que uma geração nova está surgindo no Planeta, uma "geração eleita", segundo estas palavras do apóstolo Pedro:

Mas vós sois uma raça eleita, um sacerdócio real, uma nação santa, o povo de sua particular propriedade, a fim de que proclameis as excelências daquele que vos chamou das trevas para sua luz maravilhosa, (I Pedro, 2:9. Bíblia de Jerusalém).

Em relação a essa geração nova de Espíritos que já está reencarnando no Planeta, é importante destacar alguns trechos da seguinte a mensagem do Espírito Doutor Barry, que se encontra em *A gênese*.[5]

Sim, por certo a humanidade se transforma, como já se transformou em outras épocas, e cada transformação é marcada por uma crise que é, para o gênero humano, o que são, para os indivíduos, as crises de crescimento; crises muitas vezes penosas, dolorosas, que arrastam consigo as gerações e as instituições, mas sempre seguidas de uma fase de progresso material e moral. Tendo chegado a um desses períodos de crescimento, a humanidade terrena está plenamente, há quase um século, no trabalho da transformação. É por isto que ela se agita por todos os lados, presa de uma espécie de febre e como que movida por uma força invisível, até que retome o equilíbrio sobre novas bases. Quem a vir, então, a achará muito mudada em seus costumes, em seu caráter, em suas leis, em suas crenças; numa palavra, em todo o seu estamento social. [...] À agitação dos encarnados e dos desencarnados se juntam, por vezes e mesmo na maioria das vezes, já que tudo se conjuga, na natureza, as perturbações dos elementos físicos; é então, por um tempo, uma verdadeira confusão geral, mas que passa como um furacão, depois do que o céu se torna sereno, e a humanidade, reconstituída sobre novas bases, imbuída de novas ideias, percorre uma nova etapa de progresso. É no período que ora se inicia que o Espiritismo florescerá e dará frutos [...].

Aprendendo a suportar as convulsões sociais do *período de transição*, a humanidade será abençoada com o raiar de um novo dia, que se seguirá à noite de tormentas, marcado pelo estabelecimento de uma nova ordem social. O homem encontrará, assim, campo livre para desenvolver plenamente suas capacidades intelectuais e, especialmente, as morais. As principais características dessa nova era, como esclarece Kardec, estão sintetizadas a seguir:[6]

» O progresso moral, secundado pela inteligência, refreará as paixões e garantirá a felicidade na Terra;

» A unidade de crença, fundamentada na fraternidade universal, dissiparão os principais antagonismos religiosos;

» Multiplicar-se-á o número de instituições beneméritas, apoiando os que sofrem;

» A legislação penal será mais justa;

» Os preconceitos estarão enfraquecidos, senão eliminados;

» A humanidade estará mais espiritualizada pela rejeição das ideias materialistas; e

» O mundo será governado por esta divisa: caridade, fraternidade, benevolência para todos, tolerância para todas as crenças.

Para os Orientadores da Vida Maior, qualquer programa de desenvolvimento de virtudes deve começar com o combate ao egoísmo: "De todas as imperfeições humanas, a mais difícil de extirpar é o egoísmo, porque resulta da influência da matéria.[...] O egoísmo se enfraquecerá com a predominância da vida moral sobre a vida material [...]."[7]

Desta forma, esclarece o Espírito Emmanuel em mensagem transmitida em Paris, no ano de 1861:[8]

> O egoísmo, esta chaga da humanidade, tem que desaparecer da Terra, porque impede seu progresso moral. [...] O egoísmo é, pois, o alvo para o qual todos os verdadeiros crentes devem apontar suas armas, sua força, sua coragem. Digo: coragem, porque é preciso mais coragem para vencer a si mesmo, do que para vencer os outros. Que cada um, portanto, empregue todos os esforços a combatê-lo em si, certo de que este monstro devorador de todas as inteligências, esse filho do orgulho é a fonte de todas as misérias terrenas. É a negação da caridade e, por conseguinte, o maior obstáculo à felicidade dos homens. [...].

Em *O livro dos espíritos*, Kardec analisa como proceder para eliminar o egoísmo:[9]

Louváveis esforços são empregados para fazer que a humanidade progrida. Os bons sentimentos são animados, estimulados e honrados mais do que em qualquer outra época; não obstante, o verme roedor do egoísmo continua a ser a praga social. É um mal real, que se espalha por todo o mundo e do qual cada homem é mais ou menos vítima. Assim, é preciso combatê-lo como se combate uma moléstia epidêmica. Para isso, deve-se proceder como procedem os médicos: remontando à causa do mal. [...] Conhecidas as causas, o remédio se apresentará por si mesmo. Só restará então combatê-las, senão todas ao mesmo tempo, pelo menos parcialmente, e o veneno pouco a pouco será eliminado. A cura poderá ser demorada, porque numerosas são as causas, mas não é impossível. Contudo, ela só se obterá se o mal for cortado pela raiz, isto é, pela educação, não por essa educação que tende a fazer homens instruídos, mas pela que tende a fazer homens de bem. Bem entendida, a educação constitui a chave do progresso moral. Quando se conhecer a arte de manejar as inteligências, poder-se-á endireitá-los, como se faz com as plantas novas. [...]. O homem quer ser feliz e esse sentimento é muito natural. Por isso ele trabalha incessantemente para melhorar a sua posição na Terra: procura as causas dos seus males, a fim de remediá-los. Quando compreender bem que o egoísmo é uma das causas, a que gera o orgulho, a ambição, a cupidez, a inveja, o ódio, o ciúme, que a cada instante magoam, que levam a perturbação a todas as relações sociais, provoca dissensões, destrói a confiança, obrigando-o a manter constantemente na defensiva contra o seu vizinho, enfim, a causa que faz do amigo um inimigo, então ele compreenderá que este vício é incompatível com a sua própria felicidade, e acrescentamos, com a sua própria segurança.

Esclarece ainda a Doutrina Espírita que há dois grandes obstáculos que dificultam o desenvolvimento de virtudes no ser humano: o interesse pessoal e o apego às coisas materiais.

Quanto ao **interesse pessoal**, os Espíritos orientadores da Codificação Espírita informam que este é o sinal mais característico da imperfeição.

[...] Muitas vezes as qualidades morais se assemelham, como num objeto de cobre, à douração que não resiste à pedra de toque. Um homem pode possuir qualidades reais que levem o mundo a considerá-lo homem de bem. Mas, essas qualidades, embora assinalem um progresso, nem sempre suportam certas provas, bastando algumas vezes que se fira a corda do interesse pessoal para que o fundo fique a descoberto. O verdadeiro desinteresse é coisa tão rara na Terra que é admirado como fenômeno quando se manifesta. [...].[10]

Quanto ao **apego às coisas materiais**, os mesmos Espíritos orientadores informam:[11]

O apego às coisas materiais constitui sinal notório de inferioridade, porque, quanto mais o homem se prende aos bens deste mundo, tanto menos compreende o seu destino. Pelo desinteresse, ao contrário, ele prova que vê o futuro de um ponto de vista mais elevado.

2. Caridade: a mais meritória das virtudes

Ensina a Doutrina Espírita que a "[...] caridade é a virtude fundamental que há de sustentar todo o edifício das virtudes terrestres. Sem ela não existem as outras. [...] A caridade é, em todos os mundos, a eterna âncora de salvação; é a mais pura emanação do próprio Criador; é a sua própria virtude, dada por Ele à criatura. [...]."[12]

Devemos ponderar, contudo, que a transformação de indivíduos em seres caridosos, de acordo com o entendimento espírita, demanda esforço e tempo, maior ou menor, dependendo das disposições íntimas de cada um. O aprendizado para tal propósito começa, em geral, com a execução de simples gestos de filantropia, desenraizando, assim, o egoísmo que tiraniza e adoece a criatura; continua com a aquisição de novas virtudes e o aperfeiçoamento de outras, como a fé e a esperança.

Ensina o Espírito Meimei que a caridade ilumina:[13]

a quantos se consagram ao amor pelos semelhantes, redimindo sentimentos e elevando almas, porque, acima de todas as forças que renovam os rumos da criatura, nos caminhos humanos, a caridade é a mais vigorosa, perante Deus, porque é a única que atravessa as barreiras da inteligência e alcança os domínios do coração.

O apóstolo Paulo ensina, igualmente:

Agora, portanto, permanecem fé, esperança e caridade, estas três coisas. A maior delas, porém, é a caridade (I Coríntios, 13: 13. Bíblia de Jerusalém).

O ser humano que, efetivamente, pratica a caridade já aprendeu, por sua vez, vivenciar esta sentença de Jesus, registrada pelo apóstolo João:

Isto vos mando: amai-vos uns aos outros (João, 15:1. Bíblia de Jerusalém).

Daí o Espiritismo ensinar que:

1. Toda a moral de Jesus se resume na caridade e na humildade, isto é, nas duas virtudes contrárias ao egoísmo e ao orgulho. Em todos os seus ensinos, Ele aponta essas duas virtudes como sendo as que conduzem à eterna felicidade [...]. Humildade e caridade, eis o que não cessa de recomendar e o de que dá, Ele mesmo, o exemplo. Orgulho e egoísmo, eis o que não se cansa de combater. Jesus, porém, não se limita a recomendar a caridade: põe-na claramente e em termos explícitos como a condição absoluta da felicidade futura. [...].[14]

2. Para que a vida se transforme numa bênção perene, é fundamental que cada indivíduo não apenas se liberte do egoísmo, mas que desenvolva a capacidade de doação em benefício do próximo. Este é o primeiro estágio do aprendizado, podemos assim afirmar. Nesse sentido Emmanuel esclarece que, a "[...] rigor, todas as virtudes têm a sua raiz no ato de dar. Beneficência, doação dos recursos próprios. Paciência, doação de tranquilidade interior. Tolerância, doação de entendimento. Sacrifício, doação de si mesmo. [...]."[15]

Ampliada a sua capacidade de doação, o Espírito compreende que a prática da caridade não se restringe à doação de bens e serviços. Este é o trabalho da filantropia. Aprende a discernir, então, sobre o valor da fé e da esperança, virtudes corolárias da caridade, que devem ser cultivadas para que as ações no bem não sejam enfraquecidas.

A esperança está para a fé como o Sol está para a Lua. Esta não tem luz própria: reflete aquela que recebe do Sol. [...] Assim a fé: é força comunicativa que, do coração de quem a tem, passa reflexamente para o coração de outrem, gerando neste a esperança. [...] Assim, a esperança faz nascer no coração do homem as boas e nobres aspirações; só a fé, porém, as realiza. A esperança sugere, a fé concretiza. A esperança desperta nos corações o anseio de possuir luz própria; conduz, portanto, à fé. Quem alimenta esperança está, invariavelmente, sob o influxo da fé oriunda de alguém. A força da fé é eminentemente conquistadora. [...]

Bem-vinda seja a esperança! Bendita seja a fé! Uma e outra espancam as trevas interiores. [...] Se é doce ter esperança, é valor e virilidade ter fé. Se a esperança gera o desejo, a fé gera o poder. Se a esperança suaviza o sofrimento, a fé neutraliza seus efeitos depressivos. Finalmente, se a esperança sustenta o homem nas lutas deste século, a fé assegura desde já a vitória da vida sobre a morte. E a caridade? Da caridade nada podemos dizer, porque — caridade é amor — e o amor é o indizível, o incomparável; sente-se como a mesma vida: não se define.[16]

O Espiritismo dá muito valor à prática da caridade, considerando-a como fator primordial de renovação íntima do ser humano, tanto isto é verdade que a principal bandeira da Doutrina Espírita está sintetizada nesta máxima: "Fora da caridade não há salvação".[17]

Não é por outro motivo que Ismael, Espírito protetor do Brasil, adotou a caridade como lema imortal, ao definir as bases do seu programa de cristiani-zação nas terras brasileiras, assim sintetizado: "Deus, Cristo e Caridade.[17]

Nesse aspecto, destaca-se a mensagem de Paulo de Tarso, transmitida mediunicamente em Paris, em 1860:[18]

Meus filhos, na máxima: Fora da caridade não há salvação, estão contidos os destinos dos homens, na Terra e no céu; na Terra, porque à sombra dessa bandeira eles viverão em paz; no céu, porque os que a tiverem praticado acharão graça diante do Senhor. Essa divisa é o facho celeste, a coluna luminosa que guia o homem no deserto da vida para o conduzir à Terra Prometida. Ela brilha no céu, como auréola santa, na fronte dos eleitos, e, na Terra, se acha gravada no coração daqueles a quem Jesus dirá: Passai à direita, benditos de meu Pai. Reconhecê-los-eis pelo perfume de caridade que espalham em torno de si. Nada exprime melhor o pensamento de Jesus, nada resume tão bem os deveres do homem, do que essa máxima de ordem divina. O Espiritismo não poderia provar melhor a sua origem, do que apresentando-a como regra, pois ela é o reflexo do mais puro Cristianismo. Com semelhante guia, o homem nunca se transviará. Dedicai-vos, assim, meus amigos, a compreender-lhe o sentido profundo e as consequências, a buscar, por vós mesmos, todas as suas aplicações. Submetei todas as vossas ações ao controle da caridade e a consciência vos responderá. Não só ela evitará que pratiqueis o mal, como também vos levará a praticar o bem, já que não basta uma virtude negativa: é necessária uma virtude ativa. Para fazer-se o bem, é preciso sempre a ação da vontade; para não se praticar o mal, basta muitas vezes a inércia e a indiferença. Meus amigos, agradecei a Deus por haver permitido que pudésseis gozar da luz do Espiritismo. Não é que somente os que a possuem hajam de ser salvos, é sim porque, ajudando-vos a compreender melhor os ensinos do Cristo, ela vos faz melhores cristãos. Fazei, pois, com que os vossos irmãos, ao vos observarem, possam dizer que o verdadeiro espírita e verdadeiro cristão são uma só e a mesma coisa, visto que todos quantos praticam a caridade são discípulos de Jesus, seja qual for o culto a que pertençam.

Referências

1. KARDEC, Allan. *O livro dos espíritos*. Tradução de Evandro Noleto Bezerra. 2. ed. Rio de Janeiro: FEB, 2008. Questão 893, p. 535.

2. _____. *Revista Espírita: Jornal de Estudos Psicológicos*. Tradução de Evandro Noleto Bezerra. 3. ed. Rio de Janeiro: FEB, 2006. Vol. 6 (1863, outubro). Item: Benfeitores Anônimos, p. 416-417.

3. _____. *O livro dos espíritos*. Op. Cit. Questão 894, p. 536.

4. _____. *O evangelho segundo o espiritismo*. Tradução de Evandro Noleto Bezerra. 1. ed. Rio de Janeiro: FEB, 2008. Cap.XVII, item 8, p. 344-345.

5. _____. *A gênese*. Tradução de Evandro Noleto Bezerra. 1. ed. Rio de Janeiro: FEB, 2009. Cap. 18, item 9, p. 521-522.

6. _____. Itens 19, 20, 22, 23, p. 529-532.

7. _____. *O livro dos espíritos*. Op. Cit. Questão 917, p. 546.

8. _____. *O evangelho segundo o espiritismo*. Op. Cit. Cap. XI, item 11, p. 229-230.

9. _____. *O livro dos espíritos*. Op. Cit. Questão 917– comentário, p. 548-549.

10. _____. Questão 895, p. 536-537.

11. _____. p. 537.

12. KARDEC, Allan. *O evangelho segundo o espiritismo*. Op. Cit. Cap. XIII, item 12, p. 271.

13. XAVIER, Francisco Cândido. *Meditações diárias*. Pelos Espíritos Bezerra de Menezes e Meimei. 1 ed. Araras [SP]: IDE, 2009. Capítulo: A lenda da caridade (mensagem de Meimei), p. 40.

14. _____. Cap. 15, item 3, p. 302.

15. _____. *Alma e coração*. Pelo Espírito Emmanuel. São Paulo: Editora Pensamento-Cultrix, 1969. Cap. 6, p. 21.

16. VINÍCIUS. *Em torno do mestre*. 9. ed. Rio de Janeiro: FEB, 2009. Capítulo: Fé, esperança e caridade, p. 247-248.

17. KARDEC, Allan. *O evangelho segundo o espiritismo*. Op. Cit. Cap. XV, item 8, p. 306.
18. XAVIER, Francisco Cândido. *Brasil, coração do mundo, pátria do evangelho*. Pelo Espírito Humberto de Campos. 32. ed. Rio de Janeiro: FEB, 2006. Cap. 3, p. 37.
19. KARDEC, Allan. *O evangelho segundo o espiritismo*. Op. Cit. Cap. XV, item 10, p. 307-308.

Orientações ao monitor

Apresentar o expositor à turma, que foi especialmente convidado para desenvolver o assunto por, aproximadamente, 45 minutos.

Pedir aos participantes que anotem perguntas ou dúvidas que serão encaminhadas ao palestrante ao final.

Após a exposição, passar ao convidado as perguntas ou dúvidas registradas pela turma.

Fazer o fechamento do estudo com base nas ideias contidas no texto em anexo (*Necessidade da caridade*), de autoria do apóstolo Paulo.

Anexo

Necessidade da caridade

Primeira epístola de Paulo aos coríntios, 13: 1 a 13.

Bíblia de Jerusalém

E ainda que eu falasse línguas, as dos homens e as dos anjos, se eu não tivesse a caridade, seria como bronze que soa ou como címbalo que tine.

E ainda que tivesse o dom da profecia, o conhecimento de todos os mistérios e de toda a ciência, ainda que tivesse toda a fé, a ponto de transportar montanhas, se não tivesse a caridade, nada seria.

Ainda que distribuísse todos os meus bens aos famintos, ainda que entregasse meu corpo às chamas, se não tivesse caridade, isso nada me adiantaria.

A caridade é paciente, a caridade é prestativa, não é invejosa, não se ostenta, não se incha de orgulho. Nada faz de inconveniente, não procura o seu próprio interesse, não se irrita, não guarda rancor. Não se alegra com a injustiça, mas se regozija com a verdade. Tudo desculpa, tudo crê, tudo espera, tudo suporta.

A caridade jamais passará. Quanto às profecias, desaparecerão. Quanto às línguas, cessarão. Quanto à ciência, também desaparecerá. Pois o nosso conhecimento é limitado, e limitada é a nossa profecia.

Mas, quando vier a perfeição, o que é limitado desaparecerá.

Quando eu era criança, falava como criança, raciocinava como criança. Depois que me tornei homem, fiz desaparecer o que era próprio da criança. Agora vemos em espelho e de maneira confusa, mas, depois, veremos face a face. Agora meu conhecimento é limitado, mas, depois, conhecerei como sou conhecido.

Agora, portanto, permanecem fé, esperança, caridade, essas três coisas. A maior delas, porém, é a caridade.

EADE LIVRO IV | MÓDULO IV

A HUMANIDADE REGENERADA

EADE - LIVRO IV - MÓDULO IV

A HUMANIDADE REGENERADA

Roteiro 1

A LEI DIVINA E A LEI HUMANA

Objetivos

» Citar as principais características da lei divina e da lei humana.

» Esclarecer a importância da mensagem cristã para o entendimento e vivência da lei divina.

Ideias principais

» As leis de Deus são perfeitas e jamais se modificam: *Deus não se engana. Os homens é que são obrigados a modificar as suas leis, por serem imperfeitas; mas as leis de Deus são perfeitas. A harmonia que rege o universo material e o universo moral se baseia em leis estabelecidas por Deus desde toda a eternidade.* Allan Kardec: *O livro dos espíritos*, questão 616.

» [...] *O Cristo foi o iniciador da moral mais pura, da mais sublime: a moral evangélico-cristã, que há de renovar o mundo, aproximar os homens e torná-los irmãos; que há de fazer brotar de todos os corações humanos a caridade e o amor do próximo e estabelecer entre os homens uma solidariedade comum; de uma moral, enfim, que há de transformar a Terra, tornando-a morada de Espíritos superiores aos que hoje a habitam.* [...]. Allan Kardec: *O evangelho segundo o espiritismo.* Cap. I, item 9.

Subsídios

A legislação divina é imutável, ao contrário do que acontece com as leis humanas, que modificam à medida que a humanidade progride. Com o processo evolutivo, mudam-se hábitos, costumes e normas que regulam a vida em sociedade.

Só o que vem de Deus é imutável. Tudo o que é obra dos homens está sujeito a mudança. As leis da natureza são as mesmas em todos os tempos e em todos os países. As leis humanas mudam segundo os tempos, os lugares e o progresso da inteligência. [...]."[1]

Somente com o advento da mensagem cristã é que o ser humano passou a compreender a excelsitude das Leis divinas, aprendendo, ao longo das reencarnações, como vivenciá-las em espírito e verdade. As seguintes palavras se Jesus, registradas pelo evangelista Lucas, nos indicam a importância da mensagem cristã para o entendimento e vivência da Lei Divina:

A Lei e os Profetas até João! Daí em diante, é anunciada a Boa-Nova do reino de Deus, e todos se esforçam em entrar nele com violência. É mais fácil passar céu e terra do que uma só vírgula cair da lei. (Lucas, 16:16-17. Bíblia de Jerusalém).

Estes ensinamentos indicam, igualmente, o poder renovador da mensagem cristã, visto que antes da vinda de Jesus, a humanidade se encontrava mais preocupada em reverenciar Deus por meio de cultos e rituais, sem compreendê-Lo, efetivamente. Com o Cristo, surge uma nova era no horizonte evolutivo humano, caracterizada pelos ditames da Lei de Amor. Definem-se, então, novas diretrizes para que a prática da Lei de Deus.

Por outro lado, entre os cristãos surgiram (e por muito tempo surgirá), aqueles que não possuem a necessária força moral para fazer o bem e, ignorantes, vaidosos e orgulhosos, tentarão apossar-se do reino de Deus de assalto, pela violência. São pessoas cujos comportamentos revelam notória imperfeição espiritual. Ainda não totalmente renovadas nas trilhas do bem, mantém-se prisioneiros das manifestações do personalismo, exaltadas pelas posições que alcançam na escala social. São indivíduos que preferem os louvores dos rituais do culto exterior, vazios por si mesmos, que mais referenciam o Senhor por palavras do que por ações.

A passagem do Evangelho citada demonstra, também, que só seremos verdadeiramente felizes quando compreendermos que a lei de Deus é "[...] a única verdadeira para a felicidade do homem. Indica-lhe o que deve fazer ou não fazer e ele só é infeliz porque dela se afasta."[2]

Sendo assim, é praticamente impossível o homem ignorar o que é certo e errado, independentemente da interpretação religiosa que acata, uma vez que a lei de Deus está escrita na consciência, conforme elucida a Codificação Espírita. Fica claro, então, que tudo que é contrário ao bem não é lei divina.

Mesmo diante dos maiores desafios existenciais é importante estarmos atentos à sabedoria das leis divinas, de acordo com o seguinte conselho que Emmanuel nos dá:

> Certifica-te, sobretudo, de que Deus, nosso Pai, é o autor e o sustentador do sumo Bem. Nenhum mal lhe poderia alterar o governo supremo, baseado em amor infinito e bondade eterna. A vista de semelhante convicção, o que te parece doença é processo de recuperação da saúde. Pequenos dissabores que categorizas por ofensas, serão convites a reexame dos impeços que te crivam a estrada ou apelos à oração por aqueles companheiros de humanidade que levianamente se transformam em perseguidores das boas obras que ainda não conseguem compreender. Contratempos que interpretas como sendo ingratidão das pessoas queridas, quase sempre apenas significam modificações dos desígnios Superiores [...]. Discórdia é problema que te pede ação pacificadora. Desarmonias domésticas mais não são que exigência de mais serviço aos familiares para que te concilies em definitivo com adversários do pretérito [...] e até mesmo a presença da morte não se define senão por mais renovação e mais vida.[3]

1. CARACTERÍSTICAS FUNDAMENTAIS DAS LEIS DIVINAS

As leis divinas são perfeitas.

As leis de Deus são perfeitas e jamais se modificam: "[...]Deus não se engana. Os homens é que são obrigados a modificar as suas leis, por serem imperfeitas; mas as leis de Deus são perfeitas. A harmonia que rege o universo material e o universo moral se baseia em leis estabelecidas por Deus desde toda a eternidade"[4], pois a Lei de Deus é "[...] eterna e imutável como o próprio Deus."[5]

As leis da natureza são divinas.

» Todos os fenômenos da natureza são governados por "[...] leis divinas, visto que Deus é o autor de todas as coisas. O sábio estuda as leis da matéria, o homem de bem estuda e pratica as leis divinas."[6]

» "Entre as leis divinas, umas regulam o movimento e as relações da matéria bruta: são as leis físicas, cujo estudo pertence ao domínio da Ciência. As outras dizem respeito especialmente ao homem em si mesmo e às suas relações com Deus e com seus semelhantes. Abrangem tanto as regras da vida do corpo quanto as da vida da alma: são as leis morais."[7]

As leis divinas são reveladas aos homens, paulatinamente.

» As leis divinas são reveladas gradualmente aos homens por Espíritos esclarecidos, a fim de que o ser humano aprenda vivenciá-las em espírito e em verdade. "[...] Em todos os tempos houve homens que receberam essa missão. São Espíritos Superiores, encarnados com o objetivo de fazer a humanidade progredir."[8]

» "A verdade [...] para que seja útil, precisa ser revelada de conformidade com o grau de entendimento se cada um de nós. Daí não ter sido posta, sempre, ao alcance de todos, igualmente dosada."[9]

Para os que já alcançaram apreciável desenvolvimento espiritual, muitas crenças e cerimônias religiosas vigentes aqui, ali e acolá, parecerão absurdas, ou mesmo risíveis. Todas têm, todavia, o seu valor, porquanto satisfazem à necessidade de grande número de almas simples que a elas ainda se apegam e nelas encontram o seu caminho para Deus.[10]

» Entretanto, é preciso saber diferenciar os verdadeiros emissários do Senhor dos falsos interpretadores da legislação divina, os quais, por ignorância ou má fé confundem as pessoas e as desviam do bom caminho.

[...] Se alguns dos que pretenderam instruir o homem na lei de Deus, algumas vezes o desencaminharam, ensinando-lhe falsos princípios, foi porque se deixaram dominar por sentimentos demasiado terrenos e porque confundiram as leis que regulam as condições da vida da alma, com as que regem a vida do corpo. Muitos deles apresentaram como leis divinas o que eram simples leis humanas, criadas para servir às paixões e para dominar os homens.[11]

Em síntese, o aprendizado da Lei de Deus ocorre dentro de um momento preciso do processo evolutivo do ser humano. Não há violência de espécie alguma. Neste sentido, já afirmava Paulo de Tarso:

Quando eu era criança, falava como criança, pensava como criança, raciocinava como criança. Depois que me tornei homem, fiz desaparecer o que era próprio da criança. Agora vemos em espelho e de maneira confusa, mas, depois, veremos face a face. Agora meu conhecimento é limitado, mas, depois, conhecerei como sou conhecido (I Coríntios, 13: 11-12. *Bíblia de Jerusalém*).

2. IMPORTÂNCIA DA MENSAGEM CRISTÃ PARA A HUMANIDADE

A mensagem cristã nos ensina como vivenciar as leis divinas, pois para "[...] o homem, Jesus representa o tipo da perfeição moral a que a humanidade pode aspirar na Terra. Deus no-lo oferece como o mais perfeito modelo, e a doutrina que ensinou é a mais pura expressão de sua Lei, porque, sendo Jesus o ser mais puro que já apareceu na Terra, o Espírito divino o animava. [...]".[11]

Sendo o Cristo o governador espiritual do Planeta, chegará o momento em que todos os habitantes da Terra, encarnados e desencarnados, conhecerão o seu Evangelho, pois, ao longo dos séculos, os ensinamentos de Jesus têm sido revelados por Espíritos missionários que renascem continuamente no Planeta com o intuito de encaminhar a humanidade a níveis superiores de aprendizado espiritual.

A mensagem libertadora do Evangelho permanece desconhecida aos homens porque estes recusam a vivência da Lei do Amor. São indivíduos que preferem se manter cegos e surdos ao chamamento divino. Entram e saem das reencarnações sem revelarem significativa melhoria espiritual, prisioneiros que se encontram das exigências da vida material, como bem recorda o evangelista Mateus: *Porque o coração deste povo se tornou insensível. E eles ouviram de má vontade, e fecharam os olhos, para não acontecer que vejam com os olhos, e ouçam com os ouvidos, e entendam com o coração, e se convertam, e assim eu os cure* (Mateus, 13-15. *Bíblia de Jerusalém*).

O Cristo foi o iniciador da moral mais pura, da mais sublime: a moral evangélico-cristã, que A há de renovar o mundo, aproximar os homens e torná-los irmãos; que há de fazer brotar de todos os corações humanos a caridade e o amor do próximo e estabelecer entre os homens uma solidariedade comum; de uma moral, enfim, que há de transformar a Terra, tornando-a morada de Espíritos superiores aos que hoje a habitam. É a lei do progresso, à qual a natureza está submetida, que se cumpre, e o Espiritismo é a alavanca de que Deus se utiliza para fazer que a humanidade avance. [...].[12]

O Evangelho representa a fonte de ensinamentos que tem o poder de nos transformar para o bem. Pelo Cristo descobriremos, finalmente, o reino de Deus que já se encontra dentro de nós.

Sob o imperativo da cultura terrena, o termo "reino" recorda sempre o trono, o cetro e a coroa de ouro com que déspotas se mostram no mundo dos excessos, das fantasias e das extravagâncias, exibindo poder e arbitrariedade, semeando terror, fome e miséria. [...] É imperioso lembrar que tais reinados são permitidos, neste mundo, pelo "Senhor da Vinha", em face da inferioridade moral das criaturas terrenas e de seus elevados compromissos espiritual. [...] O reinado de Jesus, que pela inferioridade moral dos seres terrenos ainda não pertence a este mundo, não deve, pois, ser confundidos com os reinados da Terra, onde o homem apropria-se de ouro, dos títulos, dos territórios e do temporário poder, desencarnando pobre e odiado por todos.[13]

Vemos então, que o caminho para o reino de Deus passa, necessariamente, pelo estudo e vivência do Evangelho, pois, acima de tudo a " [...] conquista do reino de Deus é conquista de si mesmo [...]",[14] combatendo imperfeições morais e desenvolvendo virtudes.

A Doutrina Espírita desempenha relevante papel neste contexto: revela e divulga a mensagem cristã, a fim de que o homem conheça a lei de Deus em sua essência, e sempre encontre o definitivo caminho da felicidade.

Em termos de aprendizado espiritual, compreendemos que o entendimento das leis divinas passaram por três períodos fundamentais: "[...] Moisés abriu o caminho; Jesus continuou a obra; o Espiritismo a concluirá."[12]

3. DIFICULDADES DE VIVÊNCIA DAS LEIS DIVINAS

O principal obstáculo que à plena vivência das leis divinas é a imperfeição humana, manifestada de diferentes formas, mas, sobretudo, em razão de escolhas insensatas que o Espírito faz.

O espírito consciente, criado através dos milênios, nos domínios inferiores da natureza, chega à condição de humanidade, depois de haver pago os tributos que a evolução reclama. À vista disso, é natural que compreenda que o livre-arbítrio estabelece determinada posição para cada alma, porquanto cada pessoa deve a si mesma a situação em que se coloca.

Possuis o que deste. Granjearás o que vem dando. Conheces o que aprendeste. Saberás o que estudas. Encontraste o que buscavas. Acharás o que procuras. Obtiveste o que pediste. Alcançarás o que almejas. É hoje o que fizeste contigo ontem. Será amanhã o que fazes contigo hoje.[15]

As más escolhas, o uso incorreto do livre arbítrio, conduzem a criatura humana a instâncias de sofrimento. Cabe, pois, a ela sair do círculo vicioso dos equívocos e, aproveitar adequadamente as lições oferecidas pelas provações. Neste sentido, esclarece Emmanuel:[16]

Em verdade, quando as aflições se sucedem umas às outras, simultaneamente, em nossa vida, sentimo-nos à feição do viajor perdido na selva, intimado pelas circunstâncias a construir o próprio caminho. Quando atinjas um momento, assim obscuro, em que as crises aparecem gerando crises, não atribuas a outrem a culpa da situação embaraçosa em que te vejas e nem admitas que o desânimo se te apposse das energias. Analisa o valor do tempo e não canalizes a força potencial dos minutos para os domínios da queixa ou da frustração. Ora, levanta-te dos obstáculos em pensamento e age em favor da própria libertação, na certeza de que, por trás da dificuldade, a lei do bem está operando. [...].

Entretanto, à medida que a criatura humana desenvolve a capacidade de discernir entre o bem e o mal, passa a vivenciar a Lei de Deus. Em geral, os homens "[...] podem conhecê-la, mas nem todos a compreendem. Os homens de bem são os que melhor a compreendem. Todos, entretanto, a compreenderão um dia, pois é preciso que o progresso se realize."[17]

A justiça das diversas encarnações do homem é uma consequência deste princípio, pois a cada nova existência sua inteligência se acha mais desenvolvida e ele compreende melhor o que é bem e o que é mal. Se, para ele, tudo tivesse que se realizar numa única existência, qual seria a sorte de tantos milhões de seres que morrem todos os dias no embrutecimento da selvageria, ou nas trevas da ignorância, sem que deles tenha dependido o próprio esclarecimento?[18]

Como o espírita não desconhece as manifestações da lei de causa e efeito, deve vigiar com mais atenção os seus pensamentos, sentimentos, palavras e atos, sempre buscando apoio nas orientações do Evangelho, evitando submeter à onda de desarmonia existente no atual momento evolutivo da vida planetária.

Nestas condições, revela-se como processo educativo eficiente o empenho em desenvolver o autoconhecimento, capaz de revelar os limites e as possibilidades individuais. A pessoa reeducada nessas bases é mais prudente, revelando-se incapaz de de julgar as ações do próximo. A postura de censor do comportamento alheio representa sério obstáculo à melhoria espiritual, capaz de manter o indivíduo à margem do progresso, pois, estando este mais preocupado com o que o próximo faz, ou deixa de fazer, retarda o seu progresso individual, mantendo-se estacionário no combate às próprias imperfeições.

Para vivenciar as leis divinas é importante não ser conivente com o mal, apresentado sob múltiplas expressões, nem se vincular à perturbação reinante na sociedade atual, intoxicada pelo materialismo. Trata-se de significativo desafio, mas se a criatura humana agir com inteligência e moralidade encontrará, no cotidiano, excelentes oportunidades para se transformar em pessoa melhor. Para tanto, é necessário ter firme a vontade.

Todos temos, assim, na vontade a alavanca da vida, com infinitas possibilidades de mentalizar e realizar. O governo do universo é a justiça que define, em toda parte, a responsabilidade de cada um. A glória do universo é a sabedoria, expressando luz nas consciências. O sustento do universo é o trabalho que situa cada inteligência no lugar que lhe compete. A felicidade do universo é o amor na forma do bem de todos. O Criador concede às criaturas, no espaço e no tempo, as experiências que desejem, para que se ajustem, por fim, às leis de bondade e equilíbrio que o manifestam. Eis por que, permanecer na sombra ou na luz, na dor ou na alegria, no mal ou no bem, é ação espiritual que depende de nós.[19]

Referências

1. KARDEC, Allan. *O evangelho segundo o espiritismo*. Tradução de Evandro Noleto Bezerra. 1. ed. Rio de Janeiro: FEB, 2008. Cap. XXII, item 2, p. 408.

2. _____. *O livro dos espíritos*. Tradução de Evandro Noleto Bezerra. 2. ed. Rio de Janeiro: FEB, 2008, questão 614, p. 399.

3. XAVIER, Francisco Cândido. *Alma e coração*. Pelo Espírito Emmanuel. São Paulo: Pensamento, 2006. Cap. 9, p. 27-28.

4. KARDEC, Allan. *O livro dos espíritos*.Op. Cit. Questão 616, p. 400.

5. _____. Questão 615, p. 399.

6. _____. Questão 617, p. 400..

7. _____. Questão 617-a – comentário, p. 400.

8. _____. Questão 622, p. 402.

9. CALLIGARIS, Rodolfo. *As leis morais*. Pelo Espírito Emmanuel.15. ed. Rio de Janeiro: FEB, 2009. Capítulo: O conhecimento da lei natural, p. 13-14.

10. _____. p.14.

11. KARDEC, Allan. *O livro dos espíritos*. Op. Cit. Questão 625 – comentário, p. 403.

12. _____. *O evangelho segundo o espiritismo*. Op. Cit. Cap. I, item 9, p. 63.

13. MOUTINHO, João de Jesus. *Notícias do reino: interpretações bíblicas e evangélicas à luz da Codificação Kardequiana – II*. 1. ed. Rio de Janeiro: FEB, 2009. Cap.46, p. 139-140.

14. _____. p. 140.

15. XAVIER, Francisco Cândido. *Justiça divina*. Pelo Espírito Emmanuel. 13. ed. Rio de Janeiro: FEB, 2008. Capítulo: Diante da lei, p.101-102.

16. XAVIER, Francisco Cândido. *Alma e coração*. Op. Cit. Cap. 9, p. 27.

17. KARDEC, Allan. *O livro dos espíritos*. Op. Cit. Questão 619, p. 401.

18. _____. Questão 619 – comentário, p. 401.

19. XAVIER, Francisco Cândido. *Justiça divina*. Op. Cit. Capítulo: Diante da lei, p.102.

Orientações ao monitor

» Realizar uma breve introdução sobre os principais aspectos que caracterizam as leis divina e humanas, a importância da mensagem cristã para humanidade e as dificuldades de vivenciá-las.

»   Pedir aos participantes que façam leitura do texto de Neio Lúcio, inserido em anexo.

Concluída a leitura, desenvolver amplo debate em torno das ideias desenvolvidas no texto, correlacionando-as com os conteúdo doutrinários deste Roteiro de Estudo.

Anexo

O juízo reto*

Neio Lúcio

Ao tribunal de Eliaquim ben Jefté, juiz respeitável e sábio, compareceu o negociante Jonatan ben Cafar arrastando Zorobabel, miserável mendigo.

— Este homem — clamou o comerciante, furioso — impingiu-me um logro de vastas proporções! Vendeu-me um colar de pérolas falsas, por cinco peças de ouro, asseverando que valiam cinco mil. Comprei as joias, crendo haver realizado excelente negócio, descobrindo, afinal, que o preço delas é inferior a dois ovos cozidos. Reclamei diretamente contra o mistificador, mas este vagabundo já me gastou o rico dinheiro. Exijo para ele as penas da justiça! É ladrão reles e condenável!...

O magistrado, porém, que cultuava a Justiça suprema, recomendou que o acusado se pronunciasse por sua vez:

— Grande juiz — disse ele, timidamente —, reconheço haver transgredido os regulamentos que nos regem. Entretanto, tenho meus dois filhos estirados na cama e debalde procuro trabalho digno, pois mo recusam sempre, a pretexto de minha idade e de minha pobre apresentação. Realmente, enganei o meu próximo e sou criminoso, mas prometo resgatar meu débito logo que puder.

O juiz meditou longamente e sentenciou:

---

* XAVIER, Francisco Cândido. *Alvorada cristã*. Pelo Espírito Neio Lúcio. 14. ed. Rio de Janeiro: FEB, 2007. Cap. 8, p. 41-44.

— Para Zorobabel, o mendigo, cinco bastonadas entre quatro paredes, a fim de que aprenda a sofrer honestamente, sem assalto à bolsa dos semelhantes, e, para Jonatan, o mercador, vinte bastonadas, na praça pública, de modo a não mais abusar dos humildes.

O negociante protestou, revoltado:

— Que ouço?! Sou vítima de um ladrão e devo pagar por faltas que não cometi? Iniquidade! Iniquidade!...

O magistrado, todavia, bateu forte com um martelo sobre a mesa, chamando a atenção dos presentes, e esclareceu, em voz alta:

— Jonatan ben Cafar, a justiça verdadeira não reside na Terra para examinar as aparências. Zorobabel, o vagabundo, chefe de uma família infeliz, furtou-te cinco peças de ouro, no propósito de socorrer os filhos desventurados, porém, tu, por tua vez, tentaste roubar dele, valendo-te do infortúnio que o persegue, apoderando-te de um objeto que acreditaste valer cinco mil peças de ouro ao preço irrisório de cinco. Quem é mais nocivo a sociedade, perante Deus: o mísero esfomeado que rouba um pão, a fim de matar a fome dos filhos, ou o homem já atendido pela Bondade do Eterno, com os dons da fortuna e da habilidade, que absorve para si uma padaria inteira, a fim de abusar, calculadamente, da alheia indigência? Quem furta por necessidade pode ser um louco, mas quem acumula riquezas, indefinidamente, sem movimentá-las no trabalho construtivo ou na prática do bem, com absoluta despreocupação pelas angústias dos pobres, muita vez passará por inteligente e sagaz, aos olhos daqueles que, no mundo, adormeceram no egoísmo e na ambição desmedida, mas é malfeitor diante do Todo-Poderoso que nos julgará a todos, no momento oportuno.

E, sob a vigilância de guardas robustos, Zorobabel tomou cinco bastonadas em sala de portas lacradas, para aprender a sofrer sem roubar, e Jonatan apanhou vinte, na via pública, de modo a não mais explorar, sem escrúpulos, a miséria, a simplicidade e a confiança do povo.

EADE - LIVRO IV - MÓDULO IV

A HUMANIDADE REGENERADA

Roteiro 2

AMOR A DEUS E AO PRÓXIMO

Objetivos

» Explicar o que caracteriza amor a Deus e amor ao próximo.
» Apresentar ações que favoreçam o seu desenvolvimento.

Ideias principais

» *Amarás ao Senhor teu Deus de todo o teu coração, de toda a tua alma e de todo o teu espírito. Este é o maior e o primeiro mandamento. O segundo é semelhante a esse: amará o teu próximo como a ti mesmo. Desses dois mandamentos dependem toda a Lei e os Profetas* (Mateus, 22:37-40. Bíblia de Jerusalém).

» *Quantas vezes terás dito que amas a Deus e te dispões a servi-lo? E quantas outras tantas terás afirmado a tua fé na Providência divina? Provavelmente, porém, não te puseste ainda a raciocinar que os teus votos foram acolhidos e que o Todo-Misericordioso, por intermédio de vasta corrente hierárquica de assessores, te enviou tarefas de cooperação com a Sua Infinita Bondade, junto de causas, organizações, situações e pessoas, que lhe requisitam assistência e intervenção. [...]*. Emmanuel: Encontro marcado, cap.1.

» *Quem ama o próximo sabe, acima de tudo, compreender. E quem compreende sabe livrar os olhos e os ouvidos do venenoso visco do escândalo, a fim de ajudar, ao invés de acusar ou desservir. É necessário trazer o coração sob a luz da verdadeira fraternidade, para reconhecer que somos irmãos uns dos outros, filhos de um só Pai. [...]. Emmanuel: Fonte viva, cap. 159.*

Subsídios

O evangelista Mateus anotou a sabedoria da seguinte resposta de Jesus a alguém que lhe indagou qual seria o maior mandamento da Lei de Deus:

E um deles — a fim de pô-lo à prova — perguntou-lhe : "Mestre, qual é o maior mandamento da Lei?" Ele respondeu: "Amarás ao Senhor teu Deus de todo o teu coração, de toda a tua alma, e de todo o teu espírito. Esse é o maior e o primeiro mandamento. O segundo é semelhante a esse : amarás o teu próximo como a ti mesmo. Desses dois mandamentos dependem toda a Lei e os Profetas." (Mateus, 22:35-40. Bíblia de Jerusalém).

São ensinamentos que estabelecem as regras de bem viver, com Deus e com o próximo, mesmo na nossa condição de Espíritos imperfeitos. Emmanuel analisa, assim, esse ensino de Jesus:[1]

Entretanto, perguntarás, como amarei a Deus que se encontra longe de mim? Cala, porém, as suas indagações e recorda que, se os pais e as mães do mundo vibram na experiência dos filhos, se o artista está invisível em suas obras, também deus permanece suas criaturas. Lembra-se que, se deves esperar por Deus onde te encontras, Deus igualmente espera por ti em todos os ângulos do caminho. Ele é o Todo em que nos movemos e existimos. [...] Amemos ao próximo com toda a alma e com todo o coração e estaremos amando ao Senhor com forças mais nobres de nossa vida.

Há outra orientação de Jesus — conhecida como a "regra de ouro" — que complementa este ensinamento do Maior Mandamento, assim registrada por Mateus e por Lucas, respectivamente:

» *Tudo aquilo, portanto, que quereis que os homens vos façam, fazei-o vós a eles, pois esta é a Lei e os Profetas (Mateus, 7:12. Bíblia de Jerusalém).*

» *Como quereis que os outros vos façam, fazei também a eles (Lucas, 6:31. Bíblia de Jerusalém).*

Esclarece Allan Kardec que "Amar o próximo como a si mesmo; fazer pelos outros o que gostaríamos que os outros fizessem por nós, é a expressão mais completa da caridade, porque resume todos os deveres do homem para com o próximo. [...]."[2] Acrescenta, também:[2]

[...] Não podemos encontrar guia mais seguro, a tal respeito, do que tomar, como medida do que devemos fazer aos outros, aquilo que desejamos para nós mesmos. Com que direito exigiríamos dos nossos semelhantes melhor proceder, mais indulgência, mais benevolência e devotamento, do que os temos para com eles? A prática dessas máximas tende à destruição do egoísmo. Quando os homens as adotarem como regra de conduta e como base de suas instituições, compreenderão a verdadeira fraternidade e farão que entre eles reinem a paz e a justiça. Não mais haverá ódios, nem dissensões, mas apenas união, concórdia e benevolência mútua.

1. AMOR A DEUS

O indivíduo que ama a Deus revela que já possui alguma compreensão sobre as leis divinas, que tem discernimento entre o que é certo ou errado; do que é moral, imoral ou amoral; assim como do que é bom ou ruim em termos da evolução humana. Sobre o assunto, esclarece o Espírito Emmanuel:[3]

Já se disse que duas asas conduzirão o Espírito humano à presença de Deus. Uma chama-se amor; a outra, sabedoria. Pelo amor, que, acima de tudo, é serviço aos semelhantes, a criatura se ilumina e aformoseia por dentro, emitindo, em favor dos outros, o reflexo de suas próprias virtudes; e pela sabedoria, que começa na aquisição do conhecimento, recolhe a influência dos vanguardeiros do progresso, que lhe comunicam os reflexos da própria grandeza, impelindo-a para o Alto. Através do amor valorizamo-nos para a vida. Através da sabedoria somos pela vida valorizados. Daí o imperativo de marcharem juntas a inteligência e a bondade. Bondade que ignora é assim como o poço amigo em plena sombra, a dessedentar o viajor sem ensinar-lhe o caminho. Inteligência que não ama pode ser comparada a valioso poste de aviso, que traça ao peregrino informes de rumo certo, deixando-o sucumbir ao tormento da sede. Todos temos necessidade de instrução e de amor. Estudar e servir são rotas inevitáveis na obra de elevação [...].

Amor e sabedoria são, portanto, instrumentos do amor a Deus. Trata-se de aquisições que demandam esforço e perseverança, uma vez que inúmeros são os desafios que surgem durante a caminhada evolutiva. Contudo, se o Espírito desenvolver paciência, perseverando na fé, entrega-se ao trabalho de renovação espiritual com bom ânimo, adquirindo a força espiritual necessária para vencer dificuldades do caminho e para superar imperfeições.

Agindo dessa forma, o ser humano não só evolui, mas se transforma em cooperadores de Deus, como afirma o apóstolo Paulo:

Nós somos cooperadores de Deus; vós sois a seara de Deus, o edifício de Deus. Segundo a graça que Deus me deu, como bom arquiteto, lancei o fundamento; outro constrói por cima. Mas cada um veja como constrói. (I *Coríntios* 3:9-10. *Bíblia de Jerusalém*).

Importa considerar, igualmente :

Indubitavelmente, Deus, nosso Pai e Criador, fará que a Terra alcance a perfeição, mas é preciso descobrir a parte de trabalho que nos compete, na condição de filhos e criaturas de Deus, no aprimoramento geral, a começar de nós e a refletir-se fora de nós. Clareando o pensamento exposto, digamos que Deus necessita de nós outros, conquanto não nos constranja o livre-arbítrio à cooperação; e vale notar que, através das operações que nomeamos por "nossos deveres imediatos", é possível saber a que tarefas somos conduzidos. Detém-te, assim, de quando em quando, para considerar os encargos de que a Providência divina te incumbiu, de modo indireto no quadro das lides cotidianas[..].[4]

A execução de tais encargos requisita, por sua vez, alguma compreensão sobre os atributos de Deus, como os registrados em seguida:

Deus é a Paternidade suprema

[...] Em razão disso, terá concedido ao teu coração um ou alguns dos seus filhos, no instituto da consanguinidade, a fim de que o ajudes a moldar-lhes o caráter, embora te vejas temporariamente, muitas vezes, em absoluto esquecimento de ti mesmo, para que a abnegação atinja a sua obra completa [...].[5]

Deus é Amor

[...] Em vista de semelhante verdade, ele te pede que ames o próximo, de tal maneira que te transfigures em mensagem viva de compreensão e socorro fraternal a cada irmão da humanidade que te partilhe a experiência [...].[6]

Deus é Misericórdia

[...] Fácil reconhecer que ele aguarda lhe adotes as normas de tolerância construtiva, perdoando quantas vezes se fizerem necessárias o companheiro que se terá desviado da senda justa, propiciando-lhe novas oportunidades de serviço e elevação, no nível em que se coloque[...].[6]

Deus é Trabalho

[...] Imperioso aceitar as pequenas obrigações do dia-a-dia, quais sejam o trato da terra, o zelo da casa, a lição a ser administrada ou recebida, o compromisso afetivo, o dever profissional ou até mesmo a proteção a uma flor, na altura de tarefas que ele te solicita realizar com alegria, em favor da paz e da eficiência nos mecanismos da vida [...].[6]

É preciso, pois, nos manter atentos aos chamamentos divinos que, cotidianamente, surgem na nossa existência, reconhecendo, todavia, que para amar e servir a Deus é necessário aliar ação aos sinceros desejos de melhoria, a fim de que o ideal acalentado não se restrinja a mero anseio, mas sejam demonstrado por meio de fatos concretos.

Quantas vezes terás dito que amas a Deus e te dispões a servi-lo? e quantas outras tantas terás afirmado a tua fé na Providência divina? Provavelmente, porém, não te puseste ainda a raciocinar que os teus votos foram acolhidos e que o Todo Misericordioso, por intermédio de vasta corrente hierárquica de assessores, te enviou tarefas de cooperação com a Sua Infinita Bondade, junto de causas, organizações, situações e pessoas, que lhe requisitam assistência e intervenção. Exposto, assim, o problema do teu setor de ação individual, será justo considerar que esforço e dedicação constituem ingredientes inevitáveis no encargo que te foi confiado, a fim de que obtenhas o êxito que denominamos por "dever cumprido perante Deus"[...].[7]

O homem de bem vivencia o amor a Deus quando desenvolve ações que extrapolam os limites do cumprimento do dever, independentemente da situação, posição ou local em que se encontre, executando-as com boa vontade, sem queixas, nos momentos felizes e nos de provações.

Onde estiveres e sejas quem for, no grau de responsabilidade e serviço em que te situas, agradece aos Céus as alegrias do equilíbrio, as afeições, os dias róseos do trabalho tranquilo e as visões dos caminhos pavimentados de beleza e marginados de flores que te premiam a fé em Deus; quando, porém, os espinhos da provação te firam a alma ou quando as circunstâncias adversas se conjuguem contra as boas obras a que te vinculas, como se atormenta do mal intentasse efetuar o naufrágio do bem, recorda que terás chegado ao instante do devotamento supremo e da lealdade maior, porque, se confias em Deus, Deus igualmente confia em ti.[8]

2. AMOR AO PRÓXIMO

Paulo de Tarso, recordando Jesus (*Mateus, 22:39; Marcos, 12:31; Lucas, 10:27, Gálatas, 5:14*), ensina que o amor aos semelhantes deve ser entendido como "[...] amarás o teu próximo como a ti mesmo.[...]" (*Mateus, 22:37-40. Bíblia de Jerusalém*).

A expressão "amar o próximo como a si mesmo" foi cunhada por missionários, antes mesmo da vinda de Jesus, como a Regra de Ouro ou Regra Áurea.

[...] Diziam os gregos: "Não façais ao próximo o que não desejais receber dele". Afirmavam os persas: "Fazei como quereis que se vos faça". Declaravam os chineses: "O que não desejais para vós, não façais a outrem". Recomendavam os egípcios: "Deixai passar aquele que fez aos outros o que desejava para si". Doutrinavam os hebreus: "O que não quiserdes para vós, não desejeis para o próximo". Insistiam os romanos: "A lei gravada nos corações humanos é amar os membros da sociedade como a si mesmo". Na antiguidade, todos os povos receberam a lei de ouro da magnanimidade do Cristo. Profetas, administradores, juízes e filósofos, porém, procederam como instrumentos mais ou menos identificados com a inspiração dos planos mais altos da vida. Suas figuras apagaram-se no recinto dos templos iniciáticos ou confundiram-se na tela do tempo em vista de seus testemunhos fragmentários. Com o Mestre, todavia, a Regra Áurea é a novidade divina, porque Jesus a ensinou e exemplificou, não com virtudes parciais, mas em plenitude de trabalho, abnegação e amor, à claridade das praças públicas, revelando-se aos olhos da humanidade inteira.[9]

O apóstolo Pedro destaca que o amor ao próximo, para ser legítimo, deve ser assim manifestado: Pela obediência à verdade purificastes as vossas almas para praticardes um amor fraternal sem hipocrisia. Amai-vos uns aos outros ardorosamente e com coração puro.[...] (I Pedro, 1:22. *Bíblia de Jerusalém*).

> A sublime exortação [de Pedro] constitui poderosa síntese das teorias de fraternidade. O entendimento e a aplicação do "amai-vos" é a meta luminosa das lutas na Terra. E a quantos experimentam dificuldade para interpretar a recomendação divina temos o providencial apontamento de Pedro, quando se reporta ao coração puro. [...] O amor a que se refere o Evangelho é antes a divina disposição de servir com alegria, na execução da Vontade do Pai, em qualquer região onde permaneçamos. [...] Relativamente ao assunto, porém, o apóstolo fornece a nota dominante da lição. Amemo-nos uns aos outros, ardentemente, mas guardemos o coração elevado e puro.[10]

O evangelista João considera que é justamente a capacidade de amar que revela a origem divina do ser humano e que, quanto mais desenvolvida for esta capacidade mais evoluído é o Espírito. Por isto afirmou: *Amados, amemo-nos uns aos outros, pois o amor vem de Deus e todo aquele que ama nasceu de Deus e conhece a Deus. Aquele que não ama não conheceu a Deus, porque Deus é amor* (I João, 4:7-8. *Bíblia de Jerusalém*).

Em outra oportunidade, o apóstolo retorna ao ensinamento, mas com outras palavras:

O que ama o seu irmão permanece na luz, e nele não há ocasião de queda. Mas o que odeia o seu irmão está nas trevas; caminha nas trevas, e não sabe onde vai, porque as trevas cegaram os seus olhos. (I João, 2:10-11. *Bíblia de Jerusalém*).

> Quem ama o próximo sabe, acima de tudo, compreender. E quem compreende sabe livrar os olhos e os ouvidos do venenoso visco do escândalo, a fim de ajudar, ao invés de acusar ou desservir. É necessário

trazer o coração sob a luz da verdadeira fraternidade, para reconhecer que somos irmãos uns dos outros, filhos de um só Pai. Enquanto nos demoramos na escura fase do apego exclusivo a nós mesmos, encarceramo-nos no egoísmo e exigimos que os outros nos amem. Nesse passo infeliz, não sabemos querer senão a nós próprios, tomando os semelhantes por instrumentos de nossa satisfação. Mas se realmente amamos o companheiro de caminho, a paisagem de vida se modifica, de vez que a claridade do amor nos banhará a visão.[...][11]

Kardec considera, por sua vez, que a faculdade de amar é inerente ao ser humano. O egoísmo é grave imperfeição espiritual que cria empecilhos a aquisição da verdadeira felicidade.

A natureza deu ao homem a necessidade de amar e de ser amado. Um dos maiores prazeres que lhe são concedidos na Terra é o de encontrar corações que simpatizem com o seu; dá-lhe ela, assim, as primícias da felicidade que lhe está reservado no mundo dos Espíritos perfeitos, onde tudo é amor e benevolência. Esse prazer é recusado ao egoísta.[12]

O amor ao próximo é exercício de todo instante. Começa com simples manifestações de atenção e bondade, limitadas a uma ou poucas pessoas. Amplia-se com a prática, podendo atingir comunidades e até a humanidade toda. O importante é cultivar o hábito de fazer o bem, dia após dia, como aconselha o conhecido benfeitor espiritual, Emmanuel:

> [...] Empenha-te ao bem que possas fazer de imediato: algumas horas de colaboração gratuita nas casa beneficentes, onde jazem irmãos nossos encadeados a sofrimentos que talvez nunca, nem de longe, sentiste na própria pele; o gesto de amparo, em favor de uma das muitas crianças que conheces desprotegidas; o bilhete confortador para algum daqueles companheiros em prova, com os quais estejamos em débito no setor da palavra escrita; a visita mesmo rápida aos enfermos em solidão para quem a tua frase amistosa será um tesouro de lenitivos; a obra singela de entendimento e fraternidade, no socorro ao lar de alguém; a bagatela de ação, no auxílio aos irmãos que, por necessidade de segregação curativa, foram emparedados na cadeia ou no manicômio; alguma pequenina doação de serviço à natureza que funcionará em benefício de todos. [...] Milhares de oportunidades para a construção do bem te desafiam a cada passo. [...] Diante de fraquezas, deserções, obstáculos, desgostos e mesmo à frente dos próprios erros, continua trabalhando. O bem extingue o mal.[...].[13]

O verdadeiro sentido de caridade encontra-se refletido no amor ao próximo, especialmente se este é praticado de forma desinteressada, porque é sempre secundado pela compaixão e pela misericórdia, sentimentos que unem o benfeitor ao necessitado. O exemplo da caridade como expressão de amor ao próximo, encontra-se ilustrado de forma sublime na parábola do Bom Samaritano (*Lucas*, 10:30-37).

> Tantas vezes encontramos pela frente a parábola do Bom Samaritano e tantas outras nela encontramos inesperados ensinamentos. [...] Realmente, a história contada por Jesus expõe a caridade por brilhante divino, com revelações prismáticas de inexprimível beleza. A atitude daquele cavaleiro desconhecido resume todo um compêndio de bondade. Enquanto o sacerdote e o levita, pessoas de reconhecido valor intelectual, se afastam deliberadamente do ferido, o samaritano pára sensibilizado. Até aí, o assunto patenteia feição comum, porque nós todos, habitualmente, somos movidos à piedade, diante do sofrimento alheio. Situemo-nos, entretanto, em lugar do viajante generoso... Talvez estivesse ele com os minutos contados... Muito compreensivelmente, estaria sendo chamado com urgência e teria pressa de atingir o término da viagem... Provável que fosse atender a encontro marcado... É possível que atravessasse naquela hora o fim do dia e devesse acautelar-se contra qualquer trecho perigoso da estrada, na sombra da noite próxima... No entanto, à frente do companheiro anônimo abatido, detém-se e se compadece. Olvida a si mesmo e não pergunta quem é. Interrompe-se. Aproxima-se. Faz pensos e efetua curativos. Para ele, contudo, isso não basta. Coloca-o na montada. Apresenta-o na hospedaria e responsabiliza-se por ele. Além disso, compromete-se sem indagar se está preservando um adversário. Pagará pelos serviços que receba. Vê-lo-á, quando regressar. [...] Segundo é fácil de ver, a indicação para entesourar a luz da vida eterna, em nós próprios, é clara e simples. Amor ao próximo é o sublime recurso na base de semelhante realização. Mas não basta reconhecer os méritos da receita. É preciso usá-la.[14]

Referências

1. Xavier, Francisco Cândido. *Alma e luz*. Pelo Espírito Emmanuel. 3. ed. Araras [SP]: IDE, 2000. Cap. 5, p. 33-34.
2. KARDEC, Allan. *O evangelho segundo o espiritismo*. Tradução de Evandro Noleto Bezerra. 1. ed. Rio de Janeiro: FEB, 2008. Cap. XI, item 4, p. 221.

EADE - Livro IV - Módulo IV – Roteiro 2

3. XAVIER, Francisco Cândido. *Pensamento e vida*. Pelo Espírito Emmanuel. 18. ed. Rio de Janeiro: FEB, 2008. Cap. 4, p. 21-22.

4. _____. *Encontro marcado*. Pelo Espírito Emmanuel. 13. ed. Rio de Janeiro: FEB, 2008. Cap. 16, p. 75.

5. _____. p. 75-76.

6. _____. p. 76.

7. _____. Cap.1, p. 15.

8. _____. p. 17.

9. _____. *Caminho, verdade e vida*. Pelo Espírito Emmanuel. 28. ed. Rio de Janeiro: FEB, 2005. Cap. 41.

10. _____. *Vinha de Luz*. Pelo Espírito Emmanuel. 26. ed. Rio de Janeiro: FEB, 2007. Cap. 90, p. 203 e 204.

11. _____. *Fonte viva*. Pelo Espírito Emmanuel. ed. especial. Rio de Janeiro: FEB, 2005. Cap. 159, p. 389.

12. KARDEC, Allan. *O livro dos espíritos*. Tradução de Evandro Noleto Bezerra. 2. ed. Rio de Janeiro: FEB, 2008, questão 938-a – comentário, p. 569.

13. XAVIER, Francisco Cândido. *Encontro marcado*. Pelo Espírito Emmanuel. 13. ed. Rio de Janeiro: FEB, 2008. Cap. 21, p. 93-95.

14. _____. Cap. 23, p.101-103.

Orientações ao monitor

» Pedir a turma que faça leitura do texto de Meimei, inserido em anexo, individual e silenciosamente, sublinhando os pontos que considerem importantes.

» Em seguida, consultar os participantes a respeito dos pontos destacados, correlacionando-os com o estudo do dia.

» Dividir a turma em dois grupos: o primeiro faz leitura e síntese do item um deste Roteiro (Amor a Deus). O segundo grupo lê e sintetiza o item dois (Amor ao próximo).

» Solicitar a apresentação das sínteses por relatores indicados pelos grupos

» Fazer, então, perguntas aos participantes a respeito dos temas estudados, conferindo se ocorreu entendimento do assunto.

Anexo

A Palavra de Jesus*

Meimei

Meus irmãos.

Deus nos abençoe.

A palavra do Cristo é a luz acesa para encontrarmos na sombra terrestre, em cada minuto da vida, o ensejo divino de nossa construção espiritual.

Erguendo-a, vemos o milagre do pão que, pela fraternidade, em nós se transforma, na boca faminta, em felicidade para nós mesmos.

Irradiando-a, descobrimos que a tolerância por nós exercida se converte nos semelhantes em simpatia a nosso favor.

Distribuindo-a, observamos que o consolo e a esperança, o carinho e a bondade, veiculados por nossas atitudes e por nossas mãos, no socorro aos companheiros mais ignorantes e mais fracos, neles se revelam por bênçãos de alegria, felicitando-nos a estrada.

Geme a Terra, sob o pedregulho imenso que lhe atapeta os caminhos...

Sofre o homem sob o fardo das provações que lhe aguilhoam a experiência.

E assim como a fonte nasce para estender-se, desce o dom inefável de Jesus sobre nós para crescer e multiplicar-se.

Levantemos, cada hora, essa luz sublime para reerguer os que caem, fortalecer os que vacilam, reconfortar os que choram e auxiliar os que padecem.

O mundo está repleto de braços que agridem e de vozes que amaldiçoam.

---

* XAVIER, Francisco Cândido. *Vozes do grande além. Por diversos Espíritos*. 5. ed. Rio de Janeiro: FEB, 2003. Cap. 17.

Seja a nossa presença junto dos outros algo do Senhor inspirando alegria e segurança.

Não nos esqueçamos de que o tempo é um empréstimo sagrado e quem se refere a tempo diz oportunidade de ajudar para ser ajudado, de suportar para ser suportado, de balsamizar as feridas alheias para que as nossas feridas encontrem remédio e de sacrificarmo-nos pela vitória do bem, para que o bem nos conduza à definitiva libertação.

Nós que tantas vezes temos abusado das horas para impor, aos que nos seguem, o reino do Senhor, à força de reprovações e advertências, saibamos edificá-lo em nós próprios, no silêncio do trabalho e da renúncia, da humildade e do amor.

Meus irmãos, no seio de todos os valores relativos e instáveis da existência humana, só uma certeza prevalece — a certeza da morte, que restitui às nossas almas os bens ou os males que semeamos nas almas dos outros.

Assim, pois, caminhemos com Jesus, aprendendo a amar sempre, repetindo com Ele, em nossas proveitosas dificuldades de cada dia: "Pai Nosso, seja feita a vossa vontade, assim na Terra como nos Céus".

EADE - LIVRO IV - MÓDULO IV

A HUMANIDADE REGENERADA

Roteiro 3

FORA DA CARIDADE NÃO HÁ SALVAÇÃO

Objetivos

» Analisar o significado de caridade, segundo o Evangelho e o Espiritismo.

» Interpretar esta máxima de Kardec: "Fora da caridade não há salvação".

» Identificar nos conceitos espíritas de caridade o princípio do amor ao próximo, base do processo evolutivo humano.

Ideias principais

» Qual o verdadeiro sentido da palavra caridade, tal como Jesus a entendia?

> Benevolência para com todos, indulgência para as imperfeições dos outros, perdão das ofensas. Allan Kardec: *O livro dos espíritos*, questão 886.

» [...] *A caridade é a virtude fundamental que há de sustentar todo o edifício das virtudes terrestres. Sem ela não existem as outras.* [...]. Allan Kardec: *O evangelho segundo o espiritismo*. Cap. XIII, item12.

» A máxima — Fora da caridade não há salvação — é a consagração do princípio da igualdade perante Deus e da liberdade de consciência.

Tendo-a esta máxima por regra, todos os homens são irmãos e, qualquer que seja a maneira por que adorem o Criador, eles se estendem as mãos e oram uns pelos outros, pois, um dogma essencialmente contrário aos ensinamentos do Cristo e à lei evangélica. [...]. Allan Kardec: O evangelho segundo o espiritismo. Cap. XV, item 8.

Subsídios

Em sua primeira carta à comunidade de Corinto o apóstolo Paulo destaca o valor da caridade quando declara: *Agora, portanto, permanecem fé, esperança, caridade, essas três coisas. A maior delas, porém, é a caridade* (I Coríntios, 13:13. Bíblia de Jerusalém) .

[...] Coloca, assim, sem equívoco, a caridade acima até da fé. É que a caridade está ao alcance de todo o mundo, do ignorante, como do sábio, do rico, como do pobre, e porque independe de qualquer crença particular. Faz mais: define a verdadeira caridade; mostra-a não só na beneficência, como também no conjunto de todas as qualidades do coração, na bondade e na benevolência, para com o próximo."[1]

O texto completo da mensagem de Paulo é o que se segue.

Ainda que eu falasse línguas, as dos homens e as dos anjos, se eu não tivesse a caridade, seria como bronze que soa ou como címbalo que tine. Ainda que tivesse o dom da profecia, o conhecimento de todos os mistérios e de toda a ciência, ainda que tivesse toda a fé, a ponto de transportar montanhas, se não tivesse a caridade, nada seria. Ainda que distribuísse todos os meus bens aos famintos, ainda que entregasse meu corpo às chamas, se não tivesse a caridade, isso nada me adiantaria. A caridade é paciente, a caridade é prestativa, não é invejosa, não se ostenta, não se incha de orgulho. Nada faz de inconveniente, não procura o seu próprio interesse, não se irrita, não guarda rancor. Não se alegra com a injustiça, mas se regozija com a verdade. Tudo desculpa, tudo crê, tudo espera, tudo suporta. A caridade jamais passará. Quanto às profecias, desaparecerão. Quanto às línguas, cessarão. Quanto à ciência, também desaparecerá. Pois o nosso conhecimento é limitado, e limitada é a nossa profecia. Mas, quando vier a perfeição, o que é limitado desaparecerá. Quando era criança, falava como criança, pensava como criança, raciocinava como criança. Depois que me tornei homem, fiz desaparecer o que era próprio da criança. Agora vemos em espelho e de maneira confusa, mas, depois, veremos face a face. Agora meu conhecimento é limitado, mas depois, conhecerei como sou conhecido. Agora, portanto, permanecem fé, esperança, caridade, essas três coisas. A maior delas, porém, é a caridade. (I Coríntios, 13:1-13. *Bíblia de Jerusalém*).

1. FUNDAMENTOS DA CARIDADE

É importante considerar que a palavra caridade é traduzida por *amor* em algumas traduções do Evangelho, mas o significado de "ação em benefício do próximo" permanece. A prática da caridade promove a evolução espiritual do ser, quando se considera os seguintes princípios:

» a pessoa caridosa ou amorosa jamais desampara o próximo, independentemente da situação, gravidade ou tipo problema existentes;

» a caridade é sempre manifestação de amor a Deus e ao próximo;

» a caridade promove o desenvolvimento de outras virtudes, daí se revelar como o principal instrumento da salvação humana, por vivenciar a Lei de Amor:

> [...] A caridade é a virtude fundamental que há de sustentar todo o edifício das virtudes terrestres. Sem ela não existem as outras. Sem a caridade não há esperança de melhor sorte, não há interesse moral que nos guie; sem a caridade não há fé, pois a fé não passa de um raio muito puro que torna brilhante uma alma caridosa. A caridade é, em todos os mundos, a eterna âncora de salvação; é a mais pura emanação do próprio Criador; é a sua própria virtude, dada por Ele à criatura [...].[2]

A pessoa caridosa vê a outra como irmão, estabelecendo entre ambas uma sintonia que extrapola os laços consanguíneos, características de raça, nação e cultura. Segundo Emmanuel, o título de "irmão" só é concedido a quem desenvolveu o verdadeiro sentido de ser caridoso, isto é, quem pratica a caridade ensinada e exemplificada pelo Evangelho, cujos fundamentos encontram-se sintetizados no texto de Paulo, anteriormente citado.

Quem dá para mostrar-se é vaidoso. Quem dá para torcer o pensamento dos outros, dobrando-o aos pontos de vista que lhe são peculiares, é tirano. Quem dá para livrar-se do sofredor é displicente. Quem dá para exibir títulos efêmeros é tolo. Quem dá para receber com vantagens é ambicioso. Quem dá para humilhar é companheiro das obras malignas. Quem dá para sondar a extensão do mal é desconfiado. Quem dá para afrontar a posição dos outros é soberbo. Quem dá para situar o nome na galeria dos benfeitores e dos santos é invejoso. Quem dá para prender o próximo e explorá-lo é delinquente potencial. Em todas essas situações, na maioria dos casos, quem dá se revela um tanto melhor que todo aquele que não dá, de mente cristalizada na indiferença ou na secura; todavia, para aquele que dá, irradiando o amor silencioso, sem propósitos de recompensa e sem mescla de personalismo inferior, reserva o Plano maior o título de Irmão.[3]

Com o objetivo de identificar a essência dos ensinamentos do Cristo em relação à caridade, Allan Kardec dirigiu aos Espíritos esta indagação: "Qual o verdadeiro sentido da palavra caridade, tal como Jesus a entendia?".[4] Os orientadores da Vida maior transmitiram-lhe, então, esta sábia resposta: "Benevolência para com todos, indulgência para as imperfeições dos outros, perdão das ofensas".[4]

Este esclarecimento mereceu a seguinte comentário do Codificador do Espiritismo:[5]

> O amor e a caridade são o complemento da lei de justiça, pois amar o próximo é fazer-lhe todo o bem que nos seja possível e que desejaríamos que nos fosse feito. [...] A caridade, segundo Jesus, não se restringe à esmola; abrange todas as relações com os nossos semelhantes, sejam eles nossos inferiores, nossos iguais ou nossos superiores. Ela nos prescreve a indulgência, porque nós mesmos precisamos de indulgência; ela nos proíbe humilhar os desafortunados, ao contrário do que comumente fazemos. [...].

2. FORA DA CARIDADE NÃO HÁ SALVAÇÃO

Kardec esclarece que toda a "[...] moral de Jesus se resume na caridade e na humildade, isto é, nas duas virtudes contrárias ao egoísmo e ao orgulho.[...]". Em complementação a este pensamento, considera:[6]

> Em todos os seus ensinos, ele [Jesus] aponta essas duas virtudes como sendo as que conduzem à eterna felicidade: bem-aventurado, disse, os pobres de espírito, isto é, os humildes, porque deles é o reino dos

Céus; bem-aventurados os que têm puro o coração; bem-aventurados os que são mansos e pacíficos; bem-aventurados os que são misericordiosos; amai o vosso próximo como a vós mesmos; fazei aos outros o que gostaríeis que vos fizessem; amai os vossos inimigos; perdoai as ofensas, se quiserdes ser perdoados; fazei o bem sem ostentação; julgai-vos a vós mesmos, antes de julgardes os outros. Humildade e caridade, eis o que não cessa de recomendar e o de que dá, ele mesmo, o exemplo. Orgulho e egoísmo, eis o que não se cansa de combater. Jesus, porém, não se limita a recomendar a caridade: põe-na claramente e em termos explícitos como a condição absoluta da felicidade futura.

Kardec analisa, ainda, que a máxima "[...] — *Fora da caridade não há salvação* — se apoia num princípio universal e abre a todos os filhos de Deus acesso à suprema felicidade, o dogma — *Fora da Igreja não há salvação* — se baseia não na fé fundamental em Deus e na imortalidade da alma, fé comum a todas as religiões, mas numa fé especial, em dogmas particulares; é exclusivo e absoluto. [...]."[7]

A máxima — *Fora da caridade não há salvação* — é a consagração do princípio da igualdade perante Deus e da liberdade de consciência. Tendo-a esta máxima por regra, todos os homens são irmãos e, qualquer que seja a maneira por que adorem o Criador, eles se estendem as mãos e oram uns pelos outros. Com o dogma — *Fora da Igreja não há salvação* — anatematizam-se e se perseguem mutuamente, vivendo como inimigos; o pai não pede pelo filho, nem o filho pede pelo pai, nem o amigo pelo amigo, já que mutuamente se consideram condenados sem remissão. É, pois, um dogma essencialmente contrário aos ensinamentos do Cristo e à lei evangélica.[7]

3. O QUE DIZEM OS BONS ESPÍRITOS SOBRE A CARIDADE

Todos os Espíritos esclarecidos defendem a ideia de que a caridade é imprescindível à evolução do ser humano. Encontramos, por exemplo, inscrito na bandeira de Ismael, Espírito protetor do Brasil, "[...] o lema imortal: Deus, Cristo e Caridade [...]."[8]

Como exemplo ilustrativo, apresentamos, em seguida, o pensamento de alguns Espíritos, colhidos aleatoriamente, com o intuito de transmitir a unidade doutrinária espírita a respeito do tema:

André Luiz

Todos pensamos na caridade, todos falamos em caridade!... A caridade, indubitavelmente, é o coração que fala, entretanto, nas situações anormais da vida, há que ouvir o raciocínio, a fim de que ela seja o que deve ser. [...] O raciocínio, em nome da caridade, não tem decerto, a presunção de violentar consciência alguma, impondo-lhe freios ou drásticos que lhe objetivem o aperfeiçoamento compulsório. A Misericórdia divina é paciência infatigável com os nossos multimilenários desequilíbrios, auxiliando a cada um de nós, através de meios determinados, de modo a que venhamos, saná-los, por nós mesmos, com o remédio amargoso da experiência, no veículo das horas. Surge a autoridade do raciocínio, quando os nossos males saem de nós, em prejuízo dos outros. [...].[9]

Bezerra de Menezes

"O maior título que o homem pode ambicionar é o de ser cristão em Cristo; que o sentimento de que pode fazer alarde, em sua consciência, é o do amor de Deus e do próximo". [...].[10]

"O espírita cristão é chamado aos problemas do mundo, a fim de ajudar-lhes a solução; contudo, para atender em semelhante mister, há que silenciar discórdia e censura e alongar entendimento e serviço. É por esta razão que, interpretando o conceito "salvar" por "livrar da ruína" ou "preservar do perigo", colocou Allan Kardec, no luminoso portal da Doutrina Espírita, a sua legenda inesquecível: "Fora da caridade não há salvação".[...].[11]

Casimiro Cunha

A caridade é o amor,

É o sol que Nosso Senhor

Fez raiar claro e fecundo;

Alegrando nesta vida

A existência dolorida

Dos que sofrem neste mundo![...].[12]

Emmanuel

Na sustentação do progresso espiritual precisamos tanto da caridade quanto do ar que nos assegura o equilíbrio orgânico. Lembra-te de que a interdependência é o regime instituído por Deus para a estabilidade de todo o universo e não olvides a compreensão que devemos a todas as criaturas. Compreensão que se exprima, através de tolerância e bondade incessantes, na sadia convicção de que ajudando aos outros é que poderemos encontrar o auxílio indispensável à própria segurança. [...] Só o amor é o clima adequado ao entrelaçamento de todos os seres da Criação e somente através dele integrar-nos-emos na sinfonia excelsa da vida. Guarda, em todas as fases do caminho, a caridade que identifica a presença do Senhor nos caminhos alheios, respeitando-lhes a configuração com que se apresentem.[...].[13]

Fabiano de Cristo

Grande é a seara de Nosso Senhor Jesus Cristo, a expressar-se no trabalho constante do Seu Apostolado de Redenção. Dentro dele, há naturalmente quem administre, quem legisle, quem doutrine, quem esclareça, quem teorize, quem corrija, quem defenda o direito, quem defina a estrada certa, quem consulte as necessidades alheias para dosar o conhecimento, quem analise a mente do próximo para graduar a revelação, quem advogue a causa da Verdade e quem organize os círculos determinados de tarefas, nos horizontes da inteligência... Entretanto, em todas essas manifestações a que somos chamados na obra do Senhor, é imprescindível tenhamos quem atenda à caridade — a caridade que é o próprio Jesus, de braços abertos, induzindo-nos à renúncia de nós mesmos para que prevaleça a divina Vontade. Ainda assim, para que a sublime virtude nos tome a seu serviço, é indispensável que a humildade do Mestre nos marque os corações, a fim de que Lhe retratemos a Bondade Infinita. Permaneçamos, desse modo, com a caridade, estendendo-lhe a generosa luz. [...].[14]

Humberto de Campos (Irmão X).

[...] Caridade é servir sem descanso, ainda mesmo quando a enfermidade sem importância te convoque ao repouso; é cooperar espontaneamente nas boas obras, sem aguardar o convite dos outros; é não incomodar quem trabalha; é aperfeiçoar-se alguém naquilo que faz para ser mais útil; é suportar sem revolta a bílis do companheiro; é auxiliar os parentes, sem reprovação; é rejubilar-se com a prosperidade do próximo; é resumir a conversação de duas horas em três ou quatro frases; é não afligir quem nos acompanha; é ensurdecer-se para a difamação; é guardar o bom-humor, cancelando a queixa de qualquer procedência; é respeitar cada pessoa e cada coisa na posição que lhes é própria... [...] Não olvides, pois, que a execução de teus deveres para com o próximo será sempre a tua caridade maior.[15]

Joanna de Ângelis

Enquanto vigoravam conceitos religiosos procedentes das mais diversas escolas de fé, os excelsos Benfeitores da humanidade, através de Allan Kardec, foram concludentes: "Fora da caridade não há salvação". Caridade não apenas como virtude teologal. Caridade não somente como diretriz religiosa. Caridade não implícita como condicionamento de fé. Caridade pura e simplesmente como norma de comportamento. [...].[16]

José Silvério Horta

[...] Só a Caridade, filha do Amor celeste, é invariável. Com ela, desceu Nosso Senhor Jesus Cristo à treva humana e, abraçando os fracos e enfermos, os vencidos e desprezados, levantou os alicerces do reino de Deus que as Forças do Bem na Terra ainda estão construindo. Vinde, pois, à Seara do Evangelho, trazendo no coração a piedade fraternal que tudo compreende e tudo perdoa!...[...].[17]

Maria Dolores

[...] Caridade recorda a natureza

Que na bênção de Deus se concebe e aglutina,

Revelando no todo,

Da cúpula do Céu às entranhas do lodo,

Que a presença do amor é sempre luz divina. [...].[18]

Paulo, o apóstolo

Meus filhos, na máxima: *Fora da caridade não há salvação*, estão contidos os destinos dos homens, na Terra e no céu; na Terra, porque à sombra dessa bandeira eles viverão em paz; no céu, porque os que a tiverem praticado acharão graça diante do Senhor. Essa divisa é o facho celeste, a coluna luminosa que guia o homem no deserto da vida para o conduzir à Terra Prometida. Ela brilha no céu, como auréola santa, na fronte dos eleitos, e, na Terra, se acha gravada no coração daqueles a quem Jesus dirá: Passai à direita, benditos de meu Pai. Reconhecê-los-eis pelo perfume de caridade que espalham em torno de si. [...].[19]

Vicente de Paulo

Sede bons e caridosos, pois essa é a chave dos céus, chave que tendes em vossas mãos. Toda a eterna felicidade se acha contida neste preceito: Amai-vos uns aos outros. A alma não pode elevar-se às altas regiões espirituais, senão pelo devotamento ao próximo e só encontra consolação e ventura nos arroubos da caridade. Sede bons, amparai os vossos irmãos, deixai de lado a horrenda chaga do egoísmo [...].[20]

Referências

1. KARDEC, Allan. *O evangelho segundo o espiritismo*. Tradução de Evandro Noleto Bezerra. 1. ed. Rio de Janeiro: FEB, 2008. Cap. 15, item 7, p. 305.

2. _____. Cap. 13, item 12, p. 271.

3. Xavier, Francisco Cândido. *Vinha de luz*. Pelo Espírito Emmanuel. ed. especial. Rio de Janeiro: FEB, 2005. Cap. 163, p. 363-364.

4. KARDEC, Allan. *O livro dos espíritos*. Tradução de Evandro Noleto Bezerra. 2. ed. Rio de Janeiro: FEB, 2008. Questão 886, p. 530.

5. _____. Questão 886 – comentário, p. 530-531.

6. _____. *O evangelho segundo o espiritismo*. Op. Cit. Cap. 15, item 3, p. 302.

7. _____. Item 8, p. 306.

8. XAVIER, Francisco Cândido. *Brasil, coração do mundo, pátria do evangelho*. Pelo Espírito Humberto de Campos. 32 ed. Rio de Janeiro, 2006. Cap. 3 (Os degredados), p. 37.

9. _____. *Opinião espírita*. Pelos Espíritos Emmanuel e André Luiz. 4. ed. Uberaba: CEC, 1973. Cap. 30 (caridade e raciocínio – mensagem do Espírito André Luiz), p. 105-107.

EADE - Livro IV - Módulo IV – Roteiro 3

10. FEDERAÇÃO ESPÍRITA BRASILEIRA. *Bezerra de Menezes, ontem e hoje*. Coordenação de Juvanir Borges de Souza. 4. ed. Rio de Janeiro: FEB, 2008. Primeira parte, item 3: A verdadeira propaganda (página escrita por Bezerra de Menezes quando encarnado), p.39.

11. XAVIER, Francisco Cândido e VIEIRA, Waldo. *O espírito da verdade*. Por diversos Espíritos. 15. ed. Rio de Janeiro: FEB, 2006. Cap.3 (Legenda espírita – mensagem de Bezerra de Menezes), p. 19.

12. _____. *Parnaso de além-túmulo*. Por diversos Espíritos. 17. ed. Rio de Janeiro: FEB, 2004. Item: Supremacia da caridade (mensagem do Espírito Casimiro Cunha), p.201.

13. _____.*Ceifa de luz*. ed. especial. Rio de Janeiro: FEB, 2005. Cap.1 (Caridade do entendimento), p. 15-16.

14. _____. *Relicário de luz*. Por diversos Espíritos. 5. ed. Rio de Janeiro: FEB, 2005. Item: Em louvor da caridade (mensagem do Espírito Fabiano de Cristo), p. 13.

15. _____. *Cartas e crônicas*. Pelo Espírito Humberto de Campos. 12. ed. Rio de Janeiro: FEB, 2007. Cap.27, p. 118-119.

16. FRANCO, Divaldo Pereira. *Lampadário espírita*. Pelo Espírito Joanna de Ângelis. 8. ed. Rio de Janeiro: FEB, 2006. Cap.50, p. 203.

17. XAVIER, Francisco Cândido. *Instruções psicofônicas*. Por diversos Espíritos. 9. ed. Rio de Janeiro: FEB, 2006. Cap. 35 (Caridade – mensagem do Espírito José Silvério Horta), 164.

18. _____. *Antologia da espiritualidade*. Pelo Espírito Maria Dolores. 5. ed. Rio de Janeiro: FEB, 2002. Cap.22, p. 75.

19. KARDEC, Allan. *O evangelho segundo o espiritismo*. Op. Cit. Cap. 15, item 10, p. 307-308.

20. _____. Cap. 13, item 12, p. 270.

Orientações ao monitor

Apresentar aos participantes as concepções existentes acerca da caridade, segundo a interpretação dos bons Espíritos

Dividir a turma em dois grupos para análise e elaboração de um resumo dos seguintes temas que fazem parte deste Roteiro de Estudo: *A caridade segundo o apóstolo Paulo* e *A caridade segundo a Doutrina Espírita*.

Pedir aos relatores dos grupos para apresentarem o resumo do texto estudado.

Ao final, o monitor faz a integração dos assuntos, destacando os pontos considerados relevantes.

EADE - LIVRO IV - MÓDULO IV

A HUMANIDADE REGENERADA

Roteiro 4

A FAMÍLIA: CÉLULA FUNDAMENTAL DA ORGANIZAÇÃO SOCIAL

Objetivos

» Analisar os conceitos espíritas e não-espíritas de família.

» Explicar as implicações dos laços consanguíneos e espirituais na organização familiar.

Ideias principais

» No sentido restrito, família é a organização social constituída por pessoas que possuem laços consanguíneos. Em termos gerais, o significado abrange o conjunto de pessoas unidas por convicções ou interesses, independentemente da existência de ligações ancestrais.

» *[...] A família tem suas próprias leis, que consubstanciam as regras do bom comportamento dentro do impositivo do respeito ético, recíproco entre os seus membros, favorável à perfeita harmonia que deve vigir sob o mesmo teto em que se agasalham os que se consorciam.* Joanna de Angelis: *S.O.S família*. Item: Família.

» *Os laços do sangue não estabelecem necessariamente os vínculos entre os Espíritos. O corpo procede do corpo, mas o Espírito não procede do*

Espírito, porque o Espírito já existia antes da formação do corpo. [...].
Allan Kardec: *O evangelho segundo o espiritismo*. Cap. XIV, item 8.

Subsídios

No sentido restrito, família é uma organização social constituída por pessoas que possuem laços consanguíneos. No sentido amplo, abrange o conjunto de pessoas unidas por convicções ou interesses, independentemente da existência de ligações ancestrais. Em qualquer situação, porém, o a constituição da família traz a noção da existência de algo comum entre os elementos que a constitui: " [...] De todas as associações existentes na Terra — excetuando naturalmente a humanidade — nenhuma talvez mais importante em sua função educadora e regenerativa[...]",[1] assinala Emmanuel, que também acrescenta:[2]

> [...] Arraigada nas vidas passadas de todos aqueles que a compõem, a família terrestre é formada, assim, de agentes diversos, porquanto nela se reencontram, comumente, afetos e desafetos, amigos e inimigos, para os ajustes e reajustes indispensáveis ante as leis do destino. Apesar disso, importa reconhecer que o clã familiar evolve incessantemente para mais amplos conceitos de vivência coletiva, sob os ditames do aperfeiçoamento geral, conquanto se erija sempre em educandário valioso da alma. Temos, dessa forma, no instituto doméstico uma organização de origem divina, em cujo seio encontramos os instrumentos necessários ao nosso próprio aprimoramento para a edificação do mundo melhor.

É por este motivo que Paulo de Tarso enfatiza: "Se alguém não cuida dos seus, e sobretudo dos da própria casa, renegou a fé e é pior do que um incrédulo" (*I Timóteo*, 5:8. *Bíblia de Jerusalém*).

As palavras do apóstolo têm como foco tanto a família consanguínea quanto a espiritual, constituída pelos laços da fraternidade. Contudo, independentemente de como o grupo familiar estar organizado deve ser considerado uma parte, uma célula da família universal, ou humanidade. Com esta conceituação, os deveres e cuidados destinados à família consanguínea são tão importantes quanto os vinculados à família universal, mantida à custa da união social, como lembra Paulo de Tarso, "porque nenhum de nós vive para si" (*Romanos*, 14:7. *Bíblia de Jerusalém*).

Neste contexto, os "[...] laços sociais são necessários ao progresso e os de família tornam mais apertados os laços sociais: eis por que os laços de família são uma lei da natureza. Quis Deus, dessa forma, que os homens aprendessem a amar-se como irmãos."[3]

Queiramos ou não, é fa Lei que nossa existência pertença às existências que nos rodeiam. Vivemos para nossos familiares, nossos amigos, nossos ideais ... Ainda mesmo o usurário exclusivista, que se julga sem ninguém, está vivendo para o ouro ou para as utilidades que restituirá a outras vidas superiores ou inferiores para as quais a morte lhe arrebatará o tesouro.[4]

Ensina a Doutrina Espírita que há dois tipos de parentela: "[...] *as famílias pelos laços espirituais e as famílias pelos laços corpóreos.* [...]".[5] As primeiras permanecem unidas para sempre, nos planos físico e espiritual, as segundas podem desvincular ainda mesmo durante o período de uma encarnação.

Os laços do sangue não estabelecem necessariamente os vínculos entre os Espíritos. O corpo procede do corpo, mas o Espírito não procede do Espírito, porque o Espírito já existia antes da formação do corpo. [...] Os Espíritos que encarnam numa mesma família, sobretudo como parentes próximos, são, na maioria das vezes, Espíritos simpáticos, ligados por relações anteriores, que se traduzem por uma afeição recíproca na vida terrena. Mas, também pode acontecer que sejam completamente estranhos uns aos outros, divididos por antipatias igualmente anteriores, que se expressam na Terra por um mútuo antagonismo, a fim de lhes servi de provação. Os verdadeiros laços de família não são, pois, os da consanguinidade e sim os da simpatia e da comunhão de pensamentos, que prendem os Espíritos *antes, durante e depois* de suas encarnações. Consequentemente, dois seres nascidos de pais diferentes podem ser mais irmãos pelo Espírito, do que se o fossem pelo sangue. [...].[6]

1. A FAMÍLIA PELOS LAÇOS CONSAGUÍNEOS

A família, considerada segundo os preceitos sócio-culturais de unidade básica da sociedade, é governada por uma série de valores nem sempre adequadamente conhecidos e vivenciados pelos seus membros, ou por aqueles que desejam constituir um grupamento dessa natureza.

[...] A família tem suas próprias leis, que consubstanciam as regras do bom comportamento dentro do impositivo do respeito ético, recíproco entre os seus membros, favorável à perfeita harmonia que deve vigir sob o mesmo teto em que se agasalham os que se consorciam. [...] O lar, no entanto, não pode ser configurado como a edificação material, capaz de oferecer segurança e paz aos que aí se resguardam. A casa são a argamassa, os tijolos, a cobertura, os alicerces e os móveis, enquanto o lar são a renúncia e a dedicação, o silêncio e o zelo que se permitem àqueles que se vinculam pela eleição afetiva ou através do impositivo consanguíneo, decorrente da união. [...] Quando a família periclita, por esta ou aquela razão, sem dúvida a sociedade está a um passo do malogro...[...].[7]

Nestas condições, "[...] a família é mais do que o resultado genético... São os ideais, os sonhos, os anelos, as lutas e árduas tarefas, os sofrimentos e as aspirações, as tradições morais elevadas que se cimentam nos liames da concessão divina [...]."[8]

Ainda que os elementos de um núcleo familiar sejam heterogêneos em termos de ascendência espiritual — fato que é comum —; ainda que exista pouca afinidade entre os seus membros e, até mesmo, certa aversão ou inimizade, devemos admitir que há uma razão superior que permite a diferentes Espíritos renascer juntos, numa família.

A casualidade não se encontra nos laços da parentela. Princípios sutis da Lei funcionam nas ligações consanguíneas. Impelidos pelas causas do passado a reunir-nos no presente, é indispensável pagar com alegria os débitos que nos imanam a alguns corações, a fim de que venhamos a solver nossas dívidas para com a humanidade. Inútil é a fuga dos credores que respiram conosco sob o mesmo teto, porque o tempo nos aguardará implacável, constrangendo-nos à liquidação de todos os compromissos. [...] Sem dúvida, a equipe familiar no mundo nem sempre é um jardim de flores. Por vezes, é um espinheiro de preocupações e de angústias, reclamando-nos sacrifício. Contudo, embora necessitemos de firmeza nas atitudes para temperar a afetividade que nos é própria, jamais conseguiremos sanar as feridas do nosso ambiente particular com o chicote da violência ou com o emplastro do desleixo. [...] Os parentes são obras de amor que o Pai Compassivo nos deu a realizar. Ajudemo-los, através da cooperação e do carinho, atendendo aos desígnios da verdadeira fraternidade. Somente adestrando paciência e compreensão, tolerância e bondade, na praia estreita do lar, é que nos abilitaremos a servir com vitória, no mar alto das grandes experiências.⁹

Importa, pois, fazer distinção entre família espiritual e a parentela corporal:

[...] Nem sempre os laços de sangue reúnem as almas essencialmente afins. Frequentemente, pelas imposições da consanguinidade, grandes inimigos são obrigados ao abraço diuturno, sob o mesmo teto. É razoável sugerir-se uma divisão entre os conceitos de "família" e "parentela". O primeiro constituiria o símbolo dos laços eternos do amor, o segundo significaria o cadinho de lutas, por vezes acerbas, em que devemos diluir as imperfeições dos sentimentos, fundindo-os na liga divina do amor para a eternidade. A família não seria a parentela, mas a parentela converter-se-la, mais tarde, nas santas expressões da família. [...].¹⁰

2. A FAMÍLIA PELOS LAÇOS ESPIRITUAIS

Allan Kardec ensina que os laços espirituais são os que, efetivamente, mantêm as criaturas unidas, uma vez que vão além das condições biológicas, definidas pela herança genética.

[...] No espaço, os Espíritos formam grupos ou famílias unidos pela afeição, pela simpatia e pela semelhança das inclinações. Felizes por se encontrarem juntos, esses Espíritos se buscam uns aos outros. A encarnação apenas os separa momentaneamente, porque, ao regressarem à erraticidade, reúnem-se novamente como amigos que voltam de uma viagem. Muitas vezes, até, uns seguem a outros na encarnação, vindo aqui reunir-se numa mesma família, ou num mesmo círculo, a fim de trabalharem juntos pelo seu mútuo adiantamento. Se uns encarnam e outros não, nem por isso deixam de estar unidos pelo pensamento. Os que estão livres velam pelos que se acham em cativeiro. Os mais adiantados se esforçam por fazer que os retardatários progridam. Após cada existência, deram mais um passo no caminho da perfeição. [...].¹¹

Nos processos primários da evolução humana, as vinculações familiares são muito tênues, praticamente inexistentes. No passo evolutivo seguinte começa, efetivamente, surgir os laços familiares, como os que constituem as diferentes organizações tribais e clãs.

Nesta posição, o inimigo ou amigo do grupamento está nitidamente delineada, ainda que em momentos específicos se estabeleçam ligações transitórias, motivadas por diversas necessidades e interesses comuns, com outros grupos.

À medida que o ser humano ascende na escala evolutiva, absorve valores espirituais que lhe permite estender o seu olhar para além do seu núcleo familiar. Consegue, então, localizar Espíritos afins situados fora da sua família. Com este reconhecimento inicia-se, então, as ligações fraternas com diferentes grupos, os quais, no futuro, se organizarão em aldeias, cidades e nações.

Em processo evolutivo mais adiantado, os diferentes povos unem-se a outros, inicialmente por meio de acordos econômico e políticos, formando blocos de nações. A partir dessa união surge, como inevitável, as miscigenações biológicas e culturais e, pouco a pouco, os blocos de nações formam conglomerados e, a partir destes, organiza-se a família universal. É mais ou menos por esta linha que é desenvolvida a noção de família universal, ou de humanidade destinada a se unir não apenas por interesses econômicos, políticos ou sociais, mas pelos laços da afetividade.

Neste sentido, Bezerra de Menezes considera com muito bom senso:

[...] Entretanto, a nós outros, os espíritas, compete a obrigação de enxergar mais longe e reconhecer mais amplos os deveres que nos prendem à experiência comunitária. Não somente suportar os conflitos de casa com denodo e serenidade, abraçando os entes queridos com a certeza de que os amamos, livre de nós, se assim o desejam, para serem mais cativos aos desígnios de Deus. Não apenas isso. Entender também nos grupos em que nos movimentamos a nossa família maior. E amar, auxiliar, apoiar construtivamente e servir sempre a todos os que nos compartilhem o trabalho e a esperança! ... A independência existe unicamente na base da interdependência. As Leis divinas criaram com tamanha sabedoria os mecanismos da evolução que todos nós, de algum modo, dependemos uns dos outros. Não se renasce na Terra, sem o concurso dos pais ou dos valores genéticos que forneçam. Não se adquire cultura sem professores ou recursos que eles decidam a formar. Não se obtém alimento sem esforço próprio, nem sob o amparo do esforço alheio. [...]... há famílias de ordem material e aquelas outras de ordem espiritual — afirma-nos o Evangelho, na

Doutrina Espírita. [...] Família e família! Família do coração entre algumas paredes e família maior do espírito a espraiar-se em todos os domínios da humanidade![...].[12]

Na seguinte passagem evangélica, às vezes interpretada equivocadamente, Jesus demonstra que a organização familiar fundamentada na união espiritual é a verdadeira, por persistir por toda a eternidade.

Chegaram então sua mãe e seus irmãos e, ficando do lado de fora, mandaram chamá-lo. Havia uma multidão sentada entorno dele. Disseram-lhe: Eis que tua mãe, teus irmãos e tuas irmãs estão lá fora e te procuram. Ele perguntou: Quem é minha mãe e meus irmãos? E, repassando com o olhar os que estavam sentados ao seu redor, disse: Eis a minha mãe e os meus irmãos. Quem fizer a vontade de Deus, esse é meu irmão, irmã e mãe. (Marcos, 3:31-35. Bíblia de Jerusalém).

Referências

1. XAVIER, Francisco Cândido. *Vida e sexo*. Pelo Espírito Emmanuel. 26. ed. Rio de Janeiro: FEB, 2008. Cap. 2, p. 17.

2. _____. p. 19.

3. KARDEC, Allan. *O livro dos espíritos*. Tradução de Evandro Noleto Bezerra. 2. ed. Rio de Janeiro: FEB, 2008, questão 774, p. 470.

4. XAVIER, Francisco Cândido. *Fonte viva*. Pelo Espírito Emmanuel. 34. ed. Rio de Janeiro: FEB, 2005. Cap. 154, p. 375-376.

5. KARDEC, Allan. *O evangelho segundo o espiritismo*. Tradução de Evandro Noleto Bezerra. Rio de Janeiro: FEB, 2008. Cap. XIV, item 8, p. 291.

6. _____. p. 290-291.

7. FRANCO, Divaldo Pereira. *S.O.S. Família*. Por diversos Espíritos. 2. ed. Salvador: LEAL, 1994. Item: Família (mensagem do Espírito Joanna de Ângelis), p. 17-18.

8. _____. p.18.

9. XAVIER, Francisco Cândido. *Fonte viva*. Op. Cit. Cap. 156, p.381-382.

10. KARDEC, Allan. *O evangelho segundo o espiritismo*. Op. Cit. Cap. IV, item 18, p. 100-101.

11. XAVIER, Francisco Cândido. *Bezerra, Chico e você*. Pelo Espírito Bezerra de Menezes. 5. ed. São Bernardo do Campo: GEEM, 1980. Cap. 44, p. 64-67.

12. XAVIER, Francisco Cândido. *Caminho, verdade e vida*. Pelo Espírito Emmanuel. 28. ed. Rio de Janeiro: FEB, 2009. Cap. 62, p. 139-140.

Orientações ao monitor

» Introduzir o assunto por meio de breve exposição que trata dos conceitos espíritas e não-espíritas de família.

» Em seguida, dividir a turma em dois grupos para leitura dos subsídios deste Roteiro. Cada grupo deve discutir e elaborar uma breve apresentação sobre os seguintes temas: 1) *família pelos laços corporais* família; 2) *família pelos laços espirituais*.

» Após a apresentação dos grupos, favorecer a reflexão sobre as principais implicações dos laços consanguíneos e dos espirituais na organização familiar.

» Fazer o fechamento do estudo com base nas ideias desenvolvidas no texto em anexo, do Espírito Emmanuel (*Em família*).

Anexo

Em família*

Emmanuel

Aprendam primeiro a exercer piedade para com a sua própria família e a recompensar seus pais, porque isto é bom e agradável diante de Deus." – Paulo (*I Timóteo*, 5:4).

A luta em família é problema fundamental da redenção do homem na Terra. Como seremos benfeitores de cem ou mil pessoas, se ainda não aprendemos a servir cinco ou dez criaturas? Esta é indagação lógica que se estende a todos os discípulos sinceros do Cristianismo.

Bom pregador e mau servidor são dois títulos que se não coadunam.

O apóstolo aconselha o exercício da piedade no centro das atividades domésticas, entretanto, não alude à piedade que chora sem

---

* XAVIER, Francisco Cândido. *Pão nosso*. Pelo Espírito Emmanuel. 29. ed. Rio de Janeiro: FEB, 2007. Cap.117, p. 249-250.

coragem ante os enigmas aflitivos, mas àquela que conhece as zonas nevrálgicas da casa e se esforça por eliminá-las, aguardando a decisão divina a seu tempo.

Conhecemos numerosos irmãos que se sentem sozinhos, espiritualmente, entre os que se lhes agregaram ao círculo pessoal, através dos laços consanguíneos, entregando-se, por isso, a lamentável desânimo.

É imprescindível, contudo, examinar a transitoriedade das ligações corpóreas, ponderando que não existem uniões casuais no lar terreno. Preponderam aí, por enquanto, as provas salvadoras ou regenerativas. Ninguém despreze, portanto, esse campo sagrado de serviço por mais se sinta acabrunhado na incompreensão. Constituiria falta grave esquecer-lhe as infinitas possibilidades de trabalho iluminativo.

É impossível auxiliar o mundo, quando ainda não conseguimos ser úteis nem mesmo a uma casa pequena — aquela em que a Vontade do Pai nos situou, a título precário.

Antes da grande projeção pessoal na obra coletiva, aprenda o discípulo a cooperar, em favor dos familiares, no dia de hoje, convicto de que semelhante esforço representa realização essencial.

EADE - LIVRO IV - MÓDULO IV

A HUMANIDADE REGENERADA

Roteiro 5

A TRANSIÇÃO EVOLUTIVA DA HUMANIDADE

Objetivos

» Citar as características do período de transição, anunciadas por Jesus no seu Sermão Profético.

» Analisar os principais desafios que a humanidade enfrentará durante o período.

Ideias principais

» No seu Discurso profético afirma Jesus, entre outras informações: *Haveis de ouvir falar sobre guerras e rumores de guerras. Cuidado para não vos alarmardes. É preciso que estas coisas aconteçam, mas ainda não é o fim. Pois se levantará nação contra nação, reino contra reino. E haverá fome e terremotos em todos os lugares. Tudo isso será o princípio das dores.* (Mateus, 24: 6-8. Bíblia de Jerusalém).

» A humanidade tem realizado, até ao presente, [...] *incontestáveis progressos. Os homens, com sua inteligência, chegaram a resultados que jamais haviam alcançado* [...]. *Resta-lhes, ainda, um imenso progresso a realizar: fazerem que reinem entre si a caridade, a fraternidade, a solidariedade, que lhes assegurem o bem-estar moral.* [...]. Allan Kardec: *A gênese.* Cap. XVIII, item 5.

> Um dos maiores desafios do período de transição está relacionado à educação, [...] *não por essa educação que tende a fazer homens instruídos, mas pela que tende a fazer homens de bem*.[...]. Allan Kardec: *O livro dos espírito*s, questão 917 – comentário.

Subsídios

Vivemos atualmente uma época de mudanças denominada *Período de Transição*, que apresenta as seguintes características fundamentais: a) acelerado desenvolvimento tecnológico e científico; b) convulsões sociais e morais; c) transformações na estrutura geológica e atmosférica do Planeta.

Não restam dúvidas que são condições portadoras de inquietudes, a despeito do progresso intelectual alcançado pela humanidade até então. Entretanto, no "[...] dizer dos Espíritos a Terra não deverá transformar-se por meio de um cataclismo que aniquile de súbito uma geração. A atual desaparecerá gradualmente e a nova lhe sucederá do mesmo modo, sem que haja mudança alguma na ordem natural das coisas."[1]

O período que vivemos atualmente é denominado de *transição*. Primeiro porque está localizado entre duas gerações bem diferentes. Segundo porque com o acelerado crescimento intelectual, o Espírito descurou do seu crescimento moral. Assinala Kardec, a propósito:[2]

> A época atual os elementos das duas gerações se confundem. Colocados no ponto intermediário, assistimos à partida de uma e à chegada da outra, já se assinalando cada uma, no mundo, pelas características que lhes são peculiares. As duas gerações que se sucedem têm ideias e pontos de vista opostos. Pela natureza das disposições morais e, sobretudo, das disposições *intuitivas e inatas*, torna-se fácil distinguir a qual das duas pertence cada indivíduo.

O *período de transição*, e o que imediatamente se lhe segue, denominado de *período de regeneração*, foram anunciados por Jesus no seu no Evangelho, sob o título de *Discurso Escatológico ou Sermão Profético* (*Mateus*, 24:1-28. *Marcos*, 13:1-23. *Lucas*, 21:5-24).

Como este Sermão já foi anteriormente estudado (Programa *Religião à Luz do Espiritismo*, Tomo 2 – Ensinos e Parábolas de

Jesus , parte 2, Roteiro 4), vamos enfocar, neste Roteiro, aspectos que marcam o *período de transição* e os principais desafios que a humanidade enfrentará.

1. CARACTERÍSTICAS DO PERÍODO DE TRANSIÇÃO

O período da grande travessia evolutiva são marcados pelos chamados "sinais dos tempos", em plena vigência na atualidade, no qual as conquistas morais e intelectuais do pretérito fazem reflexo no dia-a-dia da existência, da mesma forma que as ações desenvolvidas pelo homem, no presente, influenciarão a sua vida futura.

Em termos espíritas, a *transição planetária* caracteriza-se por uma fase existencial, nitidamente marcada no tempo e no espaço, na qual ocorrerão significativos desafios em todos os campos do conhecimento, decorrentes das ações humanas do passado e do presente que, naturalmente, definirão o futuro da humanidade. Essas ações, nem sempre fruto das boas escolhas têm gerado perturbações sociais, as mais diversas, produtoras de sofrimento. Mas passada a fase se reajustes espirituais, o ser humano se transformará em pessoa melhor, fazendo surgir uma era nova, a da *regeneração*.

Não é fácil afirmar quanto tempo irá durar a Transição, pois depende do livre-arbítrio individual e coletivo. Pode ter duração de décadas ou de séculos. Independentemente do período de tempo e da extensão dos desafios, a *transição* indica tempos "[...] marcados por Deus, em que grandes acontecimentos se vão dar para regeneração da humanidade. [...]."[3]

A *transição* está marcada por provações e por processos expiatórios, também denominados purificadores, mas, acredita-se, que na regeneração não ocorrerão as amargas dores da expiação, ainda que as provas impulsionadoras do progresso permaneçam.

De forma geral, podemos dizer que as principais características do período de transição são as que se seguem.

Os falsos profetas

» *Atenção para que ninguém vos engane. Pois muitos virão em meu nome, dizendo: "O Cristo sou eu", e enganarão a muitos. (Mateus, 24:4-5. Bíblia de Jerusalém).*

Em todos os tempos houve homens que exploraram, em proveito de suas ambições, de seus interesses e do seu anseio de dominação, certos conhecimentos que possuíam, a fim de alcançarem o prestígio de um suposto poder sobre-humano, ou de uma pretensa missão divina. São esses os falsos cristos e os falsos profetas. A difusão das luzes lhes destrói o crédito, razão pela qual o número deles diminui à medida que os homens se esclarecem. O fato de operar o que certas pessoas consideram prodígios não constitui, pois, sinal de uma missão divina, já que pode resultar de conhecimentos que cada um pode adquirir, ou de faculdades orgânicas especiais, que o mais indigno pode possuir tão bem, quanto o mais digno. O verdadeiro profeta se reconhece por características mais sérias e exclusivamente morais.[4]

Guerras

» *Haveis de ouvir falar sobre guerras e rumores de guerras. Cuidado para não vos alarmardes. É preciso que essas coisas aconteçam, mas ainda não é o fim. Pois se levantará nação contra nação e reino contra reino. (Mateus, 24:6-7. Bíblia de Jerusalém).*

As guerras, como todo tipo de violência humana, individual ou coletiva, não são resultantes da vontade de Deus, mas sim expressões do egoísmo e do orgulho imperantes nos mundos atrasados como o nosso.[5]

A guerra existe porque há predominância "[...] da natureza animal sobre a natureza espiritual e satisfação das paixões. No estado de barbárie, os povos só conhecem o direito do mais forte, daí por que, para eles, a guerra é um estado normal. À medida que o homem progride, a guerra se torna menos frequente, porque ele evita suas causas, e quando a julga necessária, sabe adicionar-lhe humanidade.[6]

Catástrofes naturais

» *E haverá fome e terremotos em todos os lugares. Tudo isso será o princípio das dores. (Mateus, 24:8. Bíblia de Jerusalém).*

Os flagelos e cataclismos [...] Os flagelos são provas que dão ao homem oportunidade de exercitar a sua inteligência, de demonstrar paciência e resignação ante a vontade de Deus, permitindo-lhe manifestar seus sentimentos de abnegação, de desinteresse e de amor ao próximo, caso o egoísmo não o domine.[7]

Entre os flagelos destruidores, naturais e independentes do homem, devem ser colocados na linha de frente a peste, a fome, as inundações, as intempéries fatais às produções da terra. Entretanto, não tem o homem encontrado na Ciência, nas obras de Engenharia, no aperfeiçoamento da Agricultura, nos afolhamentos e nas irrigações, no estudo das condições higiênicas, meios de neutralizar, ou, pelo menos, de atenuar tantos desastres? Certas regiões, outrora assoladas por terríveis flagelos, não estão hoje livres deles? Que não fará, então, o homem pelo seu bem-estar material, quando souber aproveitar-se de todos os recursos da sua inteligência e quando, sem prejuízo da sua conservação pessoal, souber aliar o sentimento de verdadeira caridade para com os seus semelhantes?[8]

As tribulações estarão presentes, portanto, no período de transição. Assim, é necessário que o homem se esforce por adquirir a força necessária capaz de transformá-lo em pessoa de bem, mais espiritualizada. Afirma Kardec, a propósito:[9]

Sim, por certo a humanidade se transforma, como já se transformou em outras épocas, e cada transformação é marcada por uma crise que é, para o gênero humano, o que são, para os indivíduos, as crises de crescimento; crises muitas vezes penosas, dolorosas, que arrastam consigo as gerações e as instituições, mas sempre seguidas de uma fase de progresso material e moral. "Tendo chegado a um desses períodos de crescimento, a humanidade terrena está plenamente, há quase um século, no trabalho da transformação. É por isto que ela se agita por todos os lados, presa de uma espécie de febre e como que movida por uma força invisível, até que retome o equilíbrio sobre novas bases. Quem a vir, então, a achará muito mudada em seus costumes, em seu caráter, em suas leis, em suas crenças; numa palavra, em todo o seu estamento social. [...] À agitação dos encarnados e dos desencarnados se juntam, por vezes e mesmo na maioria das vezes, já que tudo se conjuga, na natureza, as perturbações dos elementos físicos; é então, por um tempo, uma verdadeira confusão geral, mas que passa como um furacão, depois do que o céu se torna sereno, e a humanidade, reconstituída sobre novas bases, imbuída de novas ideias, percorre um nova etapa de progresso.

Não há dúvida de que a humanidade estará sob o jugo da dor: caos social e moral de um lado e distúrbios na natureza de outro são fatores promotores do sofrimento. Entretanto, a humanidade renascerá mais forte e espiritualizada. Aliás, o Espírito conhecido como Dr. Barry, informa que é justamente neste período de profundas transformações que o " Espiritismo florescerá e dará frutos."[10] Acrescenta também: "É, pois, para o futuro, mais que para o presente, que trabalhais; mas era necessário que esses trabalhos fossem elaborados previamente, porque preparam as vias da regeneração pela unificação e pela racionalidade das crenças. Felizes os que os aproveitam desde hoje; será para eles tanto de ganho e de penas poupadas".[10]

2. A RAZÃO DE SER DO PERÍODO DE TRANSIÇÃO

Os conflitos bélicos, as lutas fratricidas, a violência e as calamidades produzidas pelo homem, decorrem do seu atraso moral, cujas ações resultam sofrimento, a si mesmo e à sociedade, assim como prejuízos à natureza que, ecologicamente desequilibrada, reage contra os agressores. Assim, os acontecimentos previstos têm como finalidade estimular a melhoria espiritual do homem, pois se trata de uma fase de evolução moral da humanidade terrestre.

[...] Isto posto, diremos que o nosso globo, como tudo o que existe, está submetido à lei do progresso. Ele progride, fisicamente, pela transformação dos elementos que o compõem e, moralmente, pela depuração dos Espíritos encarnados e desencarnados que o povoam. Esses progressos se realizam paralelamente, visto que a perfeição da habitação guarda relação com a do habitante. Fisicamente, o globo terrestre tem sofrido transformações que a Ciência tem comprovado e que o tornaram sucessivamente habitável por seres cada vez mais aperfeiçoados. Moralmente, a humanidade progride pelo desenvolvimento da inteligência, do senso moral e do abrandamento dos costumes. Ao mesmo tempo que o melhoramento do globo se opera sob a ação das forças materiais, os homens concorrem para isso pelos esforços de sua inteligência. Saneiam as regiões insalubres, tornam mais fáceis as comunicações e mais produtiva a terra.[11]

Considerando a finalidade e as características do *período de transição*, Allan Kardec também esclarece:

Se, pelo encadeamento e a solidariedade das causas e dos efeitos, os períodos de renovação moral da humanidade coincidem, como tudo leva a crer, com as revoluções físicas do globo, podem os referidos períodos ser acompanhados ou precedidos de fenômenos naturais, insólitos para os que com eles não se acham familiarizados com eles, de meteoros que parecem estranhos, de recrudescência e intensidade fora do comum dos flagelos destruidores, que não são nem causa, nem presságios sobrenaturais, mas uma consequência do movimento geral que se opera no mundo físico e no mundo moral.[12]

Diante dessas considerações, compreende-se porque o ser humano deve agir com mais prudência, vigilante no pensar, falar ou executar. Mais do que nunca, o "orai e vigiai", recomendado por Jesus, deve ser levado a sério. Eis o conselho de Emmanuel, a respeito:[13]

> [...] Muitas vezes, referimo-nos ao "orai e vigiai", sem meditar-lhe a complexidade e a extensão. É indispensável guardar os caminhos, imprescindível se torna movimentar possibilidades na esfera do bem, entretanto, essa atitude não dispensa a visão com entendimento. [...] É preciso olhar, isto é, examinar, ponderar, refletir, para que a vigilância não seja incompleta. Discernir é a primeira preocupação da sentinela. O discípulo não pode guardar-se, defendendo simultaneamente o patrimônio que lhe foi confiado, sem estender a visão psicológica, buscando penetrar a intimidade essencial das situações e dos acontecimentos. Olhai o trabalho de cada dia. O serviço comum permanece repleto de mensagens proveitosas. Fixai as relações afetivas. São portadoras de alvitres necessários ao vosso equilíbrio. Fiscalizai as circunstâncias observando as sugestões que vos lançam ao centro d'alma.[...]. Olhai, refleti, ponderai! ... Depois disso, naturalmente, estareis prontos a vigiar e orar com proveito.

3. DESAFIOS DO PERÍODO DE TRANSIÇÃO

Processos educativos

Os conflitos presentes na *era de transição* atingirão, de frente, a organização familiar e a educação dos filhos. Cuidados mais intensos deverão ser estabelecidos, no lar e na escola, a fim de que as provações e desafios não desestruturem a família nem a mente dos futuros líderes da sociedade. O período infantil, sobretudo, deverá merecer especial dedicação dos pais e educadores, mais do que usualmente já ocorre.

[...] Cada homem possui, com a existência, uma série de estações e uma relação de dias, estruturadas em precioso cálculo de probabilidades. Razoável se torna que o trabalhador aproveite a primavera da mocidade, o verão das forças físicas e o outono da reflexão, para a grande viagem do inferior para o superior; entretanto, a maioria aguarda o inverno da velhice ou do sofrimento irremediável na Terra, quando o ensejo de trabalho está findo. As possibilidades para determinada experiência jazem esgotadas. Não é o fim da vida, mas o termo de preciosa concessão. E, naturalmente, o servidor descuidado, que deixou para sábado o trabalho que deveria executar na segunda-feira, será obrigado a recapitular a tarefa, sabe Deus quando![14]

Considerando que a *transição* é época de grande desenvolvimento científico e tecnológico, os valores morais nem sempre são devidamente priorizados. O progresso intelectual faz surgir uma humanidade mais instruída, mas nem sempre moralizada.

Até aqui, a humanidade tem realizado incontestáveis progressos. Os homens, com a sua inteligência, chegaram a resultados que jamais haviam alcançado, sob o ponto de vista das ciências, das artes e do bem-estar material. Resta-lhes ainda um imenso progresso a realizar: o de fazerem que entre si reinem a caridade, a fraternidade, a solidariedade, que lhes assegurem o bem-estar moral. Não poderiam consegui-lo nem com as suas crenças, nem com as suas instituições antiquadas, resquícios de outra idade, boas para certa época, suficientes para um estado transitório, mas que, havendo dado tudo o que comportavam, seriam hoje um entrave. O homem já não necessita de desenvolver a inteligência, mas de elevar o sentimento; para isso, faz-se preciso destruir tudo o que superexcite neles o egoísmo e o orgulho. [...].[15]

Assim, é importante considerar que os processos educativos, desenvolvidos dentro ou fora do lar, não devem se resumir a uma educação "[...] que tende a fazer homens instruídos, mas pela que tende a fazer homens de bem.[...]."[16]

[...] Bem entendida, a educação, constitui a chave do progresso moral. Quando se conhecer a arte de manejar os caracteres, como se conhece a de manejar as inteligências, poder-se-á endireitá-los, como se faz com as plantas novas. Mas essa arte exige muito tato, muita experiência e profunda observação. É grave erro acreditar que baste o conhecimento da Ciência para exercê-la com proveito. Quem quer que acompanhe o filho do rico, assim como o do pobre, desde o instante do nascimento, e observar todas as influências perniciosas que atuam sobre eles, em consequência da fraqueza, da incúria e da ignorância dos que os dirigem, e como falham quase sempre os meios empregados para moralizá-los, não poderá admirar-se de encontrar tantas imperfeições no mundo. Faça-se com o moral o que se faz com a inteligência e ver-se-á que, se há naturezas refratárias, também há, em maior número do que se pensa, as que apenas reclamam boa cultura para produzir bons frutos.[...].[17]

Combate ao egoísmo

É outro desafio a ser enfrentado no *período de transição*, pois a humanidade terá necessidade de ser mais solidária. Segundo os Espíritos da Codificação Espírita, a imperfeição: "[...] mais difícil de extirpar é o egoísmo, porque resulta da influência da matéria, influência de que o homem, *ainda muito próximo de sua origem*, não pôde libertar-se, já que tudo concorre para mantê-la: suas leis, sua organização social, sua educação. [...]."[18]

[...] Louváveis esforços são empregados para fazer que a humanidade progrida. Os bons sentimentos são animados, estimulados e honrados mais do que em qualquer outra época; não obstante, o verme roedor do egoísmo continua a ser a praga social. É um mal real, que se espalha por todo o mundo e do qual cada homem é mais ou menos vítima. Assim, é preciso combatê-lo, como se combate uma moléstia epidêmica. Para isso, deve-se proceder como procedem os médicos: remontando à causa do mal. Que se procurem em todas as partes do organismo social, da família aos povos, da choupana ao palácio, todas as causas, todas as influências, patentes ou ocultas, que excitam, alimentam e desenvolvem o sentimento do egoísmo. Conhecidas as causas, o remédio se apresentará por si mesmo. Só restará então combatê-las, senão todas ao mesmo tempo, pelo menos parcialmente, e o veneno pouco a pouco será eliminado. A cura poderá ser demorada, porque numerosas são as causas, mas não é impossível. Contudo, ela só se obterá se o mal for cortado pela raiz, isto é, pela educação, não por essa educação que tende a fazer homens instruídos, mas pela que tende a fazer homens de bem. [...].[19]

Necessidade de crescimento moral

O combate às imperfeições pelo desenvolvimento de virtudes indicará período de crescimento moral da Transição.

A humanidade, tornada adulta, tem novas necessidades, aspirações mais vastas e mais elevadas [...] Da adolescência ela passa à idade viril. O passado já não pode bastar às suas novas aspirações, às suas novas necessidades; ela já não pode ser conduzida pelos mesmos métodos; não mais se deixa levar por ilusões nem por sortilégios; sua razão amadurecida reclama alimentos mais substanciais. O presente é demasiado efêmero; ela sente que o seu destino é mais vasto e que a vida corpórea é restrita demais para encerrá-lo inteiramente. Por isso, mergulha o olhar no passado e no futuro, a fim de descobrir o mistério da sua existência e de adquirir uma consoladora certeza. E é no momento em que ela se encontra muito apertada na esfera material, em que transborda a vida intelectual, em que o sentimento da espiritualidade lhe desabrocha no seio [...].[20]

O apoio de Espíritos esclarecidos

Durante o *período de transição* a misericórdia divina permitirá a reencarnação de Espíritos mais esclarecidos intelectual e moralmente, em todas as regiões da Terra, com a finalidade de amparar a humanidade em suas provas e expiações, orientando-a na busca de soluções pacíficas para superar as dificuldades.

Por ser um momento especial, marcado por conflitos e calamidades, a dor terá efeito impactante, mas com a capacidade de despertar valores sublimes no homem que, mais esclarecido, ainda que sofrido, não se conformará com o sofrimento e com o estado das coisas reinantes, desenvolvendo, então, ações positivas e libertadoras.

Naturalmente que o Mestre não folgará de ver seus discípulos mergulhados no sofrimento. Considerando, porém, as necessidades extensas dos homens da Terra, compreende o caráter indispensável das provações e dos obstáculos. A pedagogia moderna está repleta de esforços seletivos, de concurso de capacidade, de teste da inteligência. O Evangelho oferece situações semelhantes. O amigo do Cristo não deve ser uma criatura sombria, à espera de padecimentos; entretanto, conhecendo a sua posição de trabalho, num plano como a Terra, deve contar com dificuldades de toda sorte. Para os gozos falsificados do mundo, o Planeta está cheio de condutores enganados. Como invocar o Salvador para a continuidade de fantasias? Quando chamados para o Cristo, é para que aprendamos a executar o trabalho em favor da esfera maior, sem olvidarmos que o serviço começa em nós mesmos. Existem muitos homens de valor cultural que se constituíram em mentores dos que desejam mentirosos regalos no plano físico. No Evangelho, porém, não acontece assim. Quando o Mestre convida alguém ao seu trabalho, não é para que chore em desalento ou repouse em satisfação ociosa. Se o Senhor te chamou, não te esqueças de que já te considera digno de testemunhar.[21]

Referências

1. KARDEC, Allan. *A gênese: os milagres e as predições segundo o espiritismo*. Tradução de Evandro Noleto Bezerra. 1. ed. Rio de Janeiro: FEB, 2009. Cap. XVIII, item 27, p. 534.

2. _____. Item 28, p. 535.

3. _____. *O evangelho segundo o espiritismo*. Tradução de Evandro Noleto Bezerra. 1. ed. Rio de Janeiro: FEB, 2008. Cap.XXI, item 5, p. 394.

4. _____. *A gênese: os milagres e as predições segundo o espiritismo*.Op. Cit. Cap. XVIII, item 1, p. 514.

5. SOUZA, Juvanir Borges. *Tempo de renovação*. 3. ed. Rio de Janeiro: FEB, 2002. Cap. 16, p. 131.

6. KARDEC, Allan. *O livro dos espíritos*. Tradução de Evandro Noleto Bezerra. 2. ed. Rio de Janeiro: FEB, 2008, questão 742, p. 457-458.

7. _____. Questão 740, p. 456.

8. _____. Questão 741– comentário, p. 457.

9. _____. *A gênese: os milagres e as predições segundo o espiritismo*. Op. Cit. Cap. XVIII, item 9, p. 521-522.

10. _____. p. 522.

11. _____. Item 2, p. 514.

12. _____. Item 10, p. 523.

13. XAVIER, Francisco Cândido. *Vinha de luz*. Pelo Espírito Emmanuel. 24. ed. Rio de Janeiro: FEB, 2006. Cap. 8, p. 189-190.

14. _____. Cap. 113, p. 258.

15. KARDEC, Allan. *A gênese: os milagres e as predições segundo o espiritismo*. Op. Cit. Cap. XVIII, item 5, p. 516.

16. _____. *O livro dos espíritos*. Op. Cit. Questão 917– comentário, p. 548.

17. _____. p. 548-549.

18. _____. Questão 917, p. 546.

19. _____. Questão 917– comentário, 548.

20. _____. *A gênese: os milagres e as predições segundo o espiritismo*. Op. Cit. Cap. XVIII, item 14, p. 525-526.

21. XAVIER, Francisco Cândido. *Caminho, verdade e vida*. Pelo Espírito Emmanuel. 28 ed. Rio de Janeiro: FEB, 2009. Cap. 71. p. 157-158.

Orientações ao monitor

Dividir a turma em grupos para leitura, troca de ideias e elaboração de resumo a respeito dos assuntos desenvolvidos neste Roteiro de Estudo. Pedir-lhes, após esta fase, que apresentem o resumo, em plenário.

Em seguida, o monitor assinala as principais características do período de transição, explicando o valor das provações na melhoria espiritual do ser humano.

EADE - LIVRO IV - MÓDULO IV

A HUMANIDADE REGENERADA

Roteiro 6

AMOR E EVOLUÇÃO

Objetivos

» Esclarecer por que a capacidade de amar amplia com a evolução do ser humano.

Ideias principais

» A [...] palavra do Cristo é insofismável. Não nos faremos titulares da Boa-Nova simplesmente através das atitudes exteriores... Precisamos, sim, da cultura que aprimora a inteligência, da justiça que sustenta a ordem, do progresso material que enriquece o trabalho e de assembleias que favoreçam o estudo; no entanto, toda a movimentação humana, sem a luz do amor, pode perder-se nas sombras... Seremos admitidos ao aprendizado do Evangelho, cultivando o reino de Deus que começa na vida íntima [...]. Emmanuel: *Fonte viva*. Cap. 15.

» [...] Pouco a pouco a alma se eleva e, conforme vai subindo, nela se vai acumulando uma soma sempre crescente de saber e virtude; sente-se mais estreitamente ligada aos seus semelhantes; comunica mais intimamente com o seu meio social e planetário. [...] Na necessidade de se elevar a si mesmo, atrai a si, para fazê-los chegar ao estado espiritual, todos os seres humanos que povoam os mundos onde viveram. Quer fazer por eles o que por ele fizeram os seus irmãos mais velhos, os grandes Espíritos que o guiaram na sua marcha. Léon Denis: *O problema do ser, do destino e da dor*. Cap. IX

Subsídios

Ensina Jesus:

Nisso reconhecerão todos que sois meus discípulos se tiverdes amor uns pelos outros. (João, 13:35. Bíblia de Jerusalém).

A [...] palavra do Cristo é insofismável. Não nos faremos titulares da Boa-Nova simplesmente através das atitudes exteriores... Precisamos, sim, da cultura que aprimora a inteligência, da justiça que sustenta a ordem, do progresso material que enriquece o trabalho e de assembléias que favoreçam o estudo; no entanto, toda a movimentação humana, sem a luz do amor, pode perder-se nas sombras... Seremos admitidos ao aprendizado do Evangelho, cultivando o reino de Deus que começa na vida íntima. Estendamos, assim, a fraternidade pura e simples, amparando-nos mutuamente... Fraternidade que trabalha e ajuda, compreende e perdoa, entre a humildade e o serviço que asseguram a vitória do bem. Atendamo-la, onde estivermos, recordando a palavra do Senhor que afirmou com clareza e segurança:"Nisto todos conhecerão que sois meus discípulos: se vos amardes uns aos outros."[1]

1. O AMOR E O PROCESSO EVOLUTIVO HUMANO

Os Espíritos que ainda se encontram nas fases primárias da evolução, desconhecem as mais singelas manifestações do amor uma vez que se acham presos às necessidades básicas, às paixões, determinadas pelo instinto de sobrevivência da espécie. O desenvolvimento do amor, considerado em sua dimensão elevada, é conquista que se amplia durante o processo evolutivo humano.

O amor puro é o reflexo do Criador em todas as criaturas. Brilha em tudo e em tudo palpita na mesma vibração de sabedoria e beleza. É fundamento da vida e justiça de toda a Lei. Surge, sublime, no equilíbrio dos mundos erguidos à glória da imensidade, quanto nas flores anônimas esquecidas no campo.[...] Plasma divino com que

Deus envolve tudo o que é criado, o amor é o hálito dEle mesmo, penetrando o universo. Vemo-lo, assim, como silenciosa esperança do Céu, aguardando a evolução de todos os princípios e respeitando a decisão de todas as consciências. Mercê de semelhante bênção, cada ser é acalentado no degrau da vida em que se encontra.[...] O amor, repetimos, é o reflexo de Deus, Nosso Pai, que se compadece de todos e que a ninguém violenta, embora, em razão do mesmo amor infinito com que nos ama, determine estejamos sempre sob a lei da responsabilidade que se manifesta para cada consciência, de acordo com as suas próprias obras. E, amando-nos, permite o Senhor perlustrarmos sem prazo o caminho de ascensão para Ele, concedendo-nos, quando impensadamente nos consagramos ao mal, a própria eternidade para reconciliar-nos com o bem, que é a sua regra imutável.[2]

No processo evolutivo seguinte, após a fase primária, acontece as primeiras manifestações do sentimento. Mas, mesmo neste momento da evolução, a criatura humana ainda se encontra muito distante do amor puro, sublimado. E, a partir desse marco, e por muito tempo, permanecerá centrada em si mesma, amando-se mais a si, e pouco ou nada se interessando pelo próximo.

O desenvolvimento do sentimento ocupa, dessa forma, extenso período da caminhada ascensional humana, antes do Espírito sublimá-lo, libertando-se definitivamente das amarras do egoísmo e do orgulho. Aprende, então, a sair de si mesmo e inicia o seu aprendizado junto ao próximo, servindo-o: "Auxiliarás por amor nas tarefas do benefício [...]. Enxergarás, nos que te rodeiam, irmãos autênticos, diante da Providência divina. Ajudarás os menos bons para que se tornem bons, e auxiliarás os bons, a fim de que se façam melhores."[3]

[...]Existe, no entanto, nos trabalhos da Boa-Nova, um tipo de cooperador diferente. Louva o Senhor com pensamentos, palavras e atos, cada dia. Distribui o tesouro do bem, por intermédio do verbo consolador, sempre que possível. Escreve conceitos edificantes, em torno do Evangelho, toda vez que as circunstâncias lho permitem. Ultrapassa, porém, toda pregação falada ou escrita, agindo incessantemente na sementeira do bem, em obras de sacrifício próprio e de amor puro, nos moldes de ação que o Cristo nos legou. Não pede recompensa, não pergunta por resultados, não se sintoniza com o mal. Abençoa e ajuda sempre. Semelhante companheiro é conhecido por verdadeiro discípulo do Senhor, por muito amar.[4]

Nessas condições, o homem, classificado de Espírito Superior, possui conhecimento intelectual associado à vivência da lei de amor, como consta na Escala Espírita, no que diz respeito à segunda e primeira ordem dos Espíritos:

Segunda ordem – Bons Espíritos

1. Predominância do Espírito sobre a matéria; desejo do bem. Suas qualidades e poderes para fazer o bem estão em relação com o grau de adiantamento que hajam alcançado; uns têm a ciência, outros a sabedoria e a bondade. Os mais adiantados aliam o saber às qualidades morais.[...].[53]

2. [...] Compreendem Deus e o infinito e já gozam da felicidade dos bons. São felizes pelo bem que fazem e pelo mal que impedem. O amor que os une é, para eles, fonte de inefável ventura, não se alterando nem pela inveja, nem pelo remorso, nem por nenhuma das más paixões que constituem o tormento dos Espíritos imperfeitos. Mas todos ainda tem que passar por provas, até que atinjam a perfeição absoluta.[...].[53]

3. [...] Como Espíritos, sugerem bons pensamentos, desviam os homens do caminho do mal, protegem na vida os que se tornam dignos dessa proteção e neutralizam a influência dos Espíritos imperfeitos sobre aqueles que não se comprazem em sofrê-la. Quando encarnados, são bons e benevolentes com os seus semelhantes. Não são movidos pelo orgulho, nem pelo egoísmo, nem pela ambição. Não experimentam ódio, rancor, inveja ou ciúme e fazem o bem pelo bem. A esta ordem pertencem os Espíritos designados, nas crenças vulgares, pelos nomes de *bons gênios, gênios protetores, Espíritos do bem*. [...].[5]

Primeira ordem – Espíritos Puros

1. [...] Nenhuma influência da matéria. Superioridade intelectual e moral absoluta, com relação aos Espíritos das outras ordens. [...] Percorreram todos os graus da escala e se despojaram de todas as impurezas da matéria.[6]

2. [...] Gozam de inalterável felicidade, porque não estão sujeitos nem às necessidades, nem às vicissitudes da vida material; essa

felicidade, porém, não é a de *ociosidade monótona vivida em perpétua contemplação*. Eles são os mensageiros e os ministros de Deus, cujas ordens executam para manutenção da harmonia universal. Comandam a todos os Espíritos que lhes são inferiores, ajudam-nos a se aperfeiçoarem e designam suas missões. Assistir os homens nas suas aflições, estimulá-los ao bem ou à expiação das faltas que os mantém distanciados da suprema felicidade é, para eles, ocupação agradabilíssima. São designados às vezes pelos nomes de anjos, arcanjos ou serafins.[6]

Compreende-se, então, que antes do Espírito atingir as faixas superiores da evolução, ele desenvolve o aprendizado necessário, ao longo das reencarnações e das vivências no plano espiritual. Não somente a espécie humana está submetida ao amor, mas todos os seres vivos e coisas criadas por Deus:

> [...] O amor é a lei própria da vida e, sob o seu domínio sagrado, todas as criaturas e todas as coisas se reúnem ao Criador, dentro do plano grandioso da unidade universal. Desde as manifestações mais humildes dos reinos inferiores da natureza, observamos a exteriorização do amor em sua feição divina. Na poeira cósmica, sínteses da vida, temos as atrações magnéticas profundas; nos corpos simples, vemos as chamadas "precipitações" da química; nos reinos mineral e vegetal verificamos o problema das combinações indispensáveis. Nas expressões da vida animal; observamos o amor em tudo, em gradações infinitas, da violência à ternura, nas manifestações do irracional. [...].[7]

Com a melhoria gradual, o Espírito encontra inúmeras oportunidades de expressar o amor, que passa a lhe dirigir a existência.

> [...] No caminho dos homens é ainda o amor que preside a todas as atividades da existência em família e em sociedade. Reconhecida a sua luz divina em todos os ambientes, observaremos a união dos seres como um ponto sagrado, referência dessa lei única que dirige o universo. Das expressões de sexualidade, o amor caminha para o supersexualismo, marchando sempre para as sublimadas emoções da espiritualidade pura, pela renúncia e pelo trabalho santificantes, até alcançar o amor divino, atributo dos seres angelicais, que se edificaram para a união com Deus, na execução de seus sagrados desígnios do universo.[8]

2. ESPÍRITOS SUPERIORES: EQUILÍBRIO ENTRE O SABER E A MORALIDADE

A natureza não dá saltos, em termos evolutivos. Da mesma forma, um Espírito só passa de uma categoria para outra mais elevada se já adquiriu toda soma de aprendizado naquele o estágio evolutivo onde estagiava. "[...] Desse modo, a mais singela conquista interior corresponde para a nossa alma a horizontes novos, tanto mais amplos e mais belos, quanto mais bela e mais ampla se faça a nossa visão espiritual. [...]."9

Desde o momento da sua criação, o Espírito está destinado à perfeição:

"A alma contém, no estado virtual, todos os germens dos seus desenvolvimentos futuros. É destinada a conhecer, adquirir e possuir tudo. [...] Para realizar os seus fins, tem de percorrer, no tempo e no espaço, um campo sem limites. É passando por inúmeras transformações, no fim de milhares de séculos, que o mineral grosseiro se converte em diamante puro, refratando mil cintilações. Sucede o mesmo com a alma humana.[...]."10

Trata-se de uma lei universal que se aplica à evolução biológica, propriamente dita, e ao aperfeiçoamento moral e intelectual do Espírito.

[...] Pouco a pouco a alma se eleva e, conforme vai subindo, nela se vai acumulando uma soma sempre crescente de saber e virtude; sente-se mais estreitamente ligada aos seus semelhantes; comunica mais intimamente com o seu meio social e planetário. Elevando-se cada vez mais, não tarda a ligar-se por laços pujantes às sociedades do Espaço e depois ao Ser universal. Assim, a vida do ser consciente é uma vida de solidariedade e liberdade. Livre dentro dos limites que lhe assinalam as leis eternas, faz-se o arquiteto do seu destino. O seu adiantamento é obra sua. Nenhuma fatalidade o oprime, salvo a dos próprios atos, cujas consequências nele recaem; mas, não pode desenvolver-se e medrar senão na vida coletiva com o recurso de cada um e em proveito de todos. Quanto mais sobe, tanto mais se sente viver e sofrer em todos e por todos. Na necessidade de se elevar a si mesmo, atrai a si, para fazê-los chegar ao estado espiritual, todos os seres humanos que povoam os mundos onde viveram. Quer fazer por eles o que por ele fizeram os seus irmãos mais velhos, os grandes Espíritos que o guiaram na sua marcha. [...].[11]

As diferentes expressões do amor acompanha, assim, todas as aquisições intelectuais e morais do ser em sua longa trajetória evolutiva: da sensação e do instinto animal até aos puríssimos sentimentos angelicais, pois, em suas manifestações, o amor se revela como "[...] um impulso do ser, que o leva para outro ser com o desejo de unir-se a ele. Mas, na realidade, o amor reveste formas infinitas, desde as mais vulgares até as mais sublimes.[...]."[12]

> [...] Princípio da vida universal, proporciona à alma, em suas manifestações mais elevadas e puras, a intensidade de radiação que aquece e vivifica tudo em roda de si; é por ele que ela se sente estreitamente ligada ao Poder divino, foco ardente de toda a vida, de todo o amor. [...] O amor é uma força inexaurível, renova-se sem cessar e enriquece ao mesmo tempo aquele que dá e aquele que recebe. É pelo amor, sol das almas, que Deus mais eficazmente atua no mundo. Por ele atrai para si todos os pobres seres retardados nos antros da paixão, os Espíritos cativos na matéria; eleva-os e arrasta-os na espiral da ascensão infinita para os esplendores da luz e da liberdade. O amor conjugal, o amor materno, o amor filial ou fraterno, o amor da pátria, da raça, da humanidade, são refrações, raios refratados do amor divino, que abrange, penetra todos os seres, e, difundindo-se neles, faz rebentar e desabrochar mil formas variadas, mil esplêndidas florescências de amor.[...].[13]

Referências

1. XAVIER, Francisco Cândido. *Fonte viva*. Pelo Espírito Emmanuel. 34. ed. Rio de Janeiro: FEB, 2006. Cap. 15, p. 46-47.

2. _____. *Pensamento e vida*. Pelo Espírito Emmanuel. 18. ed. Rio de Janeiro: FEB, 2008. Cap. 30, p.125-127.

3. _____. *Alma e coração*. Pelo Espírito Emmanuel. São Paulo: Pensamento – Cultix, 2006. Cap. 39, p. 87-88.

4. _____. *Fonte viva*. Op. Cit. Cap. 63, p. 164.

5. KARDEC, Allan. *O livro dos espíritos*. Tradução de Evandro Noleto Bezerra. 2. ed. Rio de Janeiro: FEB, 2008, questão 107, p. 132-133.

6. _____. Questão 113, p. 135.

7. XAVIER, Francisco Cândido. *O consolador*. Pelo Espírito Emmanuel. 28. ed. Rio de Janeiro: FEB, 2008. Questão 322, p. 255..

8. _____. p. 255-256.

9. _____. *Vozes do grande além*. Por diversos Espíritos. 4. ed. Rio de Janeiro: FEB, 1990. Cap. 12 (Esclarecimento-mensagem do Espírito André Luiz), p. 57.

10. DENIS, Léon. *O problema do ser, do destino e da dor*. Primeira edição especial. Rio de Janeiro: FEB, 2008. Primeira parte, cap. IX, p. 161-162.

11. _____. p. 162-163.

12. _____. Terceira parte, cap. XXV, p. 507.

13. _____. p. 507-508.

Orientações ao monitor

1. Realizar uma breve explanação sobre o desenvolvimento do amor integrado ao natural processo evolutivo do ser humano.

2. Pedir aos participantes que leiam o Roteiro de Estudo, silenciosa e reflexivamente, destacando pontos considerados importantes.

3. Em plenária, debater o assunto, dirigindo perguntas à turma, previamente elaboradas.

4. Ao final, o monitor deve fazer uma síntese dos pontos mais importantes que foram estudados.

EADE - LIVRO IV - MÓDULO IV

A HUMANIDADE REGENERADA

Roteiro 7

O HOMEM DE BEM

Objetivos

» Relacionar as principais características do homem de bem.
» Esclarecer porque o homem de bem conhece e pratica os ensinamentos do Evangelho.

Ideias principais

» *Não há árvore boa que dê fruto mau, e nem árvore má que dê fruto bom; com efeito, uma árvore é conhecida por seu próprio fruto; não se colhem figos de espinheiros. Nem se vindimam uvas de sarças. O homem bom, do bom tesouro do coração, tira o que é bom, mas o mau, do seu mal tira o que é mau; porque a boca fala daquilo de que está cheio o coração.* Jesus (*Lucas*, 6:43-45. Bíblia de Jerusalém)

» *O verdadeiro homem de bem é o que pratica a lei de justiça, amor e caridade na sua maior pureza. Se interroga a própria consciência sobre os atos que praticou, perguntará se não violou essa lei, se não fez o mal, se fez todo bem que podia, se ninguém tem motivos para se queixar dele, enfim, se fez aos outros tudo quanto queria que os outros lhe fizessem.* Allan Kardec: *O livro dos espíritos*, questão 918.

Subsídios

Independentemente da situação social, cargo ou posição que ocupe na vida, o homem de bem é logo reconhecido pela sociedade, uma vez que as suas obras falam por si, como assevera o seguinte texto evangélico, anotado por Lucas:

Não há árvore boa que dê fruto mau, e nem árvore má que dê fruto bom; com efeito, uma árvore é conhecida por seu próprio fruto; não se colhem figos de espinheiros. Nem se vindimam uvas de sarças. O homem bom, do bom tesouro do coração, tira o que é bom, mas o mau, do seu mal tira o que é mau; porque a boca fala daquilo de que está cheio o coração. (Lucas, 6:43-45. Bíblia de Jerusalém).

Perante tais palavras de Jesus, esclarece Emmanuel:[1]

Árvore alguma será conhecida ou amada pelas aparências exteriores, mas sim pelos frutos, pela utilidade, pela produção. Assim também nosso espírito em plena jornada... Ninguém que se consagre realmente à verdade dará testemunho de nós pelo que parecemos, pela superficialidade de nossa vida, pela epiderme de nossas atitudes ou expressões individuais percebidas ou apreciadas de passagem, mas sim pela substância de nossa colaboração no progresso comum, pela importância de nosso concurso no bem geral.

— "Pelos frutos os conhecereis" — disse o Mestre.

— "Pelas nossas ações seremos conhecidos" — repetiremos nós.

Sabemos, contudo, que praticar o bem no mundo atual representa enorme desafio face os conflitos, interesses e perturbações presentes na sociedade. Nem sempre é fácil discernir se uma ação no bem está, a rigor, relacionada à prática da caridade, pura e simples, ou se é movida por interesses ou para a obtenção de vantagens pessoais. Desta forma, o homem de bem encontra uma série de obstáculos para auxiliar o próximo, despretensiosamente. Deve, entretanto, perseverar, jamais desanimando, mas seguir o conselho do amigo espiritual: "[...] Submetei todas as vossas ações ao controle da caridade e a consciência vos responderá. Não só ela evitará que pratiqueis o mal, como também vos levará a praticar o bem [...]. Para fazer-se o bem, é preciso sempre a ação da vontade [...]."[2]

Perante tal ordem de ideias, Bezerra de Menezes traça o roteiro para os que aspiram se transformar em homens de bem:[3]

...Se indagares, ainda hoje, quanto à solução dos problemas que vos afligem a atualidade terrestre, a *resposta-síntese* ainda é aquela de há quase [mais de] dois mil anos: "caridade de uns para com os outros". Caridade que vos expresse em respeito e entendimento fraternal no relacionamento de cada dia. Caridade que se torne gentileza diante da agressividade; paciência para com o desequilíbrio; fé viva perante as chamadas desilusões do caminho; otimismo à frente das provas; bênção para todos aqueles que amaldicionam; auxílio para com os mais jovens na experiência física, em forma d ebondade e compreensão das lutas que porventura carreguem; reconforto em favor d equantos se vejam transitoriamente detidos na madureza avançasda do corpo em marcha perante a renovação...Caridade dos que sabem, ajudando fraternalmente aos que ignoram; dos que usufruem saúde corpórea diante de quantos se vejam corroídos pelos agentes da enfermidade; dos mais fortes, sustentanto os fracos e indecisos; dos que entesouram esperança em socorro dos que jazem exaustos nos problemas inquietantes da vida; dos que podem distribuir, pelo menos, migalhas de auxílio, no amparo aos que se viram encarcerados em abatimento e penúria; dos que são apoiados pela realização dos próprios ideais na sustentação dos que choram de angústia; de todos os que podem auxiliar, desse ou daquele modo, para construir o Mundo Melhor. Tão somente a caridade — luz divina — a fluir de nós na direção dos outros, conseguiremos melhorar o que somos e o que temos, para sermos o que nos cabe ser e alcançar os valores dque desejamos.

1. O HOMEM DE BEM

As principais características do homem de bem foram devidamente destacadas por Allan Kardec, cuja síntese apresentamos em seguida.

» O homem de bem pratica a lei de Deus.

1. O Espírito prova a sua elevação, quando todos os atos de sua vida corporal representam a prática da lei de Deus e quando compreende antecipadamente a vida espiritual.[4]

2. O verdadeiro homem de bem é o que pratica a lei de justiça, amor e caridade na sua maior pureza. Se interroga a própria

consciência sobre os atos que praticou, perguntará se não violou essa lei, se não fez o mal, se fez todo bem *que podia*, se ninguém tem motivos para se queixar dele, enfim, se fez aos outros tudo quanto queria que os outros lhe fizessem.[5]

» O homem de bem é portador de fé verdadeira.

[...] Tem fé em Deus, em sua bondade, na sua justiça e em sua sabedoria. Sabe que nada acontece sem a sua permissão e se submete à sua vontade em todas as coisas. Tem fé no futuro, razão pela qual coloca os bens espirituais acima dos bens temporais.[...].[6]

» O homem de bem é caridoso.

1. [...] Possuído do sentimento de caridade e de amor ao próximo, faz o bem pelo bem, sem esperar paga alguma; retribui o mal com o bem, toma a defesa do fraco contra o forte e sacrifica sempre seus interesses pela justiça. [...].[7]

2. [...] Encontra satisfação nos benefícios que espalha, nos serviços que presta, em fazer feliz os outros, nas lágrimas que enxuga, nas consolações que prodigaliza aos aflitos. Seu primeiro impulso é para pensar nos outros, antes de pensar em si, é para cuidar do interesse dos outros antes do seu próprio interesse [...].[8]

» O homem de bem é humanitário.

1. [...] É bondoso, humanitário e benevolente para com todos, porque vê irmãos em todos os homens, sem distinção de raças, nem de crenças. [...].[5]

2. [...] Respeita nos outros todas as convicções sinceras e não lança anátema aos que não pensam como ele. Em todas as circunstâncias, a caridade é o seu guia, pois está ciente de que aquele que prejudica a outrem com palavras malévolas, que fere com o seu orgulho e o seu desprezo a susceptibilidade de alguém, que não recua à ideia de causar um sofrimento, uma contrariedade, ainda que ligeira, quando a pode evitar, falta ao dever de amor o próximo e não merece a clemência do Senhor.[...].[8]

3. [...] Se a ordem social colocou outros homens sob a sua dependência, trata-os com bondade e benevolência, porque são seus iguais perante Deus. Usa da sua autoridade para lhes levantar o moral e não para os esmagar com o seu orgulho. [...].[5]

4. [...] Respeita, enfim, em seus semelhantes, todos os direitos que as leis da natureza lhes concedem, como gostaria que respeitassem os seus.⁹

» O homem de bem é virtuoso.

1. [...] Não tem ódio, nem rancor, nem desejo de vingança; a exemplo de Jesus, perdoa e esquece as ofensas, não se lembrando senão dos benefícios, por saber que lhe será perdoado conforme houver perdoado. É indulgente para as fraquezas alheias, porque sabe que também necessita de indulgência e se recorda destas palavras do Cristo: "Atire-lhe a primeira pedra aquele que estiver sem pecado." Não se compraz em rebuscar os defeitos alheios, nem em evidenciá-los. Se a necessidade a isto o obriga, procura sempre o bem que possa atenuar o mal [...].⁸

2. [...] Não é vingativo; A exemplo de Jesus, perdoa as ofensas, para só se lembrar dos benefícios, pois sabe que *será perdoado na medida em que houver perdoado* [...].⁵

3. [...] Estuda suas próprias imperfeições e trabalha incessantemente em combatê-las. Emprega todos os esforços emprega para poder dizer, no dia seguinte, que traz em si alguma coisa melhor do que na véspera. Não procura dar valor ao seu espírito, nem aos seus talentos, a custa de outrem; ao contrário, aproveita todas as ocasiões para fazer ressaltar o que seja proveitoso aos outros. Não se envaidece da sua riqueza, nem de suas vantagens pessoais, por saber que tudo o que lhe foi dado pode ser-lhe tirado [...].¹⁰

» O homem de bem conhece a transitoriedade dos bens materiais

[...] Usa, mas não abusa, dos bens que lhe são concedidos, porque sabe que é um depósito de que terá de prestar contas e que o emprego mais prejudicial que lhe pode dar é o de aplicá-lo à satisfação de suas paixões. Se a ordem social colocou homens sob a sua dependência, trata-os com bondade e benevolência, porque são seus iguais perante Deus; usa da sua autoridade para lhes levantar o moral e não para os esmagar com o seu orgulho. Evita tudo quanto lhes possa tornar mais penosa a posição subalterna em que se encontram. O subordinado, de sua parte, compreende os deveres da posição que ocupa e se empenha em cumpri-los conscienciosamente [...].¹⁰

Obviamente não estão assinaladas, aqui, todas as qualidades do homem de bem, mas aquelas que se destacam, que em síntese, indicam que a prática do bem é inseparável das orientações do Evangelho, pois a moral do Cristo se resume na vivência da Lei do Amor.

É por este motivo que o homem de bem conhece e se esforça para vivenciar os ensinamentos do Cristo, pois, ensina o Espiritismo:[11]

[...] Cristo foi o iniciador da moral mais pura, da mais sublime: a moral evangélico-cristã, que há de renovar o mundo, aproximar os homens e torná-los irmãos; que há de fazer brotar de Todos os corações humanos a caridade e o amor do próximo e estabelecer entre os homens uma solidariedade comum; de uma moral, enfim, que há de transformar a Terra, tornando-a morada de Espíritos superiores aos que hoje a habitam. É a lei do progresso, à qual a natureza está submetida, que se cumpre, e o *Espiritismo* é a alavanca de que Deus se utiliza para fazer que a humanidade avance.[...].

Referências

1. XAVIER, Francisco Cândido. *Fonte viva*. Pelo Espírito Emmanuel. 34. ed. Rio de Janeiro: FEB, 2006. Cap.7, p. 29-30.
2. KARDEC, Allan. *O evangelho segundo o espiritismo*. Tradução de Evandro Noleto Bezerra. 1. ed. Rio de Janeiro: FEB, 2008. Cap. XV, item 10 (mensagem do Espírito Paulo, o apóstolo), p. 308.
3. XAVIER, Francisco Cândido. *Bezerra, Chico e você*. Pelo Espírito Bezerra de Menezes. São Bernardo do Campo [SP]: GEEEM, 1973. Cap.13, p. 32-33.
4. KARDEC, Allan. *O livro dos espíritos*. Tradução de Evandro Noleto Bezerra. 2. ed.Rio de Janeiro: FEB, 2008, questão 918, p. 550.
5. _____. Questão 918 – comentário, p. 550.
6. _____. *O evangelho segundo o espiritismo*. Op. Cit. Cap. XVII, item 3, p. 335.
7. _____. p. 335-336.
8. _____. p. 336.
9. _____. *O livro dos espíritos*. Op. Cit. Questão 918 – comentário, p. 551.
10. _____. *O evangelho segundo o espiritismo*. Op. Cit. Cap. XVII, item 3, p. 337.
11. _____. Op. Cit. Cap. 1, item 9, p. 63

Orientações ao monitor

No início da reunião, pedir aos participantes que façam leitura reflexiva do texto em anexo, do Espírito Emmanuel (*O homem bom*).

Após a leitura, analisar, em plenária, as principais ideias desenvolvidas pelo autor espiritual.

Em seguida, projetar em multimídia (retroprojetor ou cartaz) as principais qualidades do homem de bem, pedindo à turma que interprete os conceitos anunciados.

Ao final, apresentar uma síntese do assunto estudado.

Anexo

O homem bom*

Emmanuel

Reunião pública de 6/7/59

Questão nº 918

Conta-se que Jesus, após narrar a Parábola do Bom Samaritano, foi novamente interpelado pelo doutor da lei, que, alegando não lhe haver compreendido integralmente a lição, perguntou, sutil:

— Mestre, que farei para ser considerado homem bom?

Evidenciando paciência admirável, o Senhor respondeu:

— Imagina-te vitimado por mudez que te iniba a manifestação do verbo escorreito e pensa quão grato te mostrarias ao companheiro que falasse por ti a palavra encarcerada na boca.

"Imagina-te de olhos mortos pela enfermidade irremediável e lembra a alegria da caminhada, ante as mãos que te estendessem ao passo incerto, garantindo-te a segurança.

---

* XAVIER, Francisco Cândido. *Religião dos espíritos*. Pelo Espírito Emmanuel. 21. ed. Rio de Janeiro: FEB, 2008. Item: o homem bom, p. 185-187.

"Imagina-te caído e desfalecente, na via pública, e preliba o teu consolo nos braços que te oferecessem amparo, sem qualquer desrespeito para com os teus sofrimentos.

"Imagina-te tocado por moléstia contagiosa e reflete no contentamento que te iluminaria o coração, perante a visita do amigo que te fosse levar alguns minutos de solidariedade.

"Imagina-te no cárcere, padecendo a incompreensão do mundo, e recorda como te edificaria o gesto de coragem do irmão que te buscasse testemunhar entendimento.

"Imagina-te sem pão no lar, arrostando amargura e escassez, e raciocina sobre a felicidade que te apareceria de súbito no amparo daqueles que te levassem leve migalha de auxílio, sem perguntar por teu modo de crer e sem te exigir exames de consciência.

"Imagina-te em erro, sob o sarcasmo de muitos, e mentaliza o bálsamo com que te acalmarias, diante da indulgência dos que te desculpassem a falta, alentando-te o recomeço.

"Imagina-te fatigado e intemperante e observa quão reconhecido ficarias para com todos os que te ofertassem a oração do silêncio e a frase de simpatia."

Em seguida ao intervalo espontâneo, indagou-lhe o divino Amigo:

— Em teu parecer, quais teriam sido os homens bons nessas circunstâncias?

— Os que usassem de compreensão e misericórdia para comigo — explicou o interlocutor.

— Então — repetiu Jesus com bondade —, segue adiante e faze também o mesmo.

EADE - LIVRO IV - MÓDULO IV

A HUMANIDADE REGENERADA

Roteiro 8
OS BONS ESPÍRITAS

Objetivos

» Citar as principais características dos bons espíritas.
» Explicar como se identifica o verdadeiro espírita.

Ideias principais

» Os sinceros adeptos mais sinceros do Espirtismo [...] *não são os que se sentem tocados pela observação de fenômenos extraordinários, mas os que dele recebem a consolação para suas almas; os a quem liberta das torturas da dúvida; aqueles a quem levantou o ânimo na aflição, que hauriram forças na certeza, que lhes trouxe, acerca do futuro, no conhecimento do seu ser espiritual e de seus destinos. Esses os de fé inabalável, porque sentem e compreendem. Os que no Espiritismo unicamente procuram efeitos materiais, não lhe podem compreender a força moral.* [...]. Allan Kardec. *A gênese*: Cap. XV, Item 28.

» *Outra coisa não fazem os espiritistas, em matéria doutrinária, que não seja admitir os ensinos do Cristo, nosso Mestre.* [...]. Carlos Imbassahy. *Religião*: Item: O Cristianismo.

» [...] *Reconhece-se o verdadeiro espírita pela sua transformação moral e pelos esforços que emprega para domar suas inclinações más.* [...]. Allan Kardec: *O evangelho segundo o espiritismo*: Cap. XVII, Item 4.

Subsídios

Ensina o Evangelho o papel que os espíritas devem desempenhar na sociedade:

Ninguém pode servir a dois senhores: com efeito, ou odiará um e amará o outro, ou se apegará a um e desprezará o outro. Não podeis servir a Deus e ao Dinheiro (Lucas, 16:13. *Bíblia de Jerusalém*).

Os espíritas são, portanto, servidores que se empenham em se tornar pessoas de bem, que não ignoram a transitoriedade dos atrativos da vida no plano físico e que servem a Jesus, como Mestre e Senhor. Compreendem, igualmente, que como

> [...] o reino do Cristo ainda não é da Terra, não se pode satisfazer a Jesus e ao mundo, a um só tempo. O vício e o dever não se aliam na marcha diária. [...] Cristo é a linha central de nossas cogitações. Ele é o Senhor único, depois de Deus, para os filhos da Terra, com direitos inalienáveis, porquanto é a nossa luz do primeiro dia evolutivo e adquiriu-nos para a redenção com os sacrifícios de seu amor. Somos servos Dele. Precisamos atender-lhe aos interesses sublimes, com humildade. E, para isso, é necessário não fugir do mundo, nem das responsabilidades que nos cercam, mas, sim, transformar a parte de serviço confiada ao nosso esforço, nos círculos de luta, em célula de trabalho do Cristo. A tarefa primordial do discípulo é, portanto, compreender o caráter transitório da existência carnal, consagrar-se ao Mestre como centro da vida e oferecer aos semelhantes os seus divinos benefícios.[1]

Nem todas as pessoas que participam de uma Casa Espírita são, efetivamente, espíritas, pois existem diferentes motivos que conduzem uma pessoa ao Centro Espírita. Há, inclusive, as que continuam vinculadas a outras interpretações religiosas, a despeito de apreciarem os ensinamentos do Espiritismo. Em geral, são pessoas espiritualistas, que buscam algo além das condições materiais em que o mundo se encontra mergulhado: "[...] Todas as religiões são necessariamente fundadas sobre o espiritualismo. Quem quer que creia que em nós existe outra coisa, além da matéria, é *espiritualista*, o que não implica a crença nos Espíritos e nas suas manifestações."[2]

Sendo assim, antes de ser espírita, propriamente dito, é preciso que o indivíduo seja espiritualista. Este é o primeiro passo. "[...]

Falar-lhe dos Espíritos, antes que esteja convencido de que tem uma alma, é começar por onde se deve acabar, pois não lhe será possível aceitar a conclusão, sem que admita as premissas.[...]."[3]

> [...] Antes, pois, de tentarmos convencer um incrédulo, mesmo por meio dos fatos, convém nos certificarmos de sua opinião relativamente à alma, isto é, se ele acredita na sua existência, na sua sobrevivência ao corpo, na sua individualidade após a morte. Se a resposta for negativa, falar-lhe dos Espíritos seria pura perda de tempo. Eis aí a regra. Não dizemos que não comporte exceções. Mas, neste caso, provavelmente haverá outra causa que o torna menos refratário.[3]

O segundo passo é conduzir o adepto ao estudo espírita. Ele necessita esclarecer-se a respeito dos fundamentos doutrinários, quais são as proposições, objetivos e finalidades do Espiritismo. Os cursos regulares de Doutrina Espírita, as palestras evangélico-doutrinárias e os livros espíritas são fundamentais para atender a essa finalidade. Neste contexto, Allan Kardec esclarece:[4]

> Dissemos que o Espiritismo é toda uma ciência, toda uma filosofia. Portanto, quem quiser conhecê-lo seriamente deve, como primeira condição, dispor-se a um estudo sério e convencer-se de que ele não pode, como nenhuma outra ciência, ser aprendido como se estivéssemos brincando. Também já dissemos que o Espiritismo diz respeito a todas as questões que interessam à humanidade. Seu campo é imenso e devemos encará-lo principalmente pelas suas consequências. A crença nos Espíritos constitui sem dúvida a sua base, mas essa crença não basta para fazer de alguém um espírita esclarecido, como a crença em Deus não é suficiente para fazer um teólogo.

1. CATEGORIAS DOS ADEPTOS DO ESPIRITISMO

Entre os frequentadores das casas espíritas, há um grupo numeroso de simpatizantes da Doutrina Espírita, mas que ainda não se revelam como verdadeiros espíritas: ainda têm muitas dúvidas a respeito dos fatos espíritas ou dos ensinamentos do Espiritismo. Kardec os nomeou de *indecisos*.[5]

> [...] São, em geral, espiritualistas por princípio. Na maioria deles há uma vaga intuição das ideias espíritas, uma aspiração de qualquer

coisa que não podem definir. Falta-lhes apenas coordenar e formular os pensamentos. Para eles o Espiritismo é um traço de luz, a claridade que dissipa o nevoeiro. Por isso mesmo o acolhem com avidez, porque ele os liberta das angústias da incerteza.[5]

Há também um outro grupo, que não deixa de ser singular, denominados pelo Codificador do Espiritismo como de espíritas sem o saberem.[6]

[...] A bem dizer, constituem uma variedade, ou uma subdivisão da classe precedente. Sem jamais terem ouvido falar da Doutrina Espírita, possuem o sentimento inato dos seus grandes princípios e esse sentimento se reflete em algumas passagens de seus escritos e de seus discursos, a tal ponto que os seus ouvintes presumem que eles são completamente iniciados. Encontramos numerosos exemplos desse fato nos escritores profanos e sagrados, nos poetas, oradores, moralistas e nos filósofos antigos e modernos.[6]

Entre os espíritas, propriamente ditos, os que estudam os postulados da Doutrina Espírita,, que conhecem as obras espíritas, sobretudo as básicas, há também diferentes categorias, como assinala Allan Kardec.

1º) os que creem pura e simplesmente nas manifestações. Para eles, o Espiritismo é apenas uma ciência de observação, uma série de fatos mais ou menos curiosos. Nós lhes chamaremos *espíritas experimentadores*;[7]

2º) os que veem no Espiritismo mais do que fatos; compreendem sua parte filosófica, admiram a moral daí decorrente, mas não a praticam. A influência da Doutrina sobre o caráter deles é insignificante ou nula. Não modificam em nada os seus hábitos e não se privam de um só prazer. O avarento continua sovina, o orgulhoso se conserva cheio de si, o invejoso e o ciumento são sempre hostis. Consideram a caridade cristã apenas uma bela máxima. São os *espíritas imperfeitos*;[8]

3º) os que não se contentam em admirar a moral espírita, mas a praticam e aceitam todas as suas consequências. Convencidos de que a existência terrestre é uma prova passageira, tratam de aproveitar os seus breves instantes para avançar pela senda do progresso, única que os pode elevar na hierarquia do mundo dos Espíritos, esforçando-se por fazer o bem e reprimir seus maus pendores. Suas relações são sempre seguras, porque a convicção que nutrem os afasta de todo pensamento do mal. A caridade é, em tudo, a sua regra de conduta. São os *verdadeiros espíritas*, ou melhor, os *espíritas cristãos*;[8]

4º) há, finalmente, os *espíritas exaltados*. A espécie humana seria perfeita, se sempre tomasse o lado bom das coisas. O exagero é prejudicial em tudo. No Espiritismo ele incute confiança demasiado cega e frequentemente pueril, no tocante aos fenômenos do mundo invisível, levando a aceitar, com muita facilidade e sem verificação, aquilo que a reflexão e o exame demonstrariam ser absurdo e mesmo impossível. O entusiasmo, porém, não reflete: deslumbra. Esta espécie de adeptos é mais nociva do que útil à causa do Espiritismo. São os menos aptos para convencer a quem quer que seja, porque todos desconfiam, e com razão, do julgamento deles. Graças à boa-fé que os anima, são iludidos pelos Espíritos mistificadores e pelos homens que procuram explorar a sua credulidade. [...].[9]

Os bons espíritas estão incluidos, portanto, na terceira categoria, que é a dos verdadeiros espíritas ou dos espíritas cristãos.

2. CARACTERÍSTICAS DOS BONS ESPÍRITAS

Os bons espíritas não são meros seguidores ou adeptos da Doutrina Espírita. Possuem qualidades que os diferenciam dos demais indivíduos, pois se esforçam em ser bons cristãos. Assemelham-se ao servidor que multiplicou os talentos recebidos de Deus, produzindo inúmeros frutos, como ensina a Parábola dos Talentos (Mateus, 25: 14-30).

Podem ser comparados, também, ao semeador que, movido pelo propósito de auxiliar a seus irmãos em humanidade, espalha a boa semente dos ensinamentos pelos campos do mundo, sem esperar qualquer tipo de retribuição, apenas seguindo as orientações do Evangelho, como consta da Parábola do Semeador (*Mateus, 13: 3-9*).

[...] Seus mais sinceros adeptos não são os foram tocados pela observação de fenômenos extraordinários, mas os que dele recebem a consolação para suas almas; os que se libertam da tortura da dúvida; aquele a quem levantou o ânimo na aflição, que hauriram forças na certeza de um futuro feliz, no conhecimento do seu ser espiritual e de seus destinos. São esses os de fé inabalável, porque sentem e compreendem. Os que não veem no Espiritismo senão efeitos materiais, não podem compreender a sua força moral.[...].[10]

O bom espírita é, sobretudo, cristão.

1) [...] Outra coisa não fazem os espiritistas, em matéria doutrinária, que não seja admitir os ensinos do Cristo, nosso Mestre.[...].[11]

2) [...] Crede que o Espiritismo é o restaurador do Cristianismo em sua primitiva e gloriosa pureza e que os espíritas sinceros são, por excelência, na atualidade, os cristãos mais diretamente responsáveis pela substancialização dos ensinamentos que o nosso divino Mestre legou à humanidade.[...].[12]

3) [...] E é assim que, atormentados por dificuldades e crises de toda espécie — aflitiva colheita de velhos males — , cada qual de nós tem necessidade de prosternar-se perante o Mestre divino, à maneira do escriba do Evangelho, guardando n'alma o próprio sonho de felicidade, enfermiço ou semimorto, a exorar em contraditória rogativa: Senhor, eu creio! Ajuda a minha incredulidade![13]

4) Em todos os instantes, reconhecer-se na presença de Jesus, que nos ampara nas obras do bem eterno. [...] Em todas as circunstâncias, eleger, no Senhor Jesus, o Mestre invariável de cada dia. Somos o rebanho, Jesus é o divino Pastor.[14]

O bom espírita na descura da sua melhoria espiritual.

1) [...] *Reconhece-se o verdadeiro espírita pela sua transformação moral e pelos esforços que emprega para domar suas inclinações más.*[...].[15]

2) [...] Espíritas! amai-vos, este o primeiro ensinamento; instruí-vos, este o segundo. Todas as verdades encontram-se no Cristianismo; os erros que nele se arraigaram são de origem humana. E eis que do além--túmulo, que julgáveis o nada, vozes vos clamam: "Irmãos! nada perece. Jesus Cristo é o vencedor do mal, sede os vencedores da impiedade".[16]

3) [...]Espírita é, pois, aquele que estuda, aceita e pratica com fidelidade os salutares princípios doutrinários, erigidos por edificante

monumento tendente a operar, com o tempo, a renovação do espírito humano.[...].[17]

O bom espírita sabe exemplificar.

[...] Aquele que pode ser, com razão, qualificado de espírita verdadeiro e sincero, se acha em grau superior de adiantamento moral. O Espírito, que nele domina a matéria de modo mais completo, dá-lhe uma percepção mais clara do futuro; os princípios da Doutrina lhe fazem vibrar as fibras que nos outros se conservam inertes. Numa palavra: *é tocado no coração*, daí por que é inabalável a sua fé. Um é como o músico, a quem bastam alguns acordes para comover, ao passo que o outro apenas ouve sons. [...].[18]

O bom espírita esforça-se para ser virtuoso, praticante da caridade.

1) A virtude, no mais alto grau, é o conjunto de todas as qualidades essenciais que constituem o homem de bem. Ser bom, caridoso, laborioso, sóbrio, modesto, são qualidades do homem virtuoso. [...] À virtude assim compreendida e praticada que vos convido, meus filhos; é a essa virtude verdadeiramente cristã e verdadeiramente espírita que vos incito a consagrar-vos. Afastai, porém, de vossos corações tudo o que seja orgulho, vaidade, amor-próprio, que sempre tiram o encanto das mais belas qualidades. [...].[19]

2) [...] Sois chamados a entrar em contato com espíritos de naturezas diferentes, de caracteres opostos: não choqueis a nenhum daqueles com quem estiverdes. [...] A perfeição está toda, como disse o Cristo, na prática da caridade absoluta; mas, os deveres da caridade se estendem as todas as posições sociais, desde o menor até o maior. O homem que vivesse isolado não teria nenhuma caridade a praticar. Somente no contato com os seus semelhantes, nas lutas mais penosas é que ele encontra ocasião de praticá-la. [...].[20]

3) [...] Não imagineis, portanto, que, para viverdes em constante comunhão conosco, para viverdes sob as vistas do Senhor, seja preciso que vos mortifiqueis com cilício e vos cubrais de cinzas. Não, não, ainda uma vez vos dizemos. Sede felizes, segundo as necessidades da humanidade; mas, que na vossa felicidade nunca entre um pensamento ou um ato que o possa ofender, ou fazer que se vele o semblante dos que vos amam e dirigem. Deus é amor; Ele abençoa aqueles que amam santamente.[21]

Referências

1. XAVIER, Francisco Cândido. *Caminho, verdade e vida*. Pelo Espírito Emmanuel. 28. ed. Rio de Janeiro: FEB, 2009. Cap. 142, p. 299-300.

2. KARDEC, Allan.*O que é o espiritismo*. Tradução de Evandro Noleto Bezerra. 1. ed. Rio de Janeiro: FEB, 2009. Cap. I, Item: Espiritismo e espiritualismo, p. 34.

3. _____. *O livro dos médiuns*. Tradução de Evandro Noleto Bezerra. 1. ed. Rio de Janeiro: FEB, 2008. Primeira parte, Cap.III, Item 19, p. 47.

4. _____. Item 18, p. 45-46.

5. _____. Item 26, p. 51.

6. _____. Item 27, p. 51.

7. _____. Item 28, p. 51-52.

8. _____. p. 52.

9. _____. p. 52-53.

10. _____. *A gênese*: os milagres e as previsões segundo o espiritismo. Tradução de Evandro Noleto Bezerra. 1. ed. Rio de Janeiro: FEB, 2009. Cap. XV, Item 28, p. 417.

11. IMBASSAHY, Carlos. *Religião*. 5. ed. Rio de Janeiro: FEB, 2002. Item: O cristianismo, p. 92.

12. XAVIER, Francisco Cândido. *Instruções psicofônicas*. Por diversos Espíritos. 9. ed. Rio de Janeiro: FEB, 2006. Cap. 63 (Orando e vigiando – mensagem do Espírito Guillon Ribeiro), p. 275.

13. XAVIER, Francisco Cândido e VIEIRA, Waldo. *O espírito da verdade*. Por diversos Espíritos. 17. ed. Rio de Janeiro: FEB, 2008. Cap.21(Discípulos do cristo – mensagem do Espírito Jacinto Fagundes), p. 79.

14. VIEIRA, Waldo. *Conduta espírita*. Pelo Espírito André Luiz. 28. ed. Rio de Janeiro: FEB, 2005. Cap. 47, p. 153 e 155.

15. KARDEC, Allan. *O evangelho segundo o espiritismo*. Tradução de Evandro Noleto Bezerra. 1. ed. Rio de Janeiro: FEB, 2008.Cap. XVII, Item 4, p. 340.

16. _____.Cap. VI, Item 5, p. 153.

17. PERALVA, Martins. *Estudando a mediunidade*. 27. ed. Rio de Janeiro: FEB, 2009. Cap. XL, p. 280 .

18. KARDEC, Allan. *O evangelho segundo o espiritismo*.Op. Cit. Cap. XVII, Item 4, p. 340.

19. _____. Item 8, p. 344.

20. _____. Item 10, p. 348.

21. _____. p. 349.

EADE - Livro IV - Módulo IV – Roteiro 8

Orientações ao monitor

Realizar uma breve explanação sobre o assunto deste Roteiro de Estudo, oferecendo visão panorâmica dos seus conteúdos.

Dividir a turma em dois grupos para leitura dos subsídios. Cada grupo deve discutir e elaborar breve apresentação sobre um dos seguintes temas: a) as principais características dos bons espíritas; b) como se reconhece o verdadeiro espírita.

Após as apresentações, realizadas por relatores indicados pelos grupos, fazer uma síntese do estudo, procurando esclarecer dúvidas e fortalecer o entendimento do assunto estudado.

Encerrar o assunto, utilizando as ideias de Emmanuel desenvolvidas na mensagem *Palavras aos espíritas*, inserida em anexo.

Observação: informar aos participantes que o assunto da próxima reunião (*A humanidade regenerada*) será desenvolvido na forma de seminário, por um expositor especialmente convidado. Recomenda, então, à turma, leitura prévia do Roteiro de Estudo, e preparação de um questionário que será dirigido ao expositor no momento apropriado.

Anexo

Palavras aos Espíritas[*]

Emmanuel

Espiritismo revivendo o Cristianismo — eis a nossa responsabilidade.

Como outrora Jesus revelou a Verdade em amor, no seio das religiões bárbaras de há dois mil anos, usando a própria vida como espelho do ensinamento de que se fizera veículo, cabe agora ao

---

[*] XAVIER, Francisco Cândido. *Religião dos espíritos*. Pelo Espírito Emmanuel. 21. ed. Rio de Janeiro: FEB, 2008. Item: Palavras aos espíritas.

Espiritismo confirmar-lhe o ministério divino, transfigurando-lhe as lições em serviço de aprimoramento da humanidade.

Espíritas!

Lembremo-nos de que templos numerosos, há muitos séculos, falam Dele, efetuando porfiosa corrida ao poder humano, olvidando-lhe a abnegação e a humildade.

E porque não puderam acomodar-se aos imperativos do Evangelho, fascinados que se achavam pela posse da autoridade e do ouro, erigiram pedestais de intolerância para si mesmos.

Todavia, a intolerância é a matriz do fratricídio, e o fratricídio é a guerra de conquista em ação. E a lei da guerra de conquista é o império da rapina e do assalto, da insolência e do ódio, da violência e da crueldade, proscrevendo a honra e aniquilando a cultura, remunerando a astúcia e laureando o crime, acendendo fogueiras e semeando ruínas em rajadas de sangue e destruição.

Somos, assim, chamados à tarefa da restauração e da paz, sem que essa restauração signifique retorno aos mesmos erros e sem que essa paz traduza a inércia dos pântanos.

É imprescindível estudar educando, e trabalhar construindo.

Não vos afasteis do Cristo de Deus, sob pena de converterdes o fenômeno em fator de vossa própria servidão às cidadelas da sombra, nem algemeis os punhos mentais ao cientificismo pretensioso.

Mantendo o cérebro e o coração em sincronia de movimentos, mas não vos esqueçais de que o divino Mestre superou a aridez do raciocínio com a água viva do sentimento, a fim de que o mundo moral do homem não se transforme em pavoroso deserto.

Aprendamos do Cristo a mansidão vigilante.

Herdemos do Cristo a esperança operosa.

Imitemos do Cristo a caridade intemerata.

Tenhamos do Cristo o exemplo resoluto.

Saibamos preservar e defender a pureza e a simplicidade de nossos princípios.

Não basta a fé para vencer. É preciso que a fidelidade aos compromissos assumidos se nos Instale por chama inextinguível na própria alma.

Nem conflitos estéreis.

Nem fanatismo dogmático.

Nem tronos de ouro.

Nem exotismos.

Nem perturbação fantasiada de grandeza intelectual.

Nem bajulação às conveniências do mundo.

Nem mensagens de terror.

Nem vaticínios mirabolantes.

Acima de tudo, cultuemos as bases codificadas por Allan Kardec, sob a chancela do Senhor, assinalando-nos as vidas renovadas, no rumo do Bem Eterno.

O Espiritismo, desdobrando o Cristianismo, é claro como o Sol.

Não nos percamos em labirintos desnecessários, porquanto ao espírita não se permite a expectação da miopia mental.

Sigamos, pois, à frente, destemerosos e otimistas, seguros no dever e leais à própria consciência, na certeza de que o nome de Nosso Senhor Jesus Cristo está empenhado em nossas mãos.

EADE - LIVRO IV - MÓÓDULO IV

A HUMANIDADE REGENERADA

Roteiro 9

A HUMANIDADE REGENERADA

Objetivos

» Assinalar as principais mudanças previstas para o período de Regeneração da Terra, anunciadas por Jesus.

» Analisar as principais características dos Espíritos que constituirão a geração nova que surgirá no Planeta.

Ideias principais

» *A humanidade, tornada adulta, tem novas necessidades, aspirações mais vastas e mais elevadas; compreende o vazio com que foi embalada, a insuficiência de suas instituições para lhe dar felicidade; já não encontra, no estado das coisas, as satisfações legítimas a que se sente com direito. É por isso que se despoja das fraldas da infância e se lança, impelida por uma força irresistível, para margens desconhecidas, em busca de novos horizontes menos limitados. É a um desses períodos de transformação, ou, se o preferirem, de crescimento moral, que ora chega a humanidade. Da adolescência ela passa à idade viril. [...]. E é no momento em que ela se encontra muito apertada na esfera material, em que transborda a vida em que o sentimento da espiritualidade lhe desabrocha no seio* [...]. Allan Kardec: *A gênese*. Cap. 18, item 14.

> *Naqueles dias, porém, depois daquela tribulação, o sol escurecerá, a lua não dará a sua claridade. As estrelas estarão caindo do céu, e os poderes que estão nos céus serão abalados. E verão o Filho do Homem vindo entre nuvens com grande poder e glória. Então ele enviará os anjos e reunirá seus eleitos, dos quatro ventos, da extremidade da terra à extremidade do céu.* Jesus (*Marcos*, 13:24-27. Sermão Profético. Bíblia de Jerusalém).

Subsídios

Vimos no Roteiro 5 (*A transição evolutiva da humanidade terrestre*) que Jesus anuncia, no seu Sermão Profético ou Discurso Escatológico (*Mateus* 24:6-31; *Marcos*, 13:1-37; *Lucas*, 21:5-44), previsões que caracterizam os períodos de *transição* e de *regeneração* da vida planetária, assim sintetizados por Allan Kardec:

[...] Há, primeiramente a predição das calamidades de todo gênero que assolarão e dizimarão a humanidade, decorrentes da luta suprema entre o bem e o mal, a fé e a incredulidade, as ideias progressistas e as ideias retrógradas. Em segundo lugar, a da difusão, por toda a Terra, do Evangelho *restaurado na sua pureza primitiva*; depois, a do reinado do bem, que será o da paz e da fraternidade universais, que resultará do código de moral evangélica, posto em prática por todos os povos. Será verdadeiramente o reino de Jesus, pois que Ele presidirá à sua implantação, passando os homens a viver sob a égide da sua lei. Será o reinado da felicidade, visto dizer Ele que "depois dos dias de aflição, virão os de alegria".[1]

Kardec informa também, em *A gênese*, que não se sabe exatamente a data de ocorrência de todos esses acontecimentos. Informa, igualmente, lembrando as previsões de Jesus, que eles serão conhecidos por sinais precursores ("sinais dos tempos"), vinculados à situação de convulsão moral e social do que aos fenômenos materiais: "[...] Esses indícios, porém, não estarão nem no Sol, nem nas estrelas, mas no estado social e nos fenômenos mais de ordem moral do que físicos e que, em parte, se podem deduzir das suas alusões".[2]

Em razão das palavras finais do Sermão Profético, em seguida expressas, muitos religiosos acreditam que Jesus retornará ao mundo, pela segunda vez, durante o período da *regeneração*:

Logo após a tribulação daqueles dias, o sol escurecerá, a lua não dará claridade, as estrelas cairão do céu e os poderes do céu serão abalados. Então aparecerá no céu o sinal do Filho do Homem, e todas as tribos da Terra baterão no peito e verão o Filho do Homem vindo sobre as nuvens do céu com poder e grande glória. Ele enviará os seus anjos que, ao som da grande trombeta, reunirão os seus eleitos dos quatros ventos, de uma extremidade até a outra extremidade do céu (Mateus, 24: 29-31. Bíblia de Jerusalém).

Vemos, assim, que este texto evangélico não oferece a certeza de que o Cristo retornará ao Planeta por meio de um novo nascimento, tal como aconteceu há mais de mil anos, ou se ele surgirá materializado na atmosfera do globo terráqueo. As palavras finais do Sermão Profético podem ser também simbólicas. Isto é, "o aparecimento" de Jesus no céu pode ser uma referência à época em que a humanidade esteja vivenciando o Evangelho. Algo, porém, temos condições de afirmar, ante as previsões anunciadas: para merecermos a oportunidade de continuar nossa evolução na Terra é preciso fortificar o Espírito durante os desafios da Transição, não adiando o aprendizado nem fugindo dos testemunhos edificadores, característicos do período.

Na *regeneração*, não será suficiente ser servidor da seara do Cristo, mas bom servidor.

O bom trabalhador, no entanto, compreende, antes de tudo, o sentido profundo da oportunidade que recebeu. Valoriza todos os elementos colocados em seus caminhos, como respeita as possibilidades alheias. Não depende das estações. Planta com o mesmo entusiasmo as frutas do frio e do calor. É amigo da natureza, aproveita-lhe as lições, tem bom ânimo, encontra na aspereza da semeadura e no júbilo da colheita igual contentamento. Neste sentido, a lição do Mestre reveste-se de maravilhosa significação. No torvelinho das incompreensões do mundo, não devemos aguardar o reino do Cristo como realização imediata, mas a oportunidade dos homens é permanentemente para a colaboração perfeita no Evangelho, a fim de edificá-lo. [...] Os cegos de espírito continuarão queixosos; no entanto, os que acordaram para Jesus sabem que sua época de trabalho redentor está pronta, não passou, nem está por vir. É o dia de hoje, é o ensejo bendito de servir, em nome do Senhor, aqui e agora...[3]

O início do Período de Regeneração da humanidade terrestre estará assinalada por importante transformação no seio da sociedade planetária.

Nestes tempos, porém, não se trata de uma mudança parcial, de uma renovação limitada a certa região, ou a um povo, a uma raça. Trata-se de um movimento universal, que se opera no sentido do *progresso moral*. Uma nova ordem de coisas tende a estabelecer-se, e os homens, que lhe são mais opostos, para ela trabalham, mesmo sem o saberem. A geração futura, desembaraçada das escórias do velho mundo e formada de elementos mais depurados, se achará possuída de ideias e de sentimentos muito diversos dos da geração presente, que se vai a passo de gigante. O velho mundo estará morto e apenas viverá na História, como o estão hoje os tempos da Idade Média, com seus costumes bárbaros e suas crenças supersticiosas. Aliás, todos sabem quanto ainda deixa a desejar a atual ordem de coisas. Depois de se haver, de certo modo, esgotado todo o bem-estar material que a inteligência é capaz de produzir, chega-se a compreender que o complemento desse bem-estar somente pode achar-se no desenvolvimento moral.[4]

1. PRINCIPAIS CARACTERÍSTICAS DO PERÍODO DE REGENERAÇÃO

A Era da Regeneração corresponde à fase adulta da humanidade, assim como a Transição assemelha-se à adolescência. As principais características que assinalam o período são as que se seguem.

Crescimento moral

» A humanidade, tornada adulta, tem novas necessidades, aspirações mais vastas e mais elevadas; compreende o vazio com que foi embalada, a insuficiência de suas instituições para lhe dar felicidade; já não encontra, no estado das coisas, as satisfações legítimas a que se sente com direito. É por isso que se despoja das fraldas da infância e se lança, impelida por uma força irresistível, para margens desconhecidas, em busca de novos horizontes menos limitados. É a um desses períodos de transformação, ou, se o preferirem, de *crescimento moral*, que ora chega a humanidade. Da adolescência ela passa à idade viril. [...]. E é no momento em que ela se encontra muito apertada na esfera material, em que transborda a vida intelectual, em que o sentimento de espiritualidade lhe desabrocha. [...].[5]

» Somente o progresso moral pode assegurar aos homens a felicidade na Terra, refreando as paixões más; somente esse progresso poderá fazer que reinem entre as criaturas a concórdia, a paz e a fraternidade. Será ele que derrubará as barreiras que separam os povos, que fará que caiam os preconceitos de casta e se calem os antagonismos de seitas, ensinando os homens a se considerarem irmãos e a se auxiliarem mutuamente e não destinados a viver uns à custa dos outros. Será ainda o progresso moral, secundado então pelo progresso da inteligência, que confundirá os homens numa mesma crença fundada nas verdades eternas, não sujeitas a controvérsias e, por isso mesmo, aceitas por todos.[6]

Compreensão geral sobre sobrevivência do Espírito

[...] O homem já não caminha às cegas: sabe de onde vem, para onde vai e por que está na Terra. O futuro se lhe revela em sua realidade, isento dos prejuízos da ignorância e da superstição. Já não se trata de uma vaga esperança, mas de uma verdade palpável, tão certa como a sucessão do dia e da noite. Ele sabe que o seu ser não se acha limitado a alguns instantes de uma existência efêmera; que a vida espiritual não se interrompe com a morte; que já viveu e tornará a viver e que nada se perde do que já ganhou em perfeição; encontra nas existências anteriores a razão do que é hoje e reconhece que, *pelo que é hoje, poderá deduzir o que virá a ser um dia*.[7]

O amor ao próximo é a base das relações sociais

» A fraternidade deve ser a pedra angular da nova ordem social; mas não há fraternidade real, sólida e efetiva se não se apoiar sobre base inabalável. Essa base é a fé, não a fé em tais ou quais dogmas particulares, que mudam com os tempos e os povos e que mutuamente se apedrejam, visto que, anatematizando-se uns aos outros, alimentam o antagonismo, mas a fé nos princípios fundamentais que todos podem aceitar: *Deus, a alma, o futuro, o progresso individual indefinido, a perpetuidade das relações entre os seres*. Quando todos os homens estiverem convencidos de que Deus é o mesmo para todos; de que esse Deus, soberanamente justo e bom, nada pode querer de injusto; que o mal vem dos homens e não dele, todos se considerarão filhos do mesmo Pai e se estenderão as mãos uns aos outros. [...][8]

» Se supusermos a maioria dos homens imbuída desses sentimentos, poderemos facilmente imaginar as modificações que daí resultarão para as relações sociais; todos terão por divisa: caridade, fraternidade, benevolência para com todos, tolerância para todas as crenças. [...].[9]

Rejeição ao materialismo

Um sinal não menos característico do período em que entramos é a reação evidente que se opera no sentido das ideias espiritualistas; na repulsão instintiva que se manifesta contra as ideias materialistas. O Espírito de incredulidade que se apoderara das massas, ignorantes ou esclarecidas, e as levava a rejeitar com a forma a própria substância de toda crença, parece ter sido um sono, a cujo despertar se sente a necessidade de respirar um ar mais vivificante. Involuntariamente, lá onde o vácuo se fizera, procura-se alguma coisa, um ponto de apoio, uma esperança.[10]

Unidade de crença religiosa

A unidade de crença será o laço mais forte, o fundamento mais sólido da fraternidade universal, impedida de efetivar-se, desde todos os tempos, pelos antagonismos religiosos que dividem os povos e as famílias, que fazem que os dissidentes sejam vistos pelos outros como se fossem inimigos a serem evitados, combatidos, exterminados, em vez de irmãos a serem amados.[11]

As mudanças atingirão todas as áreas do saber humano

Essa fase já se revela por sinais inequívocos, por tentativas de reformas úteis, por ideias grandes e generosas — que começam a encontrar eco. É assim que vemos fundar-se uma imensidade de instituições protetoras, civilizadoras e emancipadoras, sob o influxo e por iniciativa de homens evidentemente predestinados à obra da regeneração; que as leis penais se impregnam dia a dia de sentimentos mais humanos. Os preconceitos de raça se enfraquecem, os povos começam a considerar-se membros de uma grande família; pela uniformidade e facilidade dos meios de realizarem suas transações, eles suprimem as barreiras que os separavam, e de todos os pontos do mundo reúnem-se em comícios universais, para os torneios pacíficos da inteligência [...].[12]

As ideias espíritas servirão de apoio à melhoria espiritual

» A nova geração marchará, pois, para a realização de todas as ideias humanitárias compatíveis com o grau de adiantamento a que houver chegado. Avançando para o mesmo alvo e realizando seus objetivos, o Espiritismo se encontrará com ela no mesmo terreno. Os homens progressistas descobrirão, nas ideias espíritas, uma poderosa alavanca e o Espiritismo achará, nos novos homens, espíritos inteiramente dispostos a acolhê-lo [...].[13]

» O Espiritismo não cria a renovação social; a madureza da humanidade é que fará dessa renovação uma necessidade. Pelo seu poder moralizador, por suas tendências progressistas, pela amplitude de suas vistas, pela generalidade das questões que abrange, o Espiritismo, mais do que qualquer outra doutrina, está apto a secundar o movimento regenerador; por isso, ele é contemporâneo desse movimento. Surgiu no momento em que podia ser útil, visto que também para ele os tempos são chegados. [...] Os espíritos cansados da dúvida e da incerteza, horrorizados com o abismo que se lhes abre à frente, o acolhem como âncora de salvação e suprema consolação.[14]

2. A GERAÇÃO NOVA

Raramente ocorre transformação abrupta na vida e no comportamento do ser humano. Assim as primeiras mudanças que transcorrerão no período de transição têm como base as provações, individuais e coletivas, e os flagelos naturais. Nesta fase, a misericórdia divina permitirá a reencarnação de Espíritos mais esclarecidos, intelectual e moralmente, em todas as regiões da Terra, que renascerão com a finalidade de amparar a humanidade em suas provações, e de orientá-la na construção do bem, preparando-a para participar da *regeneração*.

Neste sentido, aconselha o Espírito Doutor Barry em mensagem que faz parte de *A gênese*: "É, pois, para o futuro, mais que para o presente, que trabalhais; mas era necessário que esses trabalhos fossem elaborados previamente, porque preparam as vias da regeneração pela unificação e pela racionalidade das crenças. Felizes os que os aproveitam desde hoje; será para eles tanto de ganho e de penas poupadas".[15]

A humanidade da Regeneração apresentará características próprias, biológicas e espirituais, com desenvolvimento da inteligência e da moral. Entretanto, no início do período nem todos os habitantes da Terra demonstrarão sinais de efetiva transformação: "Certamente o número de retardatários ainda é grande; mas, que podem eles contra a onda que se levanta, senão atirar-lhe algumas pedras? Essa onda é a geração que surge, ao passo que eles somem com a geração que vai desaparecendo todos os dias a passos largos. [...]".[16]

No final da Transição, e nos primeiros tempos da Regeneração, acontecerá grande migração de Espíritos, os que chegam mais aperfeiçoados, e os que partem da Terra "[...] *ainda não tocados pelo sentimento do bem*, os quais, já não sendo dignos do planeta transformado, serão excluídos, visto que, se assim não fosse, lhe ocasionariam de novo perturbação e confusão e constituiriam obstáculo ao progresso [...]".[17]

Irão expiar o endurecimento de seus corações, uns em mundos inferiores, outros em raças terrestres ainda atrasadas, equivalentes a mundos inferiores, aos quais levarão os conhecimentos que hajam adquirido, tendo por missão fazê-las avançar. Serão substituídos por Espíritos melhores, que farão reinarem em seu seio a justiça, a paz e a fraternidade. No dizer dos Espíritos, a Terra não deverá transformar-se por meio de um cataclismo que aniquile de súbito uma geração. A atual desaparecerá gradualmente e a nova lhe sucederá do mesmo modo, sem que haja mudança alguma na ordem natural das coisas. Tudo, pois, se processará exteriormente, como de costume, mas com uma única e capital diferença: uma parte dos Espíritos que encarnavam na Terra, aí não mais tornarão a encarnar. Em cada criança que nascer, em vez de um Espírito atrasado e inclinado ao mal, que antes nela encarnaria, virá um Espírito mais adiantado e *propenso ao bem*.[17]

Características dos Espíritos que constituirão a geração nova:

» As duas gerações que se sucedem têm ideias e pontos de vista opostos. Pela natureza das disposições morais e, sobretudo, das disposições *intuitivas e inatas*, torna-se fácil distinguir a qual das duas pertence cada indivíduo.[18]

» Cabendo-lhe fundar a era do progresso moral, a nova geração se distingue por inteligência e razão geralmente precoces, aliadas ao sentimento *inato* do bem e a crenças espiritualistas, o que constitui sinal indubitável de certo grau de adiantamento *anterior*.[18]

» Não se comporá de Espíritos eminentemente superiores, mas dos que, já tendo progredido, se acham predispostos a assimilar todas as ideias progressistas e estejam aptos a secundar o movimento de regeneração.¹⁸

» Não se deve entender que por meio dessa emigração de Espíritos [todos] sejam expulsos da Terra e relegados para mundos inferiores todos os Espíritos retardatários. Muitos, ao contrário, a ela voltarão, pois se atrasaram porque cederam ao arrastamento das circunstâncias e do exemplo. Nesses, a casca é pior do que o miolo. Uma vez subtraídos à influência da matéria e dos prejuízos do mundo corpóreo, a maioria deles verá as coisas de maneira inteiramente diversa da que viam quando em vida, conforme os numerosos exemplos que conhecemos. Para isso, são auxiliados por Espíritos benévolos que por eles se interessam e se dão pressa em esclarecê-los e em lhes mostrar o falso caminho em que seguiam.¹⁹

Referências

1. KARDEC, Allan. *A Gênese*. Tradução de Evandro Noleto Bezerra. 1. ed. Rio de Janeiro: FEB, 2009. Cap. 17, item 56, p. 504.
2. _____. Item 57, p. 505.
3. XAVIER, Francisco Cândido. *Caminho, verdade e vida*. Pelo Espírito Emmanuel. 28. ed. Rio de Janeiro: FEB, 2009. Cap. 73, p. 161-162.
4. KARDEC, Allan. *A Gênese*. Op. Cit. Cap. 18, item 6, p. 517.
5. _____. Item 14, p. 525-526.
6. _____. Item 19, p. 529.
7. _____. Item 15, p. 526-527.
8. _____. Item 17, p. 528-529.
9. _____. Item 23, p. 532.
10. _____. Item 22, p. 531.
11. _____. Item 19, p. 530.
12. _____. Item 21, p. 530-531.
13. _____. Item 24, p. 532.
14. _____. Item 25, p. 532-533.
15. _____. Item 9, p. 522.
16. _____. Item 26, p. 533.
17. _____. Item 27, p. 534.
18. _____. Item 28, p. 535.
19. _____. Item 29, p. 536.

Orientações ao monitor

Conforme foi anunciado na reunião anterior, apresentar o convidado aos participantes, esclarecendo-lhes que o seminário será desenvolvido em três etapas assim especificadas:

a) Exposição do tema, pelo convidado, por 45 minutos.

b) Perguntas que serão dirigidas ao expositor pela turma.

c) Debate a respeito de ideias suscitadas a partir das respostas dadas pelo expositor, se for o caso.

O monitor encerra o estudo por meio de breve síntese dos temas estudados.

EADE - LIVRO IV - MÓDULO IV

A HUMANIDADE REGENERADA

Roteiro 10

OS OBREIROS DO SENHOR

Objetivos

» Esclarecer o significado da expressão "obreiros do Senhor", à luz da Doutrina Espírita.

» Explicar por que o espírita é considerado "trabalhador da última hora".

» Correlacionar a parábola dos trabalhadores da vinha e a parábola das bodas com a interpretação espírita de obreiros do Senhor.

Ideias principais

» "Obreiros do Senhor" refere-se aos trabalhadores da seara de Jesus que [...] *houverem trabalhado no campo do Senhor, com desinteresse e sem outro motivo, senão a caridade!* [...]. Allan Kardec: *O evangelho segundo o espiritismo.* Cap. XX, item 5.

» *Jesus gostava da simplicidade dos símbolos e, na sua linguagem varonil, os obreiros que chegaram na primeira hora são os profetas, Moisés e todos os iniciadores que marcaram as etapas do progresso, as quais continuaram a ser desenvolvidas através dos séculos pelos apóstolos, pelos mártires, pelos Pais da Igreja, pelos sábios, pelos filósofos e, finalmente, pelos espíritas.* [...] Allan Kardec: *O evangelho segundo o espiritismo.* Cap. XX, item 3.

» [...] *Bons espíritas, meus bem-amados, sois todos trabalhadores da última hora.* [...] *Todos viestes quando fostes chamados, um pouco mais cedo, um pouco mais tarde, para a encarnação cujos grilhões arrastais; mas há quantos séculos e séculos o Senhor vos chamava para a sua vinha, sem que nela quisésseis entrar!* Allan Kardec: *O evangelho segundo o espiritismo*: Cap. XX, Item 2.

» Nas parábolas da *vinha* e das *bodas*, em especial, Jesus apresenta as principais características dos obreiros do Senhor, o trabalhador que tem [...] *direito ao salário porque, desde o alvorecer, esperava com impaciência aquele que por fim o chamaria para o trabalho; era laborioso, apenas lhe faltava o labor.* [...] Allan Kardec: *O evangelho segundo o espiritismo*: Cap. XX, Item 2.

Subsídios

"Obreiros do Senhor", expressão cunhada pelo Espírito da Verdade, refere-se aos trabalhadores da seara de Jesus que "[...] houverem trabalhado no campo do Senhor, com desinteresse e sem outro motivo, senão a caridade! [...]."[1]

Os obreiros do Senhor são Espíritos que renascerão, mais comumente, durante o período de *transição* do Planeta, para cooperar na obra de *regeneração*. Daí o Espírito de Verdade ter afirmado, em mensagem transmitida em Paris, no ano de 1862:

> Deus procede, neste momento, ao censo dos seus servidores fiéis e já marcou com o dedo aqueles cujo devotamento é apenas aparente, a fim de que não usurpem o salário dos servidores corajosos, pois é aos que não recuaram diante de suas tarefas que Ele vai confiar os postos mais difíceis na grande obra da regeneração pelo Espiritismo. Cumprir-se-ão estas palavras: "Os primeiros serão os últimos e os últimos serão os primeiros no reino dos céus!".[2]

A frase final desta mensagem do Espírito de Verdade é semelhante ao último versículo da *parábola dos trabalhadores da vinha*, ensinada por Jesus: *Eis como os últimos serão primeiros, e os primeiros serão últimos* (Mateus, 20:16. Bíblia de Jerusalém). Parábola que traz notável simbolismo sobre o convite ao trabalho que o Senhor faz as diferentes categorias de servidores, ao longo dos tempos. (Veja no anexo 1, o texto integral da parábola).

Este texto evangélico, *parábola dos trabalhadores da vinha*, foi analisado no roteiro 2, módulo III, Tomo II, parte 2, do programa Religião à Luz do Espiritismo, do Estudo Aprofundado da Doutrina Espírita-EADE, cuja releitura sugerismos.

1. OBREIROS DO SENHOR: SIGNIFICADO ESPÍRITA

Jesus, segundo a *Parábola dos trabalhadores da vinha*, revela-se incansável em sua missão de assalariar servidores para a sua vinha de amor e luz. Desde as primeiras às últimas horas do dia está enviando o amorável chamamento para aos humanos fazerem parte de sua equipe espiritual, para aceitarem o seu jugo, manso e humilde, conforme podemos confirmar em *Mateus*, 11:28-30.

Jesus gostava da simplicidade dos símbolos e, na sua linguagem varonil, os obreiros que chegaram na primeira hora são os profetas, Moisés e todos os iniciadores que marcaram as etapas do progresso, as quais continuaram a ser desenvolvidas através dos séculos pelos apóstolos, pelos mártires, pelos Pais da Igreja, pelos sábios, pelos filósofos e, finalmente, pelos espíritas. Estes, que vieram por último, foram anunciados e preditos desde a aurora do advento do Messias e receberão a mesma recompensa. Que digo? Recompensa maior. Últimos chegados, os espíritas aproveitam dos labores intelectuais dos seus predecessores, porque o homem tem de herdar do homem e porque seus trabalhos e seus resultados são coletivos: Deus abençoa a solidariedade. Aliás, muitos dentre eles revivem hoje, ou reviverão amanhã, para terminarem a obra que começaram outrora. Mais de um patriarca, mais de um profeta, mais de um discípulo do Cristo, mais de um propagador da fé cristã se encontram no meio deles, porém, mais esclarecidos, mais adiantados, trabalhando, não mais na base e sim na cumeeira do edifício. Seu, salário, pois, será proporcionado ao mérito da obra [...].[3]

"Jesus compara o reino dos Céus a um pai que, preocupado com o bem-estar dos filhos e, por entender que a felicidade sem mescla e duradoura repousa no patrimônio moral, procurou-os de forma variada e por intermédio de mensageiros [...]".[4] Assim, cada hora do dia, indicada no texto evangélico, representa um período de evolução espiritual da humanidade, que pode acontecer durante uma ou mais reencarnações, conforme o grau de aprendizado anteriormente desenvolvido pelo Espírito. E o trabalhador que se dedica à tarefa, na seara do Cristo, impulsiona não só o próprio progresso espiritual como auxilia a melhoria da comunidade à qual se encontra vinculado. Ninguém está só, pois Jesus vela e aguarda.

[...] O Planeta não é um barco desgovernado. As coletividades humanas costumam cair em desordem, mas as leis que presidem aos destinos da Casa Terrestre se expressam com absoluta harmonia. Essa verificação nos ajuda a compreender que a Terra é a vinha de Jesus. Aí, vemo-lo trabalhando desde a aurora dos séculos e aí assistimos à transformação das criaturas, que, de experiência a experiência, se lhe integram no divino amor. A formosa parábola dos servidores envolve conceitos profundos. Em essência, designa o local dos serviços humanos e refere-se ao volume de obrigações que os aprendizes receberam do Mestre divino. Por enquanto, os homens guardam a ilusão de que o orbe pode ser o tablado de hegemonias raciais ou políticas, mas perceberão em tempo o clamoroso engano, porque todos os filhos da razão, corporificados na Crosta da Terra, trazem consigo a tarefa de contribuir para que se efetue um padrão de vida mais elevado no recanto em que agem transitoriamente. Onde quer que estejas, recorda que te encontras na Vinha do Cristo.[...].[5]

Para a Doutrina Espírita, o obreiro do Senhor, também denominado *trabalhador da última hora*, é o indivíduo que realiza todas as tarefas que lhe cabem no mundo com dedicação, sacrifício e amor. E, por ser o "[...] trabalhador cônscio das responsabilidades que lhe competem não se desvia dos caminhos retos [...]."[6]

Fato incontestável é que, quem trabalha com afinco na vinha do Senhor, vivenciando os seus ensinamentos, consegue alcançar todas as realizações, morais e intelectuais. "[...] As condições essenciais para os trabalhadores são: a constância, o desinteresse, a boa vontade e o esforço que fazem no trabalho que assumiram. Os bons trabalhadores se distinguem por estes característicos."[7]

As condições desses trabalhadores encontram-se na mensagem, anteriormente citada, Os *Obreiros do Senhor,* do Espírito de Verdade, cujos principais conteúdos merecem ser destacados, em razão da relevância dos seus ensinamentos.[1]

» *Aproxima-se o tempo em que se cumprirão as coisas anunciadas para a transformação da humanidade. Felizes os que houverem trabalhado no*

> *campo do Senhor, com desinteresse e sem outro motivo, senão a caridade! Seus dias de trabalho serão pagos pelo cêntuplo do que tiverem esperado. [...].*

» *[...] Felizes os que houveram dito a seus irmãos: "Irmão, trabalhemos juntos e unamos os nossos esforços, a fim de que o Senhor, ao chegar, encontre acabada a obra", pois o Senhor lhes dirá: "Vinde a mim, vós que sois bons servidores, vós que soubestes impor silêncio aos vossos ciúmes e às vossas discórdias, a fim de que daí não viesse dano para a obra!" [...].*

» *[...] Mas, ai daqueles que, por efeito das suas dissensões, houverem retardado a hora da colheita, pois a tempestade virá e eles serão levados no turbilhão. Clamarão: "Graça! graça!" Mas o Senhor lhes dirá: "Por que implorais graças, vós que não tivestes piedade dos vossos irmãos e que vos negastes a estender-lhes as mãos, que esmagastes o fraco, em vez de o amparardes? Por que suplicais graças, vós que buscastes a vossa recompensa nos gozos da Terra e na satisfação do vosso orgulho? Já recebestes a vossa recompensa, tal qual a quisestes. Nada mais vos cabe pedir; as recompensas celestes são para os que não tenham buscado as recompensas da Terra!" [...].*

2. OS ESPÍRITAS PODEM SER QUALIFICADOS DE TRABALHADOR DA ÚLTIMA HORA

Em outra mensagem, que também faz parte de *O evangelho segundo o espiritismo*, o Espírito Constantino, afirma que os espíritas são trabalhadores da última hora, expressando-se desta forma:[8]

[...] Bons espíritas, meus bem-amados, sois todos trabalhadores da última hora. Bem orgulhoso seria aquele que dissesse: "Comecei o trabalho ao alvorecer do dia e só o terminarei ao anoitecer". Todos viestes quando fostes chamados, um pouco mais cedo, um pouco mais tarde, para a encarnação cujos grilhões arrastais; mas há quantos séculos e séculos o Senhor vos chamava para a sua vinha, sem que nela quisésseis entrar! Eis que chegou o momento de embolsardes o salário; empregai bem a hora que vos resta e jamais esqueçais que a vossa existência, por mais longa que vos pareça, não passa de um momento fugaz na imensidade dos tempos que formam para vós a eternidade.

Destacamos que Constantino está se referindo aos *bons* espíritas, os devotados servidores do Senhor que se esforçam para cumprir a lei de justiça, amor e caridade. Almas que aceitam, despretensiosamente, a tarefa de conhecer e divulgar a mensagem do consolador prometido por Jesus, que é o Espiritismo, doutrina que revive e explica a mensagem cristã. É necessário, portanto, não ignorar esta exortação de Erasto, um dos iluminados Espíritos da Codificação Espírita:[9]

> [...] Ó verdadeiros adeptos do Espiritismo, sois os eleitos de Deus! Ide e pregai a palavra divina. É chegada a hora em que deveis sacrificar à sua propagação os vossos hábitos, os vossos trabalhos, as vossas ocupações fúteis. Ide e pregai: os Espíritos elevados estão convosco. Certamente falareis a criaturas que não quererão escutar a voz de Deus, porque essa voz as convida incessantemente à abnegação. Pregareis o desinteresse aos avaros, a abstinência aos dissolutos, a mansidão aos tiranos domésticos, como aos déspotas. Palavras perdidas, bem o sei; mas, não importa! É preciso regardes com os vossos suores o terreno onde deveis semear, porque ele não frutificará e não produzirá senão sob os esforços reiterados da enxada e da charrua evangélicas. Ide e pregai! [...].

3. OS OBREIROS DO SENHOR E A PARÁBOLA DOS TRABALHADORES DA VINHA

Uma leitura apressada da *Parábola do trabalhador da vinha* (anexo 1) pode nos conduzir ao equívoco de supor que Jesus não estaria sendo justo quanto ao pagamento do salário dos trabalhadores, concedendo-lhes o mesmo valor amoedado, independentemente das horas trabalhadas. Haveria falta de equidade, "[...] efetivamente, se todos os trabalhadores tivessem a mesma capacidade e eficiência. Tal, porém não é o que se verifica. [...] Uma vez, pois, que o mérito de cada obreiro seja aferido, não pelas horas de serviço, mas pela produção, que interessa ao dono do negócio saber se, para dar *o mesmo rendimento*, um precisa de doze horas, outro de nove, outro de seis, outro de três e outro de uma? [...]."[10]

O valor de nossos feitos não está nas proporções vultosas desses feitos. Deus não olha para o volume, nem para a quantidade, mas para a *qualidade*. Ele não quer o muito, quer o bom, quer o melhor. É preferível, pois, o pouco bom, ao muito regular. Nossas obras devem ser feitas com alegria e singeleza de coração, sem tédio nem cansaço, sem intenção reservada. A virtude exclui cálculos de qualquer espécie. [...] É um erro exaurirmo-nos numa labuta febril e penosa, com o propósito de nos tornarmos mais merecedores aos olhos de Deus [...].[11]

Ao correlacionar os ensinamentos da *Parábola do trabalhador da vinha* com as características dos "obreiros do Senhor" e o significado de "trabalhador da última hora", os Espíritos Constantino e Henri Heine consideram, respectivamente, em mensagens inseridas em *O evangelho segundo o espiritismo,* dois pontos fundamentais:

3.1. Mensagem de Constantino: o obreiro recebe o salário de acordo com trabalho executado[12]

» O trabalhador da última hora tem direito ao salário, mas é preciso que a sua boa vontade o tenha mantido à disposição daquele que o tinha de empregar e que o seu retardamento não seja fruto da preguiça ou da má vontade. Tem direito ao salário porque, desde o alvorecer, esperava com impaciência aquele que por fim o chamaria para o trabalho; era laborioso, apenas lhe faltava o labor.[...].

» [...] Se, porém, ele se houvesse negado ao trabalho a qualquer hora do dia; se houvesse dito: "tenhamos paciência, o repouso me é agradável, quando soar a última hora é que será tempo de pensar no salário do dia; que necessidade tenho de me incomodar por um patrão a quem não conheço e não estimo! Quanto mais tarde melhor"; esse tal, meus amigos, não teria tido o salário do obreiro, mas o da preguiça.[...].

» [...] Que dizer, então, daquele que, em vez de apenas se conservar inativo, haja empregado as horas destinadas ao labor do dia em praticar atos culposos [...] que, enfim, se tenha deleitado em todas as ignomínias da humanidade? Que será dessa criatura? Bastar-lhe-á dizer à última hora: Senhor, empreguei mal o meu tempo; conserva-me até ao fim do dia, para que eu execute um pouco, embora bem pouco, a minha tarefa, e dá-me o salário do trabalhador de boa vontade? Não, não; o Senhor lhe dirá: "No momento não tenho trabalho para te dar; desperdiçaste o teu tempo; esqueceste o que havias aprendido; já não sabes trabalhar na minha vinha. Recomeça, portanto, a aprender e, quando estiveres mais bem-disposto, vem ter comigo e eu porei à tua disposição o meu vasto campo, onde poderás trabalhar a qualquer hora do dia".[....].

3.2. Mensagem de Henri Heine: em cada reencarnação o obreiro tem oportunidade de aprimorar o seu do trabalho na seara do Cristo[13]

[...] A reencarnação [...] eterniza e precisa a filiação espiritual. O Espírito, chamado a prestar contas do seu mandato terreno, compreende continuidade da tarefa interrompida, mas sempre retomada. Ele vê, sente que apanhou no ar o pensamento dos que o precederam. Entra de novo na liça, amadurecido pela experiência, para avançar mais. E todos, trabalhadores da primeira e da última hora, com os olhos bem abertos sobre a profunda justiça de Deus, não mais murmuram: adoram. Tal é um dos verdadeiros sentidos desta parábola, que encerra, como todas as que Jesus dirigiu ao povo, o gérmen do futuro e também, sob todas as formas, sob todas as imagens, a revelação da magnífica unidade que harmoniza todas as coisas no universo, da solidariedade que liga todos os seres presentes ao passado e ao futuro.

4. OS OBREIROS DO SENHOR E A PARÁBOLA DA FESTA DAS BODAS

Nesta outra parábola de Jesus (veja anexo 2) — estudada no roteiro 6, módulo III, Tomo II, parte 2, do EADE —, há também relação com o significado espírita de obreiros do Senhor. Este é identificado no texto evangélico como os convidados das bodas que se apresentam vestidos com o traje nupcial, próprio para a cerimônia. Entretanto, importa considerar:

[...] Mas não basta ser convidado: não basta dizer-se cristão, nem sentar-se à mesa para tomar parte no banquete celestial. É preciso, antes de tudo e sob condição expressa, estar revestido da túnica nupcial, isto é, ter pureza de coração e praticar a lei segundo o espírito. Ora, a lei está toda inteira nestas palavras: *Fora da caridade não há salvação*. Contudo, entre os que ouvem a palavra divina, quão poucos são os que a guardam e a aplicam proveitosamente! Quão poucos se tornam dignos de entrar no reino dos céus! É por isso que Jesus falou: Muitos serão *chamados; poucos, no entanto, serão escolhidos*.[14]

Os convidados para a festa das bodas apresentam características semelhantes aos Espíritos que foram chamados para trabalhar na vinha do Senhor, segundo esta interpretação de Kardec:

[...] Nesta parábola, Jesus compara o reino dos Céus, onde tudo é alegria e felicidade, a uma festa de casamento. Pelos primeiros convidados, Ele se refere aos hebreus, que foram os primeiros chamados por Deus ao conhecimento da sua lei. Os enviados do Senhor são os profetas que os vinham exortar a seguir o caminho da verdadeira felicidade; suas palavras, porém, quase não eram ouvidas; suas advertências eram desprezadas; muitos foram mesmo massacrados, como os servos da parábola. Os convidados que recusam o convite, sob o pretexto de terem de ir cuidar de seus campos e de seus negócios, simbolizam as pessoas mundanas que, absorvidas pelas coisas terrenas, se mantêm indiferentes às coisas celestiais.[...].[15]

Fazendo análise da parábola, no contexto dos tempos atuais, Emmanuel, desenvolve uma linha de raciocínio que leva em consideração o ensinamento de Jesus e, também, o pensamento de Allan Kardec, como se percebe no seguinte texto:

Reconhecendo, embora, a alusão de Jesus aos povos de seu tempo, quando traçou a parábola do festim das bodas, recordemos o caráter funcional do Evangelho e busquemos a versão prática da lição para os nossos dias. Compreendendo-se que todos os recursos da vida são pertences de Deus, anotaremos o divino convite à lavoura do bem, em cada lance de nossa marcha. Os apelos do Céu, em forma de concessões, para que os homens se ergam à Lei do Amor, voam na Terra em todas as latitudes. Todavia, raros registram-lhes a presença. Há quem recebe o dote da cultura, bandeando-se para as fileiras da vaidade; quem recolhe a mordomia do ouro, descendo para os antros da usura; quem senhoreia o tesouro da fé preferindo ajustar-se ao comodismo da dúvida malfazeja; quem exibe o talento da autoridade, isolando-se na fortificação da injustiça; quem dispõe da riqueza das horas, mantendo-se no desvão da ociosidade, e quem frui o dom de ajudar, imobilizando-se no palanque da crítica. Quase todos os detentores dos privilégios sublimes lhes conspurcam a pureza. Contudo, quando mais se acreditam indenes de responsabilidade e trabalho, eis que surge o sofrimento por mensageiro mais justo, convocando bons e menos bons, felizes e infelizes, credores e devedores, vítimas e verdugos ao serviço da perfeição, e, sacudidos nos refolhos do próprio ser, os pobres retardatários anseiam libertar-se do egoísmo e da sombra, consagrando-se, enfim, à obra do bem de todos, em cuja exaltação é possível reter a celeste alegria. Entretanto, ainda aí, repontam, desditosos, espíritos rebeldes, agressivos e ingratos. Para eles, porém, a vida, nessa fase, reserva tão-somente a cessação do ensejo de avanço e reajuste, porquanto, jugulados pela própria loucura, são forçados na treva a esperar que o futuro lhes oferte ao caminho o tempo expiatório em cárceres de dor. Desse modo, se a luta vos concita a servir para o reino de Deus, com a aflição presidindo os vossos novos passos, tende na paciência a companheira firme, a fim de que a humildade, por excelsa coroa, vos guarde o coração na beleza e na alvura da caridade em Cristo, que vos fará vestir a túnica da paz no banquete da luz.[16]

Referências

1. KARDEC, Allan. *O evangelho segundo o espiritismo*. Tradução de Evandro Noleto Bezerra.1. ed. Rio de Janeiro: FEB, 2008.Cap. XX, item 5, p. 389.
2. _____. p. 389-390.
3. _____.Item 3, p. 384-385.
4. MOUTINHO, João de Jesus. *Código do reino*. 1. ed. Rio de Janeiro: FEB: 2009. Cap.10, p. 46.
5. XAVIER, Francisco Cândido. *Pão nosso*. Pelo Espírito Emmanuel. 29. ed. Rio de Janeiro: FEB, 2007. Cap 29, p. 73-74.
6. _____. Cap. 28, p. 72.
7. SCHUTEL, Cairbar. *Parábolas e ensinos de Jesus*. 20. ed. Matão [SP]: O Clarim, 2000. Primeira parte, Item: Parábola dos trabalhadores da vinha, p.54.
8. KARDEC, Allan. *O evangelho segundo o espiritismo*. Op. Cit. Cap. XX, item 2, p. 383-384.
9. _____. Item 4, p. 386.
10. CALLIGARIS, Rodolfo. *Parábolas evangélicas*. 11. ed. Rio de Janeiro: FEB, 2010. Item: Parábolas dos trabalhadores e das diversas horas do trabalho, p. 31.
11. VINICIUS. *Nas pegadas do mestre*. 12. ed. Rio de Janeiro: FEB, 2009. Item: Últimos que serão primeiros, p. 137.
12. KARDEC, Allan. *O evangelho segundo o espiritismo*. Op. Cit. Cap. XX, item 2, p. 382-383.
13. _____. Item 3, p. 385.
14. _____. Cap. XVIII, item 2, p. 357.
15. _____. p. 355.
16. XAVIER, Francisco Cândido. *Religião dos espíritos*. Pelo Espírito Emmanuel. 21. ed. Rio de Janeiro: FEB, 2008. Item: Versão prática, p. 111-113.

Orientações ao monitor

1. Realizar breve explanação sobre o significado espírita de obreiros do Senhor e por que o espírita pode ser considerado o "trabalhador da última hora".

2. Pedir aos participantes que façam leitura silenciosa dos anexos um e dois (Parábola dos Trabalhadores da Vinha e Parábola das Bodas, respectivamente).

3. Em seguida, fazer correlação das ideias presentes em ambas as parábolas com a interpretação espírita de obreiros do Senhor, por meio da técnica de discussão circular. Neste sentido, é importante preparar, previamente, questões que favoreçam essa correlação e a aplicabilidade da dinâmica.

4. Fazer o fechamento do estudo com narração, resumida, do significado de "servo", interpretado pelo Espírito Irmão X no texto *Parábola do servo* que integra o anexo três.

Anexo 1

Parábola dos Trabalhadores da Vinha

Mateus, 20:1-16. *Bíblia de Jerusalém*

1. Porque o reino dos céus é semelhante ao pai de família que saiu de manhã cedo para contratar trabalhadores para a sua vinha.

2. Depois de combinar com os trabalhadores um denário por dia, mandou-os para a vinha.

3. Tornando a sair pela hora terceira, viu outros que estavam na praça, desocupados,

4. E disse-lhes: Ide, também vós para a vinha, e eu vos darei o que for justo.

5. Eles foram. Tornando a sair pela hora sexta e pela hora nona, fez a mesma coisa.

6. E saindo pela hora undécima, encontrou outros que lá estavam e disse-lhes: Por que ficais aí o dia inteiro sem trabalhar?

7. Responderam: Porque ninguém nos contratou. Disse-lhes: Ide, também vós, para a vinha.

8. Chegada a tarde, disse o dono da vinha ao seu administrador: Chama os trabalhadores e paga-lhes o salário começando pelos últimos até aos primeiros.

9. Vindo os da hora undécima, receberam um denário cada um.

10. E vindo os primeiros, pensaram que receberiam mais, mas receberam um denário cada um também eles.

11. Ao receber, murmuravam contra o pai de família, dizendo:

12. Estes últimos fizeram uma hora só, e tu os igualaste a nós, que suportamos o peso do dia e o calor do sol.

13. Ele, então, disse a um deles: Amigo, não fui injusto contigo. Não combinamos um denário?

14. Toma o que é teu e vai. Eu quero dar a este último o mesmo que a ti.

15. Não tenho o direito de fazer o que quero com que é meu? Ou estás com ciúme porque sou bom?

16. Eis como os últimos serão primeiros, e os primeiros serão últimos.

Anexo 2

Parábola das Bodas (Festa ou Banquete das Bodas).

Mateus, 22:1-14. Bíblia de Jerusalém

1. Jesus voltou a falar-lhes em parábolas e disse:

2. O reino dos céus é semelhante a um rei que celebrou as núpcias do seu filho.

3. Enviou seus servos para chamar os convidados às núpcias; mas estes não quiseram vir.

4. Tornou a enviar outros servos, recomendando: Dizei aos convidados: eis que prepareimeu banquete, meus touros e cevados já foram degolados e tudo está pronto. Vinde às núpcias.

5. Eles, porém, sem darem menor atenção, foram-se, um para o seu campo, outro para o seu negócio, e os restantes, agarrando os servos, os maltrataram e os mataram.

6. Diante disso, o rei ficou com muita raiva e, mandando as suas tropas, destruiu aqueles homicidas e incendiou-lhes a cidade.

7. Em seguida, disse aos servos: As núpcias estão prontas, mas os convidados não eram dignos.

8. Ide, pois, às encruzilhadas e convidai para as núpcias todos os que encontrardes.

9. E esses servos, saindo pelos caminhos, reuniram todos os que encontraram, maus e bons, de modo que a sala nupcial ficou cheia de convidados.

10. Quando o rei entrou examinar os convidados, viu ali um homem sem as veste nupcial e disse-lhe: Amigo, como entraste aqui sem a veste nupcial? Ele, porém, ficou calado.

11. Então disse o rei aos que serviam: Amarrai-lhe os pés e as mãos e lançai-o fora, nas trevas exteriores. Ali haverá choro e ranger de dentes.

12. Com efeito, muitos são chamados, mas poucos escolhidos.

Anexo 3

Parábola do Servo[*]

Irmão X (Humberto de Campos)

Na linha divisória em que se encontram as regiões da Terra e do Céu, nobre Espírito, exibindo alva túnica, solicitava passagem, suspirando pela divina ascensão.

---

[*] XAVIER, Francisco Cândido. *Estante da vida*. Pelo Espírito Irmão X (Humberto de Campos). 10. ed. Rio de Janeiro: FEB, 2009. Cap. 36.

Guardava a pureza exterior de um lírio sublime, falava docemente como se harpa melodiosa lhe habitasse as entranhas e mostrava nos olhos a ansiedade e a timidez da andorinha sequiosa de primavera.

O anjo do pórtico ouviu-lhe o requerimento com atenção e, admirando-lhe a brancura da veste, conduziu-o à balança de precisão para observar-lhe o peso vibratório.

Contudo, o valioso instrumento foi contra ele. O clima interno do candidato não lhe correspondia à indumentária brilhante.

À frente das lágrimas tristes que lhe vertiam dos olhos, o funcionário divino exortou-o, otimista:

— Desce à Terra e planta o amor cada dia. A colheita da caridade dar-te-á íntima luz, assegurando-te a elevação.

O Espírito faminto de glória celestial renasceu entre os homens e, sempre cauteloso na própria apresentação, muniu-se de casa enorme, adquirida ao preço de inteligência e trabalho, e começou a fazer o bem por intermédio das mãos que o serviam.

Criados numerosos eram mobilizados por ele, na extensão da bondade aqui e ali...

Espalhava alimentação e agasalho, alívio e remédio, através de largas faixas de solo, explorando com felicidade os negócios materiais que lhe garantiam preciosa receita.

Depois de quase um século, tornou à justiceira aduana.

Trazia a roupa mais alva, mais linda.

Ansiava subir às esferas superiores, mas, ajustado à balança, com tristeza verificou que o peso não se alterava.

O Anjo abraçou-o e explicou:

— Pelo teu louvável comportamento, junto à posses humanas, conquistaste a posição de provedor e, por isso, a tua forma é hoje mais bela; no entanto, para que adquiras o clima necessário à vida no Céu, é indispensável regresses ao mundo, nele plantando as bênçãos do amor.

O Espírito, embora desencantado, voltou ao círculo terreno. Todavia, preocupado com a opinião dos contemporâneos, fez-se hábil político, estendendo o bem, por todos os canais e recursos ao seu alcance.

Movimentou verbas imensas construindo estradas e escolas, estimulando artes e indústrias, ajudando a milhares de pessoas necessitadas.

Quase um século se esgotou sobre as novas atividades, quando a morte o reconduziu à conhecida fronteira.

Trazia ele uma túnica de beleza admirável, mas, levado a exame, a mesma balança revelou-se desfavorável.

O fiscal amigo endereçou-lhe um olhar de simpatia e disse, bondoso:

— Trouxeste agora o título de administrador e, em razão disso, a tua fronte aureolou-se de vigorosa imponência... Para que ascendas, porém, é imprescindível retornes à carne para a lavoura do amor.

Não obstante torturado, o amigo do Céu reencarnou no plano físico, e, fundamente interessado em preservar-se, ajuntou milhões de moedas para fazer o bem. Extensamente rico de cabedais transitórios, assalariou empregados diversos que o representavam junto dos infelizes, distribuindo a mancheias socorro e consolação.

Abençoado de muitos, após quase um século de trabalho voltou à larga barreira.

O aferidor saudou-lhe a presença venerável, porque da roupagem augusta surgiam novas cintilações.

Apesar de tudo, ainda aí, depois de longa perquirição, os resultados lhe foram adversos.

Não conseguira as condições necessárias ao santo cometimento.

Debulhado em lágrimas, ouviu o abnegado companheiro, que informou prestimoso:

— Adquiriste o galardão de benfeitor, que te assegura a insígnia dos grandes trabalhadores da Terra, mas, para que te eleves ao Céu, é imperioso voltes ao plano carnal e semeies o amor.

Banhado em pranto, o aspirante à morada divina ressurgiu no corpo denso, e, despreocupado de qualquer proteção a si mesmo, colocou as próprias mãos no serviço aos semelhantes... Capaz de possuir, renunciou às vantagens da posse; induzido a guardar consigo as rédeas do poder, preferiu a obediência para ser útil, e, embora muita vez bafejado pela fortuna, dela se desprendeu a benefício dos outros, sem atrelá-la aos anseios do coração... Exemplificou o bem puro, sossegou aflições e lavou chagas atrozes... Entrou em contato com os seres mais infelizes da Terra. Iluminou caminhos obscuros, levantou caídos da estrada, curvou-se sobre o mal, socorrendo-lhe as vítimas, em nome da virtude... Paralisou os impulsos do crime, apagando as discórdias e dissipando as trevas... Mas a calúnia cobriu-o de pó e cinza, e a perversidade, investindo contra ele, rasgou-lhe a carne com o estilete da ingratidão.

Depois de muito tempo, ei-lo de volta ao sítio divino.

Não passava, porém, de miserável mendigo, a encharcar-se de lodo e sangue, amargura e desilusão.

— Ai de mim! — soluçou junto ao vigilante da Grande Porta — se de outras vezes, envergando veste nobre não consegui favorável resposta ao meu sonho, que será de mim, agora, coberto de barro vil?

O guarda afagou-o, enternecido, e conduziu-o à sondagem habitual.

Entretanto, oh! surpresa maravilhosa!...

A velha balança, movimentando o fiel com brandura, revelou-lhe a sublime leveza.

Extático, em riso e pranto, o recém-chegado da esfera humana sentiu-se tomado nos braços pelo anjo amigo, que lhe dizia, feliz:

— Bem-aventurado sejas tu, meu irmão! Conquistaste o título de servo. Podes agora atravessar o limite, demandando a vida superior.

Imundo e cabaleante, o interpelado caminhou para a frente, mas, atingindo o preciso lugar em que começava a claridade celeste, desapareceu a lama que o recobria, desagradável, e caíram-lhe da epiderme equimosada as pústulas dolorosas... Como por encanto, surgiu vestido numa túnica de estrelas e, obedecendo ao apelo íntimo, elevou-se à glória do firmamento, coroado de luz.

ESTUDO APROFUNDADO DA DOUTRINA ESPÍRITA					
Espiritismo, o Consolador Prometido por Jesus - LIVRO IV					
EDIÇÃO	IMPRESSÃO	ANO	TIRAGEM	FORMATO	
1	1	2013	5.000	18x25	
1	2	2015	800	18x25	
1	3	2015	2.000	18x25	
1	4	2016	2.000	17x25	
1	5	2018	2.600	17x25	
1	6	2019	1.500	17x25	
1	7	2021	1.000	17x25	
1	8	2022	1.200	17x25	
1	IPT*	2024	500	17x25	
1	10	2024	1.000	17x25	

* Impressão pequenas tiragens

O EVANGELHO NO LAR

Quando o ensinamento do Mestre vibra entre quatro paredes de um templo doméstico, os pequeninos sacrifícios tecem a felicidade comum.[*]

Quando entendemos a importância do estudo do Evangelho de Jesus, como diretriz ao aprimoramento moral, compreendemos que o primeiro local para esse estudo e vivência de seus ensinos é o próprio lar.

É no reduto doméstico, assim como fazia Jesus, no lar que o acolhia, a casa de Pedro, que as primeiras lições do Evangelho devem ser lidas, sentidas e vivenciadas.

O espírita compreende que sua missão no mundo principia no reduto doméstico, em sua casa, por meio do estudo do Evangelho de Jesus no Lar.

Então, como fazer?

Converse com todos que residem com você sobre a importância desse estudo, para que, em família, possam compreender melhor os ensinamentos cristãos, a partir de um momento de união fraterna, que se desenvolverá de maneira harmônica e respeitosa. Explique que as reflexões conjuntas acerca do Evangelho permitirão manter o ambiente da casa espiritualmente saneado, por meio de sentimentos e pensamentos elevados, favorecendo a presença e a influência de Mensageiros do Bem; explique, também, que esse momento facilitará, em sua residência, a recepção do amparo espiritual, já que auxilia na manutenção de elevado padrão vibratório no ambiente e em cada um que ali vive.

Convide sua família, quem mora com você, para participar. Se mora sozinho, defina para você esse momento precioso de estudo e reflexões. Lembre-se de que, espiritualmente, sempre estamos acompanhados.

Escolha, na semana, um dia e horário em que todos possam estar presentes.

O tempo médio para a realização do Evangelho no Lar costuma ser de trinta minutos.

---

[*] XAVIER, Francisco Cândido. *Luz no lar*. Por Espíritos diversos. 12. ed. 7. imp. Brasília: FEB, 2018. Cap. 1.

As crianças são bem-vindas e, se houver visitantes em casa, eles também podem ser convidados a participar. Se não forem espíritas, apenas explique a eles a finalidade e importância daquele momento.

O seguinte roteiro pode ser utilizado como sugestão:

1. Preparação: leitura de mensagem breve, sem comentários;

2. Início: prece simples e espontânea;

3. Leitura: *O evangelho segundo o espiritismo* (um ou dois itens, por estudo, desde o prefácio);

4. Comentários: breves, com a participação dos presentes, evidenciando o ensino moral aplicado às situações do dia a dia;

5. Vibrações: pela fraternidade, paz e pelo equilíbrio entre os povos; pelos governantes; pela vivência do Evangelho de Jesus em todos os lares; pelo próprio lar...

6. Pedidos: por amigos, parentes, pessoas que estão necessitando de ajuda...

7. Encerramento: prece simples, sincera, agradecendo a Deus, a Jesus, aos amigos espirituais.

As seguintes obras podem ser utilizadas nesse momento tão especial:

- *O evangelho segundo o espiritismo*, como obra básica;

- *Caminho, verdade e vida*; *Pão nosso*; *Vinha de luz*; *Fonte viva*; *Agenda cristã*.

Esse momento no lar não se trata de reunião mediúnica e, portanto, qualquer ideia advinda pela via da intuição deve permanecer como comentário geral, a ser dito de maneira simples, no momento oportuno.

No estudo do Evangelho de Jesus no Lar, a fé e a perseverança são diretrizes ao aprimoramento moral de todos os envolvidos.

FEB editora
Livro espírita para um novo mundo
www.febeditora.com.br
@febeditoraoficial
@febeditora

Conselho Editorial:
*Carlos Roberto Campetti
Cirne Ferreira de Araújo
Evandro Noleto Bezerra
Geraldo Campetti Sobrinho – Coord. Editorial
Jorge Godinho Barreto Nery – Presidente
Maria de Lourdes Pereira de Oliveira
Miriam Lúcia Herrera Masotti Dusi*

Produção Editorial:
Elizabete de Jesus Moreira

Revisão:
*Elizabete de Jesus Moreira
Renata Alvetti*

Capa:
Evelyn Yuri Furuta

Projeto Gráfico:
Luciano Carneiro de Holanda

Diagramação:
Luisa Jannuzzi Fonseca

Foto da Capa:
http://www.istockphoto.com/ LukaTDB

Normalização Técnica:
Biblioteca de Obras Raras e Documentos Patrimoniais do Livro

Esta edição foi impressa pela Viena Gráfica e Editora Ltda., Santa Cruz do Rio Pardo, SP, com tiragem de 1 mil exemplares, em formato fechado de 170x250 mm e com mancha de 140x205 mm. Os papéis utilizados foram o Offset 63 g/m² para o miolo e o Cartão 250 g/m² para a capa. O texto principal foi composto em fonte Minion Pro 11,5/14,5 e os títulos em Zurich Cn BT 14/16,8. Impresso no Brasil. *Presita en Brazilo.*